西北政法大学新闻传播学科国家级（省级）一流专业建设经费资助出版

人民日报学术文库

PHILOSOPHY

何微新闻奖
——优秀文选第四辑

主　编｜孙　江
副主编｜郭　淼　陈　琦

人民日报出版社

北京

图书在版编目（CIP）数据

何微新闻奖：优秀文选．第四辑／孙江主编．——
北京：人民日报出版社，2022.1
ISBN 978‑7‑5115‑7182‑3

Ⅰ.①何… Ⅱ.①孙… Ⅲ.①新闻学—传播学—文集
Ⅳ.①G210‑53

中国版本图书馆 CIP 数据核字（2021）第 233147 号

书　　名：何微新闻奖：优秀文选第四辑
　　　　　HEWEI XINWENJIANG：YOUXIU WENXUAN DISIJI
主　　编：孙　江

出 版 人：刘华新
责任编辑：程文静　杨晨叶
特约编辑：靳婷云
封面设计：中联华文

出版发行：人民日报出版社
社　　址：北京金台西路 2 号
邮政编码：100733
发行热线：（010）65369509　65369527　65369846　65369512
邮购热线：（010）65369530　65363527
编辑热线：（010）65363530
网　　址：www．peopledailypress．com
经　　销：新华书店
印　　刷：三河市华东印刷有限公司
法律顾问：北京科宇律师事务所　010‑83622312

开　　本：710mm×1000mm　1/16
字　　数：332 千字
印　　张：18.5
版次印次：2023 年 4 月第 1 版　　2023 年 4 月第 1 次印刷

书　　号：ISBN 978‑7‑5115‑7182‑3
定　　价：98.00 元

目 录
CONTENTS

第一章

智能传播的理论与方法创新

智能传播时代下的智能技术为传媒业带来的机遇

曹贤坤　甘肃政法大学

摘要： 物联网、云计算、VR 等技术革新推动了媒介生态的变化，这也催生了智能传播时代的到来。智能技术重构了传媒生态，使得新闻生产呈现出新的状态。媒体形态和媒体平台泛化，改变了传播渠道和内容生产方式。在这样的大背景下，转型中的传统媒体和网络媒体基于技术，更加注重对集服务、娱乐、内容价值、传播形态为一体的媒体生态系统打造；智能媒体以数据为核心逻辑，不断自我升级并嵌入媒体产业的多个环节，创造新的智能媒体生态。由此可见，智能传播时代凸显了"生态"的重要性，"生态思维"成为未来媒体融合发展必须具备的思想基础。

关键词： 智能传播；媒介技术；媒介生态；传媒业

一、研究背景

随着智能技术的不断发展，各种新技术运用到了新闻生产的过程当中，新闻生产中智能技术的加入，使得新闻生产的内容更加多样化，技术的注入催生了新的传播语态，例如在两会期间，人民网推出的虚拟主播小晴数读政府工作报告，以及利用"5G+4K+AI"的模式来进行两会的直播报道等。

二、研究意义

在智能传播时代，随着科技的发展和进步，媒体进行文化传播的平台和方式也在不断变换。比如，从最初的报纸、书籍，到现在的影视作品、短视频、自媒体。笔者通过分析媒体的传播方式及内容的变化，探讨智能传播时代智能技术对新闻生产的影响和作用。

三、研究方法

1. 文献研究法

笔者在知网查找关于"智能传播"和"新闻生产"的文献，对文献总结研究分析和总结，从新闻采集、新闻生产、新闻分发、新闻体验四个方面综合考量，研究智能传播时代下的智能技术对传媒业的影响，更清晰地了解智能传播时代媒体的传播理念、方式、内容，对智能传播有一个更全面的认识。

2. 个案分析法

通过总结并研究相同或相似理论的文献，并且结合微博秒拍视频、微信公众号、网站等平台深入了解智能传播时代下传媒业的特点，研究其发展和变化过程，进一步总结传媒业在智能传播下的传播策略并对内容进行综合阐述，使得笔者和受众对智能传播时代的传媒业的认识更加科学，以央视、新华社等案例，分析其传播特点、传播策略。

四、正文内容

（一）新闻采集：智能技术的注入激发新闻采写的活力

随着现在传媒业的不断发展，新闻采集逐渐向着智能化方向发展，"中央厨房"使得新闻实现即采即编，即发即审，这种智能化的新闻运作模式在一定程度上为传媒业新闻生产注入活力。区块链也成为颠覆新闻传播渠道模式的重要智能媒体技术，让新闻人员与普通公民都可以参与到新闻制作的过程中来，媒体机构不再是编辑新闻的中心，活跃在网络上的所有人都可以成为新闻传播的参与者，新闻制作、传播都具有去中心化的色彩。同时，区块链为媒体搭建起来的信息分发平台，也可能逐渐演化成寡头集中化模式，在"再中心化"的平台下进行去中心化的信息传播活动。人工智能在新闻生产环节中的应用以机器人写作为代表。如新华社的快笔小新、腾讯的 Dreamwriter 都体现出新闻采集过程朝着智能化方向发展。

　　新闻的基本要求是准确、客观，记者在生产内容时基于自身的意识形态、生活认知以及信息把控能力，容易造成新闻偏向。人工智能避免了人的主观能动性造成的危害，它可以根据某一事件的历史、语境、数据等因素进行统筹分析、精确生产出不具有个人偏向的信息。同时，人工智能也可以基于受众的需求，使用高效的语言生成系统，根据其消费行为、社交网络、网络喜好等信息，不断改写信息侧重点以及行文风格，从根本上做到"受众导向"，制作符合不同人群传媒聚焦兴趣的差异化内容。

　　（二）新闻生产：数据新闻为新闻生产提供助推器

　　作为新闻报道的一种新型样态，大数据新闻呈现出报道对象的中介化、报道主体的多元化、报道过程的计算化特征。在抗击新冠肺炎疫情的众多新闻报道之中，数据新闻作品及数据可视化产品表现抢眼，效果独特，影响广泛，充分体现出数据新闻在新闻事件统计、分析、研判上的独特优势。大数据工具的介入，更让数据新闻从之前的"可视化"阶段衍变进入"工具化"阶段，成为此次公共卫生报道中值得研究的新形态。例如，媒体在疫情期间对于疫情分布及新增病例的可视化的数据分布就体现了数据新闻的作用。

　　数据逐渐成为一种新型的重要资源，各行各业的发展都离不开数据的整合处理，大数据时代的到来加速了新闻传播行业的内容升级转型，如数据新闻就成为这一背景下内容改造的方式，其内容采集、制作、编排等都具有数据化特色。数据新闻要求具备强有力的信息整合搜集能力，在尽可能广泛搜集数据后，将可能相关联的信息整合分析。当数据成为新闻的组成部分，媒体利用数据可以使其所传播的内容更具理性化，精准量化的数据总体上可以达到对客观真实、公平公正的更高要求。数据之间的逻辑关系也可以增强内容对于社会趋势的预测。大数据的内在逻辑难以仅仅通过文本表示，通过图片、视频等形式的数据可视化处理，成为数据新闻内容的主要呈现形式，增强了内容的生动性与影响力。可视化处理包括图表、曲线、视图、数字模型等不同形式，为受众提供了更加直观的阅读体验，内容中的内在逻辑被清晰展现。

　　数据分析成为智能媒体时代不可缺少的要素，表面上冗杂的大数据中实际上在背后隐藏着可以揭示传播规律、用户喜好、前沿机遇的内容，掌握了先进的数据技术，就等于掌握了智能传播时代媒体竞争的核心竞争力。媒体对于大数据的运用，主要体现在对用户的信息抓取以及媒体使用习惯分析上，根据数据分析结果，指导内容生产，促进媒体内容生产智能化，与用户需求精准对接。智能传播时代，人们的生活中充斥着无数智能设备，用户的使用足迹、使用习惯等相关信息都可以被随时随地捕捉，用户数据的数量都在不断增长，"大数据比你更懂你"这句话已经成为不可回避的现实。

（三）新闻分发：运用算法推荐技术，实现个性化推送

互联网时代，传播渠道以聚合平台替代了单一渠道，传统媒体与受众之间单一定向的传播形式被打破。在智能媒体时代媒介形式的多样化结构下，媒体机构与媒体平台应该解构用户需求，通过智能技术构建内容与用户社会关系，从智能整合信息与需求匹配的最优解，打造有效的传播渠道。媒体平台的泛化推动了平台媒体的出现，如抖音、百度、今日头条等。平台媒体通过技术优势，建立大数据抓取、分析、运营、安全管理等系统。用户在使用平台过程的每一个环节都可被大数据监测；经过对用户长时间的系统跟踪和数据分析，平台媒体可以发现不同用户的兴趣偏好，为每一个用户都定制一个独一无二的"用户使用档案"，将受众与某一类或某几类信息匹配起来，实现信息与受众需求之间的最优匹配，提高受众的满意度，以算法推荐为主要内容聚合平台的主要有：一点资讯、今日头条、天天快报。

智能媒体不断自我升级，智能媒体的出现为媒介融合指明了更加高级的发展方向，但是现如今还仅仅处于智能传播时代的发端。不仅仅是单个的智能媒体技术在不断发展，多种智能媒体形成的互动共生的生态系统也在不断更新迭代，同时促进智能媒体技术的发展。智能媒体不是单一的一种智能技术，是将多种可利用的智能技术灵活结合，在一种不固定的运行方式下进行融合升级。在这种不固定的状态下，智能媒体技术正在不断通过与用户之间的互动以及媒介运营的经验展开自我学习。淘宝中的算法推荐以及用户可自主选择"兴趣按键"，都是技术与用户在互动的过程中对算法的自我训练，之后，淘宝的智能媒体生态系统就可以将这一次的经验运用到下一次的操作中，自我进化到更加适合用户思维的智能状态。

（四）新闻体验：提供沉浸式体验，人工智能丰富新闻场

智能技术已经成为推动传媒行业发展的新动力中的传感器，人工智能、大数据等也随即成为媒介与智能技术和谐共生的交点。传感器从多角度、多视域采集信息，扩增了信息采集的维度；大数据使得信息均可以通过数据的形式来表达，人工智能提供了新的新闻编写、报道的形式，智能技术已经延伸到人的方方面面。在疫情期间，央视频客户端"疫情24小时"专题页面开启了武汉"火神山"和"雷神山"两家医院的建设现场的慢直播，广大网友化身云监工，"慢直播+VR"的配置给用户带来了自主式、沉浸式的观看体验，使事件呈现更加立体直观，缓解了受众的信息焦虑。

以中青报"沉浸式体验新闻"为例，他们策划、制作了多个沉浸式体验新

闻——如《回望影像中的 2019》《青春扶贫在路上——背后的故事》《贫困村来了 95 后村医》《86.6%受访者直言，电商领域存在塑料袋浪费》和《红军桥的故事》等。《红军桥的故事》是其中最"沉浸"的一个，它打破了传统的阅读方式，第一次做到了将 VR 视频、音频和图文融合成一篇观看体验性极强的融媒精品。而那座摇摇欲坠又承载着红色历史的"红军桥"经过中青报·中青网记者的报道，获得了公益捐助。当地用捐助款项建起了新桥，发挥了新闻推动社会进步的作用，VR 视频也让观众沉浸在新闻现场变化与发展的喜悦之中。创新融合 VR、AR 等新技术，打开"融媒小厨"直击第一现场，用立体的内容创造新的移动阅读生活状态。肩负使命担当，坚守核心价值，快乐出发。我们迎来了新闻文化和新技术融合的新局面。

五、结语

智能传播时代大大提升了全社会的信息供给能力，同时也增强了公众获取信息的能力，如今，智能技术的运用已经渗透到了新闻的生产方式、内容呈现、分发方式中，我们在拥抱新技术为新闻传播业界带来的诸多改变的同时，也不禁产生了一丝忧思。习近平总书记强调，业界应该"用主流价值导向驾驭'算法'，全面提高舆论引导能力"。认识智能技术的种种优势与问题，再有意规避问题并加以运用，新闻行业才会如虎添翼，从而更好地引领主流价值观，讲好中国故事。

参考文献：

［1］宋嘉玉．人工智能合成主播的传播效果研究［J］．文化学刊，2020（09）：125-128.

［2］何苑，张洪忠．"内容+科技"：智能传播时代媒体融合的路径选择［J］．青年记者，2020（24）：13-14.

［3］匡宇英．人工智能下"智媒化"的新闻传播初探［J］．新闻研究导刊，2020，11（16）：133-134.

［4］梁凯，张莉．萌芽、发展及新视角：人工智能在新闻传播业的应用［J］．采写编，2020（04）：12-14.

［5］杨效宏，唐丽雪．品牌传播的现在与未来：一种人工智能赋能的程序逻辑［J］．现代广告，2020（15）：13-19.

［6］方滨兴，齐佳音．AI 技术赋能智能传播［N］．中国科学报，2020-07

-23（003）.

　　[7] 黄荣，吕尚彬.媒体泛化机制重构智能传播［N］.社会科学报，2020-07-23（005）.

智媒体传播时代"麦克卢汉"经典理论界域的延展与思考

邓茜文 甘肃政法大学

摘要：智能传播时代的到来，对人类的生活乃至整个社会都产生了巨大的影响，甚至已经开始占据着主导的地位，这似乎不断去印证了麦克卢汉提出的技术决定论倾向。通过深入了解社交媒体、虚拟现实等新兴媒介技术，重新审视麦克卢汉的"延伸论""媒介即信息"等经典理论，会发现媒介技术是无法单独决定传播活动的内容与效果的，对于社会行为的变化并不会起着根本作用。事实上，人们依然在传播活动中占据主导，并在媒介技术发展过程中不断调整着社会的各类关系。

关键词：麦克卢汉；智媒体；媒介技术；媒介延伸

麦克卢汉是传播学媒介环境学派一代宗师，是 20 世纪最富有原创性的传播学理论家之一，其著名的传播学理论有"媒介即讯息""媒介是人的延伸""地球村""冷媒介与热媒介"。当下，社交媒体平台作为媒介技术发展下的产物，它是以关系为核心，以人际传播为主要形态，以大众传播为辅助形态，以即时通信为特点的具有高度私密性的社交工具。即使是如今、相隔半个世纪来回顾，麦氏理论也仍有许多精妙绝伦之处。它涉及了多媒体融合的、立体化的现代媒介环境；它突破了以往语言、符号哲学对媒介关系分析的单向度思维；此外，它还将传播的多要素——主体、客体、媒介与信息等——放在一种互动的关系中去分析，丰富了媒介理论内容，也更贴近现代社会生活的实际情况。① 正如麦克卢汉所说："媒介是推动社会发展的基本动力"，在技术的推动下，各类新兴媒体改变了人类传统的沟通方式，也重构了人与人之间的社会关系。

---

① 谢军、王艳：《麦克卢汉的全球化思想初探》，载《长沙电力学院学报（社会科学版）》2003 年第 3 期。

一、"麦克卢汉"的经典理论在新媒体时代的延展

（一）媒介即讯息——社交媒体平台改变沟通方式

麦克卢汉生活的时代是一个以报纸、广播、电视为主的大众传播媒介风靡的时代，他提出了一个著名的概念"媒介即讯息"，意即真正有价值的讯息不是各个时代的传播内容，而是这个时代所使用传播工具的可能性以及所带来的社会变革。作为新媒介代表之一的微信，是以关系为核心，以人际传播为主要形态，以大众传播为辅助形态，以即时通信为特点的移动社交工具，它在今天也给社会生活带来了新的可能性与变革。

1. 微信将个人、群体、大众有机连接，产生了新的信息传播方式

在以往的传播媒介中，人际传播、群体传播、大众传播这三种传播方式不能同时建立，而在微信中，能够进行人际传播是其作为即时通信工具的固有特性。此外，它通过微信群、朋友圈将群体传播关系建立了起来，通过公众号将大众传播关系建立起来。网络的特性与特殊的技术结构相结合，创造出一种即时、多形态、多维度的交流方式，极大地方便了公众的交流与沟通。

较之微信平台上所传递的内容，其实更为重要的是微信这一平台本身。它不仅仅是用户之间的沟通工具，更多的是其带来的社交模式和人际互动方式的转变。例如，微信用户对朋友圈中的内容进行评论、点赞这一行为，从表面上看是用户对此朋友圈的内容感兴趣或认同，但本质上是用户借助微信平台进行人际互动，维系社交关系。微信的摇一摇、漂流瓶等多种功能的开发，使用户能够认识或远在天涯、或近在咫尺的陌生人，这也预示着它将在世界范围内改变人与人的关系，将在改变与变革后创造出新的行为模式。

2. 微信将人与服务有机连接，创造出了一种新的营销生态

在微信里，第三方机构可以通过服务号、城市生活平台、小程序等进驻提供服务，一方面，第三方机构可以依托微信巨大的流量资源开展差异化营销；另一方面，可以利用网络特性进行即时客户服务。其将人与服务连接在了一起，将线上与线下连接在了一起，正是一种符合"互联网+"思维的产品形态，对于新型营销生态的建立起到了巨大的作用。

综上，微信推动了这个时代传播关系的发展与变革，推动了营销生态的转变，为人的交流、经济的发展带来了新的可能性，"媒介即讯息"这个理论深刻地说明了媒介技术在社会发展中的重要地位。

（二）从虚拟现实技术再看"媒介是人的延伸"

麦克卢汉在代表作《理解媒介》中说："电力技术到来后，人延伸出（或

者说在体外建立了）一个活生生的中枢神经模式。到了这一步发展意味着一种拼死的、自杀性的自我截除。"媒介改变了人类的感知，而我们依靠感知来建构世界。所以媒介绝不可能仅仅是一种延伸大众身体表达、交流信息的物质技术，而且还必须是改造和建构社会发展的强大力量。①

麦克卢汉认为，报纸、广播、电视等媒介分别是人的视觉、听觉、知觉的延伸，人的感官能力处于一个不断分化的过程。而微信由于其新媒介的特性，兼具了文本、图片、音频、视频等表达形式，将人的感官能力进行充分延伸的同时使其得到统合。因此，体现了"媒介即人的延伸"这个理论所蕴含的深层意义。正如当下的虚拟现实技术，可以说是对人体的感知影响最明显的媒介新技术。新技术可以让现实中实际存在的事物通过虚拟技术，对人的感官造成影响，使人们在虚拟的环境中以最"真实"的方式去感受现实。

此外，在社交媒体平台，其内容传播形态多种多样。从文字、表情符号到语音对讲，从群聊、视频聊天、摇一摇到在线支付、H5 等，微信在满足用户人际交往需要的同时，其产品功能的步步升级也在变革着用户的感官，对用户的感官与感觉作了全方位的延伸。

（三）"冷、热交织"的新媒介

"热媒介"指能清晰表达信息的媒介，接收者无须动用更多的感官和思维活动就可理解；"冷媒介"即指模糊表达信息的媒介，接收者需要动用较多的感官和思维活动进行理解。它给人的启示是不同媒介作用于人的方式不同，引起的心理和行为反应也各具特点，研究媒介应将这些因素考虑在内。无论是具有冷媒介特点的信息传播还是具有热媒介特点的信息传播，都是对受众和社会的一种表达方式。冷、热媒介是相对的，但不是绝对的，在不同的受众面前，冷媒介可以替换为热媒介，热媒介可以变为冷媒介。重要的是信息在传播时其内容应选择哪种类型媒介进行传播。②

在新媒体平台的信息交流中，有传递信息清晰明确的短视频传播，也有需要动用多种感官和思维活动才能理解的表情包、网络流行语言等，当信息沟通双方拥有共通的意义空间，并且能对表情包符号或文字符号进行解码，了解符号所指，才能读懂符号背后的意义。社交媒体由于其多形态的表达特性，传达的信息较为丰富、清晰，所以符合热媒介的标准，但是，在网络文化的熏陶下，

---

① 陈然：《被媒介技术改变和未改变的人类生活——麦克卢汉媒介理论再解读》，载《今传媒》2015 年第 23 卷第 12 期，第 151—152 页。
② 王利强：《新媒体时代下冷热媒介对信息传播的影响》，载《现代营销（经营版）》2020 年第 3 期，第 109—110 页。

社交媒体中产生了表情符号、表情包等新型的表达形式，对于表情符号、表情包的理解、运用需要传播双方有共同的意义空间，就如现在长辈和晚辈对于双方使用表情符号的理解差异以及困惑，也能够体现出微信在某种程度上带有冷媒介的色彩。因此，可以说新媒体平台其实是冷媒介和热媒介的集合。

（四）重构的"地球村"消除了空间的距离

麦克卢汉认为，从原始社会到如今的电子媒介时代，经历了"部落化—脱部落化—再部落化"的过程。在原始社会，由于口语传播空间的局限，人们需要保持紧密。进入印刷时代，借助文字媒介，空间限制得以解除，人类社会"脱部落化"。而在电子媒介时代，电子媒介技术的应用将人们的距离拉近，人们在更大的范围内"重新部落化"，形成地球村。

尽管麦克卢汉没有预测到媒介的产生和发展，但新的媒介已经将人与人的交流从键盘和显示屏中解放出来，人们能够利用具有高度移动性的智能手机进行语音对讲，图片、文字、表情发送，以及各种转发和多渠道分享，这些使人的自由度大大提高，也为麦克卢汉预言的重返部落化演进增添了崭新内容。

就好比微信是基于移动互联网产生的，它可以突破时间、空间的限制，随时随地进行信息的传播。由于微信朋友圈信息具有裂变式传播的特点，世界某一角落发生的重大事件，也可在微信得到大范围传播。例如世界杯期间，没有观看直播的微信用户，可以通过朋友圈信息分享，第一时间知晓比分。因此，微信也在参与"地球村"的构建。

麦克卢汉的观点在新媒体领域上体现出的适用性，有力地说明了其理论的重要性。我们要站在麦克卢汉的肩膀上看待社会发展，取其精华，弃其糟粕，既要重视媒介技术对社会发展的促进作用，又要利用麦氏的理论规避媒介给社会发展带来的弊端，辩证地看待一个理论，才能充分发挥一个理论的价值。

二、技术决定论下的负面效果

随着人工智能技术的发展，传统新闻生产流程逐渐融合，提高了新闻生产效率的同时，也节省了大量的人力和时间成本。从媒介即人的延伸角度出发，AI 技术的加入是对新闻工作者身体职能的某种延伸，而生产过程的融合则是对新闻生产者身体职能的放大，能将多个生产工序同时完成。从媒介延伸论的角度来看，新技术的发明对人们产生了广泛的影响，新技术所产生的延伸会要求其他的器官和其他的延伸产生新的比率、谋求新的平衡，同时也会构成社会机体的集体"大手术"，对社会产生影响。当下，媒介新技术的出现和应用对新闻生产者和受众都产生了影响，从而引发了短视频新闻泛滥等一系列现象。因此，我们应该密切关注媒介技术的发展，探索媒介技术的发展模式，重视其带来的影响和改变，这样才能使新闻业在新的技术浪潮中得到更好的发展，同时也能使人们保持清醒，防止媒介技术的异化。

（一）博弈与交融——智媒体时代下媒介伦理的扩宽

约瑟夫·斯特劳巴哈和罗伯特·拉罗斯在《今日媒介：信息时代的传播媒介》中提出媒介伦理是关于职业传播者在他们的行为可能对他人产生消极影响的情况下，应该如何行动的指导方针或者道德规则，主要围绕着准确性或真实、公平与处置责任以及媒体主体的隐私。广义的媒介伦理包括新闻专业主义和新闻职业道德。

互联网语境下，众生喧哗，受众的传播权由"权利"转向"权力"，公民可以通过网络或大众媒介发布自身所采集的新闻信息，由此得以进入新闻生产领域。公民新闻与新闻专业主义相碰撞，新闻大众属性和专业属性之间的博弈和交融使媒介伦理由业内扩宽到业外。由只关乎新闻工作者和新闻行业的职业道德扩展至参与传播活动的公众。虚假新闻引发"塔西佗效应"，无论是在传统媒体还是网络媒体中，虚假新闻都是社会面临媒介伦理问题的"凶手"之一。坐等新闻反转似乎已经成为人们的日常，如同 2020 年 9 月被热议的"瑞典警察将游客扔入坟场"细节难辨，带有"虚假成分的报道"虚假新闻使不正常的"一波三折"新闻成为当下常态。这无疑是对新闻真实性要求的蔑视，也是致使人们如"塔西陀效应"般对媒体失去信任的元凶。

假新闻、虚假广告、低俗新闻和有偿新闻的频繁出现，反映出新闻界有许多亟待解决的问题，这也正说明了在新闻事业发展中一些新闻媒体为了提高收视率和增加广告收入，不惜以败坏新闻职业道德的代价去换取，还有一些专业新闻工作者以及自媒体工作者为了提高自身知名度谋取私利，严重违背新闻职业道德，给新闻事业造成了不良的影响。[①] 新闻职业道德的提升与重构任重而道远，无论是自律还是他律，都需要各方的努力。新闻职业道德并不是孤立存在的价值观和规范，它是一个专业新闻者的人生观、价值观、世界观的综合反映，更是一个国家新闻事业发展乃至成熟的标志。

另外，越过"高压线"的新闻寻租现象也时有发生。媒体作为社会公器，理应为公共消除不确定性而服务，但媒体人最大的丑闻"新闻寻租"事件却屡

---

① 许香荣：《浅析新闻职业道德的缺失和建设》，载《中国文艺家》2019 年第 6 期，第 271 页。

次出现。例如，2012 年陈某因收受贿赂在《新快报》相继发表十余篇关于中联重科批评性报道的新闻稿件，说是顶风作案也不为过；《纽约时报》也曾为揭露中国新闻寻租现象发表了报道《中国媒体有偿报道乱象》。

（二）迷惘与丧失——互联网媒介伦理失范的表现

"打脸"客观性的媒介审判式介入。媒介审判现象由来已久，指新闻媒体超越司法程序，抢先对涉案人员作出定性、定罪、定型以及胜败诉等结论。它是新闻竞争日趋激烈下的产物，更是新闻媒体的职能错位。媒介审判行为不仅影响了受众的判断，一定程度上有悖于法律公正性，还是对新闻客观性要求的违背。

1. 传播者：新闻人和传媒业面临身份与职业出现危机的困境

社会转型时期媒体人遭遇了"三大矛盾"，即快速与准确的矛盾、信息的量与质的矛盾、信息题材的专与杂的矛盾。这"三大矛盾"，直接导致了三大丧失：权威感的丧失、关注度的丧失、对既有传播机制信心的丧失。"业余人士"步入了原本由专业人士独享的工作领域，甚至成为媒体议程的设置者、社会现实的建构者和新闻事件的推动者，影响力日增。在这些热情高涨的公众的参与下，新闻传播行业出现了"去专业化"现象，其专属的权威被不断消解。

2. 接受者：受众与传播者身份重叠

受众获取信息的方式已不再停留于"被灌输"阶段，而是向"自由猎取"方式转变。在媒体融合语境下，信息发布的门槛很低，传播的内容也越来越模糊了新闻与信息的边界，并且信息环境纷繁复杂、碎片化，普通的受众很难具备分辨真相、鉴别是非、避免操控的能力。因为缺乏专业素养和专业培训，他们的传播活动中存在很多不规范、不合法的行为。

网络新闻传播中，会出现一些没有对新闻事件作准确调查就进行发言的情况，再加上网络传播的实效性和广泛性，很多不实信息被大肆传播，在造成了舆论的轰动后再去纠正事实，这导致新闻媒体的公信力逐渐丧失。[①]

3. 传播活动：综合立体交互传播，技术霸权凸显

互联网分裂为官方与民间两大舆论场，舆论环境因隐匿而复杂，公众介入事件，会"导演"或改变新闻事件走向。在爆料、提供观点、发表评论的同时，多数网民沦为围观的看客"集体偷窥"，甚至起哄、挑刺，理性的声音被嘲讽、淹没，非理性的声音却极度亢奋。"菲妥妥事件""王凤雅事件"以及"榆林产

---

① 张倩：《媒介伦理失范在网络新闻传播中的表现及原因分析》，载《传播力研究》2019 年第 3 卷第 12 期，第 245 页。

妇跳楼事件"中网民的"正义声讨"对当事人家庭造成了二次伤害，这不是善意，而是一场恶意的言语私刑。

4. 在网络的便捷下，群体窥私欲更强

网络媒介以其特有的包容性与便捷性强势进入媒介环境，受众脱离了单纯被动接收者的身份，得到技术的赋权，不仅可以传播信息，还可以进行话题议程设置。但由于网络的匿名性以及"共景式监狱"造成的公域私域界限模糊，网络场域成为公众情绪和欲望的发泄池，在好奇心和窥私欲的促使下，非理性狂欢和网络群体极化的暴力行为时有发生。

5. 技术裹挟下的传统社会价值弱化

大数据、云计算、物联网、人工智能等新媒体技术的普及也是社会转型期的一个重要特征。依靠社交及算法分发新闻的机制，不可避免地造成了过滤气泡形成个人信息茧房的后果，个人在信息的"驯化"下日益陷入心智孤岛，情绪化的表达比理性更容易煽动民意，"全面、真实、客观、公正"的新闻价值遭到弱化，面对整个社会的意见整合越来越困难。"Facebook 隐私泄露案""窃听门"等对技术的不正当使用，也挑战着互联网的媒介伦理道德。

三、对立与冲突——互联网媒介伦理失范原因

（一）商业气息对人文关怀的冲击

我国新闻媒体具有企业化运营和事业化管理双重属性，"三微一端"强势崛起，在激烈的市场竞争中，媒体为引起轰动效应，难免会因热炒卖点而忘记自身的职责界限，形成对司法独立的干预。央视的《新闻1+1》节目，在报道药家鑫案时与观众的呼声背道而驰，于是就遭到了强烈的谴责和抵制。而对地方媒体而言，其财力和影响力更是无法与央视竞争，故一些地方媒体便跟愤怒的公众站在同一战线，在无形中对案件行使了"媒体审判"的角色。

（二）病态心理对严肃文化的侵袭

按照梅罗维茨的情境合并的观点，大众传播容易形成知识层面的情境合并，即最低层次上的情境合并，往往涉及个人隐私、性等话题。传播中的病态心理可见诸传受双方，从使用与满足理论角度看，受众最大化往往体现在视觉信息接收的生理层次上，即马斯洛需求层次论的第一层次，具体表现为窥视欲、好奇心、感官刺激等低层次信息接收心理。2018年5月11日，微信公众号"二更食堂"推送了一篇题目为《托你们的福，那个杀害空姐的司机，正躺在家里数钱》的文章，内容低俗黄色，如此文章的出现，对于传受双方都是一种悲哀。

（三）技术赋权对法律理性的腐蚀

相关法律与法规的缺失，造成互联网平台监管的不力，在处理许多问题时没有法律依据做支撑。由于信息传播呈现多向和发散式的特点，信息把关与信息过滤变得相当困难。许多"百度盗版"事件长时间无法解决，百度可以通过其强大的技术实力实现以"盗链"的形式达成"盗版"，无论是否是百度开了"后门"，大量小网站的盗链与盗版的事实是存在的，这种不道德的竞争行为正是基于技术和法律的不完善而达成的。

（四）传播主体："眼球经济"的逐利冲动

"眼球经济"顾名思义就是通过吸引消费者注意力来实现盈利的方式。而在经济利益的诱惑下，片面的或经过夸张渲染的甚至虚假消息的传播屡见不鲜。必不可少的原因之一便是传播主体为追寻经济利益"不择手段"。例如，某歌手逝世后，无良媒体乔装打扮进太平间拍摄死者遗体。可见正是由于媒体之间争夺激烈，使报道失范行为增多。

（五）网络特性：隐匿性和开放性削弱"把关"

当下网络媒体阶段的传播者不仅仅有媒介机构和记者，受众在网络也拥有传受者的双重身份，这种"传受合一"的特征丢失了重要的把关过程，导致把关行为弱化；再者，当下网络信息分发具有同步性和实时性的特点，在这个层面上也削弱了把关能力。所以现实中的人际伦理问题发生在网络环境中，都使媒介伦理问题呈现不可控之势。

（六）法律体制：网络媒体道德规范的漏洞

首先，网络媒体道德规范缺失。到目前为止没有统一的全球新媒体伦理规范，大量网络传播行为没有受到法律监督，所以肆无忌惮。其次，传统社会与互联网社会有不同的道德标准，而如今媒介伦理在社会转型期的范围内，多元价值观极易走向极端，即价值观分裂。缺乏统一的道德理念和规范也是媒介伦理问题频发的一大原因。

四、规避与探索智媒体传播时代各类问题的解决路径

传播中的伦理失范问题对人们的生产生活有深远而直接的影响，是人们关注的焦点。"传媒伦理首先是对人们行为善恶选择的系统性探究，其次也试图界定那些构成价值与生活规范的被作为个体、群体或文化共同体的人们所共同认

可的原则性的东西。"① 公众对媒体的最大期待在于媒体能够及时传播真实可靠的信息，充当"社会雷达""社会守望者"的角色，并进行舆论监督，维护社会正义。所有使信息传播变异为牟私利，舆论监督变异为敲诈勒索，都等于愚弄、欺骗公众。小到新闻从业者，大到新闻行业都应加强自律，杜绝媒介伦理失范问题的出现。物联网打开了人类社会信息传播的"潘多拉魔盒"，而当下的网络新媒体技术似乎成为开启赫胥黎所描述的"美丽新世界"的一把钥匙。我们不仅要利用新技术传播信息，开展网络监控技术，对用户进行注册实名制，利用大数据技术查找违背媒介伦理信息的源头，进行防控。

（一）坚守专业意识，再树专业性标准

媒介作为社会的公器，理应扮演环境守望者、文化传承者、议题建构者、道德捍卫者的角色。处在社会转型期的媒介更应坚守专业意识，在新闻不断反转的后真相时代，对于事实的核查以及对真相的追寻显得尤为重要。职业媒体人要竖起专业性标杆，提高公信力，加强行业自律，在新闻报道中要体现人文关怀，坚持最小伤害原则。技术赋权的新媒体也应提升自己的媒介素养，坚守道德底线。

（二）公众媒介素养拓展

在社会转型期的公众媒介素养不再只是单纯的信息消费素养，而要向生产者、传播者素养拓展。公民新闻所生产的碎片信息有时也可能成为还原真相的重要一环。如在"河南考生高考试卷调包"事件中，公众就发挥了提供线索源、信息源、议程设置者、舆论监督者的角色。

（三）遵循技术伦理与新闻传播伦理双重约束

掌握着新技术的公司，尤其是平台、算法、数据技术的拥有者，在网络媒介伦理的重构中扮演着不可或缺的角色。例如，针对算法分发可能带来的问题，算法工程师应设法减少其中暗含的偏见与歧视，在涉及用户数据采集时附加隐私政策要求，尊重个人隐私权。

（四）相关部门调节，加强法制建设

政府、相关部门需要扮演好调节者的角色，加强对新媒体市场的规范引导，规避市场化经营下传媒竞争导致的一系列伦理失范现象。完善互联网上各种侵权行为的法律法规，普及媒体平台上的法制意识。我国在此方面已做出很多努力和工作，2017 年 6 月正式实行《中华人民共和国网络安全法》，健全相关法制，保障行业发展。要加强媒介伦理法制建设，明确规定对新媒体伦理道德失

---

① 郑根成：《媒介载道：传媒伦理研究》，北京：中央编译出版社 2009 年版。

范行为的惩办措施，依靠法律来震慑不当的媒体运营商和用户，才能构建网络媒体环境下的媒介伦理体系，加强媒介理论法治建设。

在社会转型期中的新闻媒体在坚守伦理规范时，面临着商业利益的直接挑战。新闻从业者职业道德的缺失，已严重影响了媒介的公信力。百年前，《大公报》办报方针的四不主义便囊括为公服务、不为己利的"不私"。今天，新闻从业者应像《青年报·焦点新闻》所说，"奔走在这杂草丛生的大地上，做一个记录者。记录世道，记录人心，记录这时代的悲喜"。

五、结语

社会转型时期的互联网媒介伦理碰撞实质上是新闻生产主体泛化下规则重构的变奏，是新闻专业主义在互联网视域下的丰富与发展的跌宕之音。借用甘斯在《什么在决定新闻》中的比喻，传播者与受传者之间的关系是共舞的探戈。作为指挥人的新闻专业者应以更为自信化、开放化和参与式的面貌与公民新闻实践进行积极协商与探讨，永远不停下追求真实、追求公正、追求平等的脚步。智媒体时代下的技术是推动传媒产业不断向前发展的冲力，所以毋庸置疑的是人工智能等各类新型的技术在一些方面有超越人类的优势，会给传媒产业带来革命性的变化。但其实，媒介技术，确实是有它内在的独到之处；而作为主观能动性较强的人类，也有着更壮丽的、更伟大的，作为人的用处。媒介技术无论如何发展，无论在哪个时代，都无法单独去决定传播活动的内容和效果等。人类才真正掌握着传播活动的主导权，所以不管在媒介技术发展过程中的哪个阶段，人们都会不断调整个体与社会之间的关系，人类将一直是媒介技术的主体而并非客体。

参考文献：

期刊：

[1] 彭增军. 传统与挑战：网络时代的媒介伦理 [J]. 新闻记者，2017 (03)：31-34.

[2] 甘丽华，[美] 克利福德·克里斯琴斯. 全球媒介伦理及技术化时代的挑战——克利福德·克里斯琴斯学术访谈 [J]. 新闻记者，2015 (07)：4-14.

[3] 胡曙光，陈昌凤. 观念与规范：人工智能时代媒介伦理困境及其引导 [J]. 中国出版，2019 (02)：11-15.

[4] 王利强. 新媒体时代下冷热媒介对信息传播的影响 [J]. 现代营销

（经营版），2020（03）：109-110.

[5] 陈然. 被媒介技术改变和未改变的人类生活——麦克卢汉媒介理论再解读 [J]. 今传媒，2015，23（12）：151-152.

[6] 刘明洋，吕晓峰. 媒介化社会视角下的新媒介伦理建构 [J]. 山东社会科学，2017（08）：113-118.

[7] 张倩. 媒介伦理失范在网络新闻传播中的表现及原因分析 [J]. 传播力研究，2019，3（12）：245.

[8] 谢军，王艳. 麦克卢汉的全球化思想初探 [J]. 长沙电力学院学报，2003（8）.

[9] 何慧媛，贺俊浩. 人工智能时代，媒体如何创新转型——"人工智能与媒体未来"研讨会综述 [J]. 中国记者，2017（2）.

著作：

[1] 郑根成. 媒介载道：传媒伦理研究 [M]. 北京：中央编译出版社，2009.

[2] [加] 马歇尔·麦克卢汉. 理解媒介：论人的延伸 [M]. 何道宽，译. 北京：商务印书馆，2000.

[3] [美] 罗伯特·拉罗斯. 今日媒介：信息时代的传播媒介 [M]. 北京：清华大学出版社，2001.

[4] 陈力丹，季为民. 艰难的新闻自律——我国新闻职业规范的田野观察/深度访谈/理论分析 [M]. 北京：人民日报出版社，2010.

[5] 展江，彭桂兵. 媒体道德与伦理·案例教学 [M]. 北京：中国传媒大学出版社，2014.

智能新闻传播：技术扩张背景下的人文反思

刘泽溪　中国人民大学

摘要：科学技术的高歌猛进加剧了社会形态的不确定性，也引发了信息生产方式的变革。人工智能技术在新闻传媒业的嵌入，带来了新闻行业生态和传播样态的剧烈变革，智能新闻真实性特征也随之改变，既有作为新闻样态的一般性真实特征，又兼具数据性真实、程序化真实和技术理性真实等个性化特征。智能新闻解放新闻记者的同时，又作为一种基础性的存在风险引发伦理争议。对技术的依赖引发了"普洛斯修斯的恐惧"，一方面我们依靠技术和机械迈向更高层次的生存状态，但另一方面，现代性的自反性又为人类的发展埋下了潜藏风险，值得进一步探讨反思。

关键词：人工智能；智能传播；智能新闻；新闻伦理

在现代社会到来之前，几乎所有人都相信：现代性将会导向一种更加幸福而安全的社会秩序。然而现代社会图景充满了美好与希望，却也潜藏着工具理性侵蚀、人类主体性丧失等诸多风险。数字化、互联网、大数据、云计算、人工智能技术的诞生推动了现代文明的进程，却也加剧了人类社会失控风险。这一点亦体现在人工智能技术上。

人工智能的技术特征和生产方式带来了新闻传媒业的生态变革，该项技术在迸发生产潜力的同时，也产生了不可忽视的法律伦理问题。相比传统社会，智能媒介在新闻内容生产、分发和呈现环节表现出怎样的差异？由人工智能主导的新闻样态对新闻真实建构带来了何种冲击，并可能导致什么样的新闻真实风险？这些问题值得继续深入探讨。

一、智能传播、智能新闻和智能新闻传播

智能媒介在文本生产与新闻分发环节的嵌入，意味着新闻活动进入一个新的阶段。智能技术及其技术对象化产物在社会生产中的实践运用，开启了智能

传播的社会图景，在信息生产与流通中形成新型传播方式。

（一）智能传播

按照媒介形态划分，人类新闻传播历程大致可划分为自然媒介、机械媒介和智能媒介三个阶段。在自然媒介和机械媒介时期，人造物只是"器官的投影"，人造工具不过是人类的"器官补偿"或者"器官强化"，具有物质属性的生产机械以及精神属性的技术视为人类身体的延长物，这种观点也与麦克卢汉"媒介即延伸"的论断异曲同工，强调人造工具对肢体感官能力的强化。

不同于自然媒介和机械媒介时期的技术要素独立分化存在，由智能媒介主导的信息生产传播强调技术间联动协作。由于现代社会信息传输形态的多样、传播渠道的多元，单一的技术难以满足人类社会形态，人们开始追求数字化技术、移动通信连接技术、传感技术、大数据运算等多重技术耦合形成的复杂技术集。

对于海量数据的处理，也不是人类智力可以完成的，有人类主体开发设计、模拟人类大脑的人工智能技术崛起，并参与到大众传播中。智能传播技术系统的复杂程度带来了媒介系统边界的开放，信息内容和个体间关系也转向了信息化、数字化存在。

庞大的信息数据库不仅作为客观存在物的投射，数据之间的关系也能产生超越数据信息自身的价值与意义。数据的转换与处理令新闻生产思维方式由逻辑推理转向系统相关性分析，作为内容的新闻文本在数据化、关系化的传播环境中形成了智能传播，这种传播方式由同质化转向精准化以及人机协调变化。

（二）智能新闻

广义层面的智能新闻，包括应用在新闻采编任意环节而形成的新闻文本，而在狭义层面上，专指"通过编程技术使计算机能对数据信息进行组合，按照新闻模式生成新闻内容"，本文探讨的智能新闻、文本生产特征与新闻真实特征，都是以文字符号为主要载体的新闻文本。

以社会变革与技术演进为主的多元力量，引发了新闻业界生态巨变，尤其是新兴媒介技术对新闻生产各环节的嵌入，交织绘制出多样化信息传播场景。智能媒体技术正逐步改变用户的生存环境和生活习惯，无人机、VR、写作机器人等传媒技术的崛起，令信息在采集、加工、分发等环节实现智能化。

随着技术的成熟，发稿机器人已经实现在短时间内选出新闻热点、抓取相关数据，根据预设新闻模板合成新闻稿件，在财经、体育类新闻领域大放光彩。人工智能技术在文本合成环节的介入，提升了元信息的搜集速度，使得内容生产变为交互多向，以高效、准确、多向度的自动机器分析代替有限、经验化的单向度人工内容生产。

二、智能新闻生产特征

相比非智能新闻，智能新闻显著特征在于人工智能技术的高度介入，尤其是在新闻文本生产和个性分发环节。要探讨智能新闻真实性的个性特征，首先需要了解其内部运作规律和内在技术逻辑。

（一）智慧抓取：事实要素中介化

智能新闻的崛起，在一定程度上令新闻传媒业从自由主义、人文主义转向了数据主义。传统媒体时代，新闻文本的生产高度依赖于新闻记者对事实要素的获得、认知与呈现，新闻版面的编排则需要编辑的整合与选择能力。

尽管智能新闻文本以文字符号形态呈现于各类终端，但不同于印刷媒介上的墨韵沉香，二维屏幕上的文字在本质上依然是"0"与"1"交织的二进制符码。组合为新闻事件的事实要素，也是由人工智能系统从离散于公共网络空间的各类数据抓取、分析后形成的。

人工智能介入强化了新闻行业对新闻即时性的要求，通过压缩新闻读者与新闻内容之间的角度空间，令新闻分发成为"程序主导的机械式运动"。智能新闻的事实基础要素是由大数据技术获取的、二次主观化的结果。特别在新闻生产环节，作为"生产拟主体"的智能算法直接作用的客体并非原生态新闻事实，而是经过大数据技术中介化后的数据代码。

随着客观世界与现实的数据化，通过数据（通常为大数据）表征呈现新闻事实正成为常态，数据事实形态也成为新闻报道的重要形态。数据不仅作为关系表征的符号，更具备了本体性地位。

作为物质的一种根本属性，数据是客观物质存在与主观意识共同作用的产物，是我们人类利用自己的主观能动的意识对客观物质及其关系的一种数量描述。相比柏拉图时代个体对洞穴光影的愚昧无知，现代社会中的数字原住民以积极主动的姿态参与到数字化生存中，数字化与数据化正成为社会生活常态。按照大数据"关系即数据，数据即资源"的基本逻辑，智能算法逐渐成为新的赋能者，对数据的结构化分析能够释放更多隐藏价值。

（二）程式化运作：文本生成自动化

传统新闻生产中新闻文本生产要求新闻传播主体付出一定创造性劳动和时间成本。在人机协作的生产方式中，程序代码承担起新闻线索采集、数据分析处理和文本写作等职能，人工智能对新闻业的介入，实现了文本生产和事实要素收集效率的空前提升，取代了部分由人力承担机械性、简单程序化的操作。

智能新闻生产包括数据采集输入、信息结构化处理和模块化合成三个阶段。数据采集输入是在生产环节的技术前，旨在对互联网空间中海量信息进行采集，建立一定规模数据库。智能新闻的数据采集范围几乎覆盖全网，建立于算法和数据挖掘技术基础之上的智能程式会从既有数据资料库中提取、分析和结构化处理数据信息素材。

以新华社快笔小新、腾讯 Dreamwriter 为代表的新闻写作机器人，通过程序化、模块化、自动化的写作，实现了新闻信息的即时性生产，重复性、程式化业务的减少，令新闻从业者解放出更多时间与精力投身于更高层次的新闻活动中。得益于人工智能技术的协同生产，智能新闻文本的创制过程由集中式逐渐趋向于分布式，人不再是新闻活动的唯一控制主体，新闻生产过程的参与主体扩展至传感器和智能编程。

（三）拟主体：主体划分复杂化

新闻传播活动是人的活动，也是人与人之间信息分享的活动。研究新闻活动，就是研究人在社会场域中开展新闻活动的角色与相互关系。无论对什么样时代背景下的新闻现象展开研究，新闻活动者或者新闻主体及其相互关系，才是新闻研究的出发点和归宿处。

纵观人类新闻活动的历史演进过程，新闻收受者的身份变化是一个从被动状态不断向主动状态演进的变化过程，亦是新闻收受自由不断扩大的过程，也是一个由相对单一收受角色向传收一体化角色逐步转换的过程。人工智能技术与人的主体性关系中，个人主体性受到一定冲击，但是人类整体的主体性却得到了增强。

由人类主体设计编写的智能程序，突破了传统意义上主客体划分，人工智能的行为基于人类主体的指令，但是行为能力的发生以及对信息的处理能力及深度学习所展现出的自我意志能力，都呈现出不同于机械设备的主体性特征，而作为一段程序代码，人工智能也摆脱了物质属性，既不属于物也不属于人，超越了人与物的二元对立划分界限。

按照麦克卢汉"媒介是人类感官延伸"的论断，人工智能可以视为大脑的延伸。曾有法学学者提出：人类应当顺势而为，重新解读法律主体范围并赋予人工智能以法律主体地位，以解决科技带来的法律问题。2016 年，欧洲议会提出的《"机器人法"立法建议报告》第 50F 项建议指出：要赋予智能机器人以法律主体地位，令人工智能在信息传播活动中获得独立人格，拥有承担责任的能力以弥补自身造成的损害。2018 年，俄罗斯"格里申法案"主张借鉴法人拟制原理，确立人工智能为法律层面的"准主体/拟主体"。

人工智能的本质依然是工具的客体属性，其表现出的智能化运转，依然是按照一定的程序算法得出执行指令，并根据此行为指令做出机械性的自动化行为。目前，人工智能尚处于"弱智能"阶段，该阶段的应用主要体现在语音识别、图像识别、自然语言处理、数据抓取、数据分析、文本合成和智能分发等领域，距离生成自我意识、进行深度学习、自主决策的"强智能"阶段尚需时日。

三、智能新闻真实特性

新兴技术的嵌入、媒介形态的不断演化，催生出多种具体媒介形态的呈现方式，也加速了多媒介形态融合与统一。各类媒介形态与媒介符号系统交织派生出多样化新闻样态。从诉诸单一感官的单一符号系统的报纸新闻和广播新闻，到诉诸多重感官的场景新闻，再到今天智能媒体时代的多元媒介形态，新闻收受方式日趋丰富、复杂。针对不同新闻收受方式的传播情境，其新闻真实的实现也各有侧重。

（一）中介化事实真实

人工智能对新闻活动的渗入，人机协作与人机交互催生出更加多元的信息传播场景。尤其是在人工智能技术建构的虚拟场景中，信息的真实性不再是真与假的二元对立，而是对基本事实的重新组合和解读。

每一种媒介都以一种隐蔽但是有力的暗示来定义现实世界。智能新闻追求的真实，并不是社会生活在本质上的真实，而是中高度微观的、数据性的真实，这种真实体现在内容生产环节对新闻事实要素的搜集、分析与处理上。数字化时代，0—1数字方式成为表达和构成事物关系的方式，这种代码关系形成了一个与现实不同的但是又有现实特点的数字空间。

从生产源头分析，由新闻记者主导的内容生产，建立在生产者对新闻事件的直观认知上，面对突发性新闻事件，新闻记者甚至需要来到新闻现场、采用事件相关主体。但是自动化新闻运用的新闻事实素材，是被数据化、符号化之后存储于互联网空间的二次转码素材，且文本生产是按照既定程序进行数字化合成的，其目的在于"遵循程式要求完成数据处理"，形成"中介化事实"，原型事实则隐身于新闻活动中。这种数字化虚拟的文本生产追求去介质形态，通过打破符号代码与内容本体的联系，构建一种新的存在方式。

对中介化事实素材的分析与处理，不仅是原生事实在计算机程序的技术框架内的投射，更是拟主体与数据生产主体间的对话。这种处理方式强化了符号文本与客体对象之间的事实符合性，不仅需要新闻文本与中介化的事实保持一致，还要求新闻中介化事实与原生事实相契合。

（二）操作流程真实

智能新闻在一定程度上体现了机器对人力的替代，及数据输入和程序设计的"严谨"取代了新闻文本撰写者的"情怀"。人工智能介入新闻生产和传播环节时，会按照自身机器属性与技术逻辑根据预设程序进行标准化操作。按照人类主体预先设定的算法，通过数据对数据的抓取、整合，与历史数据和其他背景信息相结合，再对指定新闻模板填充，最终形成描述性语句。

从内容生产流程上看，人工智能主体以计算的方式将分散于网络空间的数据整合、加工。智能新闻是通过计算机程序处理，从而再现数据背后原生态事实的新闻认识活动。这种生产逻辑，意味着由人主观判断构建的新闻价值标准部分让位于机器与算法的推演，标准化操作规避了人类生产主体的主观判断、情感认知，"拟主体"以机械式的流水线作业。

（三）技术理性真实

从智能新闻底层技术座架和生产逻辑来看，智能新闻真实性的实现高度依赖媒介技术。从新闻业发展的整体过程来看，技术的革新为新闻业前行提供了直接动力，不仅影响着新闻实践观念，更成为衡量新闻真实的里程碑。

人们对客观世界的认知不仅依靠自身身体的感知，更能借助媒介技术形成的客观世界投影将客观世界抽象化。如果将媒介形态演化视为现代科学手段的进步，那么媒介也必然包含某种工具理性，数字化、互联网络、人工智能等技术集群共同建构了智能新闻的报道边界与收受边界，当大数据进入人工智能技术座架规范的呈现框架中，新闻文本的生成会受到技术理性的制约，在技术的逻辑、体系、标准下成为象征社会的手段。

数据化、自动化和智能化的生产逻辑解构了传统意义上的"新闻真实"，这种解构具体表现为技术层面转向。智能传播拥有完整独立的技术生成模式，电磁与数字构成了物质与能量之外的存在方式。这种传播系统呈现出曾经传播体系所不能呈现的世界，也达到了曾经不能的传播程度，创造出新的传播特质。新型新闻样态不仅可以呈现更加完整的新闻图景，甚至可以解释特定事物的演变趋势，实现信息增量。

四、智能新闻的伦理风险

在讨论智能传播背景下新闻业伦理特点时，需要明确新闻伦理的实现者。

本文所讨论的伦理主体，专指新闻传播活动中的遵循新闻伦理和规范操守的相关主体。随着人机协同趋势的加强，专业媒体、自媒体、平台媒体等新闻行动者共生于信息生态之中，这些多元化的主体共同互动于新闻场域。

智能传播语境下，传统人机协同的和谐共存状态受到考验。伴随人工智能技术与新闻活动各个环节间耦合加深，新闻业需要重新思考人工智能在新闻活动中的地位与作用。尤其是人工智能技术对新闻活动的深度介入，新闻伦理主体日趋复杂化，已经演化为包括职业新闻传播主体、非职业新闻传播主体和平台传播主体等多元化主体形式在内的主体集合，于新闻活动行动主体的互动中形成对新闻伦理的影响。

（一）内涵变迁：从"新闻"到"新知"

以数字化和互联网为底层技术座架的信息传播方式，不仅引发了新闻生产、编辑流程、信息分发、呈现方式的变革，更延展了"新闻"概念边界。尤其是互联网技术几乎重构"新闻"内涵本身、新闻形态、新闻的生产和消费等领域。

传统意义上的新闻，其新闻之"新"体现在时间维度的"新鲜"上，强调时间的接近性，距离现在、眼下越近，也就越新，即对新近发生的事实进行的报道。从时间轴上界定新闻之"新"，是大众传播时代媒介生产制度和结构化产物，在大众传播时期，新近发生赋予了信息成为新闻的合法依据。

但是在现代社会语境中，光速传输的电磁讯号令新闻的获取跨越时空间隔，新闻收受主体已经不再满足于新闻内容的"时间之新"，依托移动互联网和移动智能终端传的新闻却超越了单一的线性标准，偏向于非线性的、社会心理层面的"新"。超越线性时间的"新"，整合事实与连接相关联的事实，新闻不再局限于呈现最新的事实，更在于发掘过去发生事实与当前事实的内在关联，以实现信息增量。在客观描述事实表象之外，新闻更需要将事实按照一定叙事逻辑呈现，揭露事实要素的内在联系。

互联网的兴起，使得"新知"成为"新闻"，新闻的传播变为多面互动，几乎全部的新闻产品都要接受网络化社会的检视、补充或修正。在互联网的新闻模式下，新闻从产品变成一个流程，尤其是摄像技术在新闻活动中的运用，新闻事实素材和新闻成品之间的界限变得模糊。

（二）主体更迭：从"人"到"人机协同"

人工智能的技术特性，使得人工智能在物质生产实践和精神生产实践中呈现于接近人类的主观能动性，这种能动性在新闻生产环节削弱了人的反抗意识，加剧工具理性对人的统治，基于大数据抓取、分析的人工智能，在生产实践中体现出的拟主体性可能导致人类主体性的沦丧。

现阶段，人工智能技术还处于弱智能阶段，智能基于语义层面的信息沟通进行组织后得到结构化的结果，进行简单的对话、问答和文本生产，而对于理解语义，即从形式和意义的多对映射中选取合适语义尚有不足。

现阶段，人工智能在社交领域还远远不及人类智慧，即便是天猫语音精灵、苹果 Siri、小爱同学等程序的智能程度，依然是基于预设模块任务完成对应操作，还远远未实现自我推理的能力。但是人工智能的运行，却能够将新闻人从文本生产过程中剔除，只需要保持程序维护者。

人类的本质特征之一是自由自觉活动，当程序代码代替人类进行劳作的时候，物质与精神生产领域中的人的主体性也受到威胁。从目前层次看，人工智能对主体性的侵犯更多表现在技术精英对普通个体的侵犯，与其说人工智能取代了人在新闻生产领域的主体性地位，倒不如说是少数人剥夺传统生产群体的工具。

（三）内涵转向：从人文情怀到技术逻辑

我们身处于一个可怕而危险的世界，技术从没像今天在社会中发挥着决定性的作用，尽管追求独立思考、不盲从、不迷信和批判性精神等价值成为现代文明所追求的自觉意识，但是显然，人类对于技术的信任和盲目崇拜却与日俱增。

技术逻辑随技术缔造而出，发生显现于技术物或技术运转过程中。技术逻辑是根据人类生存需求、价值选择和社会进程中被人类主体赋予。智能新闻的生产遵循技术逻辑，而技术逻辑与社会意识形态和人类主体性逻辑并不完全一致，在部分情境中甚至存在冲突。在中国社会语境下，新闻不仅承担信息告知的本位职能，还要承担着引导社会舆论、凝聚社会共识、塑造意识形态等多元职能。在弱人工智能语境下，写作机器人还无法理解主流意识形态领域的价值选择标准和复杂情境中的多元要求。

编程语言已经侵蚀了普通语言的垄断地位而建立起一种新的等级制度。虽然算法可以分析用户数据资源自动分发新闻资讯，但是算法本身依然由人设计创造而来，并显示着不同社会主体的权力。算法新闻充当了一种"远距离的操纵"，它以多元、隐蔽的技术理性取代了人的个性和主观随机性，并且不再努力"制造多元"，而是不断迎合强化认知的差异，逐渐扭曲主体间性，甚至丧失作为个体的主体性。

技术本身无涉价值立场，但技术的运用却与价值观密切相连：选择运用何种技术达成何种目标，这本身就是一种价值观的体现。以大数据和算法为核心的新闻生产及内容推荐机制已深刻影响了媒介的内容生产和用户的消费行为，多元化倾向使得媒介的社会动员的有效性将大打折扣，危及社会共识的形成和建构。

（四）流水生产：从"人文作品"到"技术产品"

人工智能技术的嵌入改变了新闻生产、编辑、分发环节的参与主体，令新闻的生产和消费过程逐渐自动化。一方面，新闻从业者得以摆脱单一性劳动，能够将有限精力集中于深度内容创作；另一方面，当技术逻辑成为新闻媒介普遍性趋势时，智能程序预设标准化、模块化操作将令文本内容向同一性和同质化方向发展，致使新闻从匠心独具的"作品"沦为工业流水线式的"产品"。

智能新闻采用机器人编写，虽然能够实现对海量数据的高速处理，并且将海量数据纳入分析框架中，但在事实呈现上还停留在信息罗列层面，对新闻稿件中非数据性事实要素间关系的识别能力尚有欠缺。而新闻记者会根据知觉、经验以及一定的理性分析，对假象事实或者存疑事实进一步追踪调查，以寻求事实表象背后的真相。

从叙事学视角分析，新闻是针对特定事件的叙事文本，以文字符号为信息载体的新闻文本，需要一系列的语句来建构。新闻稿件的撰写并非简单的数据叠加，对数据运用也是为了提升事实呈现的具象程度，帮助受众认知、理解并把握新闻内容。

但是，当文本创作的权力交由程序代码，作为主体的人将受到外来力量的制约，人的本性也受到压制，人不再是自然人，而变成了一架"没有感情、没有思想的机器"。

五、结语

媒介技术革命总会同步或延迟引发新闻传媒业界生态的剧变。同时，新技术的发明创造，每每都会激发一些技术乌托邦主义的幻想，也会引起对技术异化的担忧。技术通常都是服务于特定的需要和目标，但是技术的存在并不能保证它必然会被应用。技术本身有着其内在的逻辑关系，作为客观存在物的技术会表现出特定的技术理性，但并不意味着这种理性能带来完全正向的应用效果，技术实践活动本身就充满了不确定性。

作为一种颠覆性技术以及新闻业"闯入者"，人工智能为新闻业带来巨大挑战。智能新闻的数据基础与自动化特征，激发了人关于技术理性取代人类主观性的想象，但是，当人工智能介入新闻生产和传播实际操作中，其自身的技术属性也显现出了局限性，衍生出新闻真实转向、新闻失范和新闻价值体系解构等问题，令新闻陷入新的伦理困境，值得引起深思。

智能传播时代媒介具身性的人机互动、理论视角与隐私困境

王子睿　赵　亮　西北政法大学

摘要：算法技术、人工智能推动着智能传播时代到来，同时也在加速解构和重构着一切社会关系与社会结构。在人机融合日益繁荣的图景下，"具身性"作为曾经被传播学研究忽略的重要概念，被社会各界召唤回归本位。本研究旨在探究具身传播研究中离身性的多重困境，探讨媒介具身性的理论兴起与现实应用，探析媒介具身性的隐私困境，探寻在媒介具身性的持续发展中达到保护隐私数据信息的平衡。

关键词：智能传播；具身性；隐私泄露

随着 VR、物联网、车联网等新技术激发身体参与，以及可穿戴设备、VR 场景等人机互动的深入结合，"具身性"作为曾经被传播学研究忽略的重要概念，在新技术的加持下被社会各界召唤回归本位。大众传播研究的离身性曾是一种约定俗成的观念，主导着对传播与身体关系的研究。传统传播学的研究往往聚焦于"媒介"，鲜少关注到人本身。随着科技进步、语境变迁等方面的发展，将"具身性"概念导入传播与身体研究中，并提供了理论和想象空间。

关于"具身传播"领域的研究，专家学者已初步具备各自学科领域的研究成果。孙玮认为，移动时代的网络生活使身体具有公共性，媒介具身化的"属我性"与"公共性"并存，既矛盾又统一；王颖吉认为，媒介技术演化史也是对面容对象化、客观化、图像化的演化史，而身体在技术、商业、政治裹挟下，将面临身体应用泛滥的风险；钱佳湧从媒介技术的视角，考察媒介发展中身体的演化史中，历数身体在口语、文字、印刷直至电子时代身体的在场或缺位，数字化浪潮到来大众频繁陷入面具游戏。学者从不同视角将"具身"融入研究，论证身体在传播中的合理性和重要性。刘海龙认为，在传播与身体的研究中，离身观念曾作为主导，而具身观念将成为智能传播时代下传播研究的新趋势。

在文字印刷时期，信息传播本身具有离身性，是具有体外化媒介系统的传播方式。进入电子时代，虚拟技术、仿真技术的出现，使身体重新成为主体，身体将重新融入媒介系统，成为具备自我调节能力、动态平衡能力的系统，体现了身体在场的重要性，也体现了在新传播技术语境下，探索媒介具身性的研究价值。因此，具身性的概念为传播学研究开辟了新研究范畴，并提供了更新颖的理论视角与大量信息资源，在人工智能乃至后人类时代下具有新的技术环境，传播学将面临一次重要的探索和"自我革命"。

在智能传播时代，媒介的具身性日益凸显，但鉴于人工智能技术发展阶段及其治理能力、法律条例的欠缺、法律意识淡薄等因素制约，引发的隐私问题成为亟待解决的重大课题。

一、智能传播时代来临：人工智能、算法加速人机融合

在文字时代，人们维持社会关系是通过写作、阅读，以此进行人际、群体传播，计算机的出现使人类的社会关系和社会结构产生了新型转变，从而定义了时代。大卫·博尔特在《图灵的人》中提出"计算机的出现将人类重塑为信息处理装置"的观点，指出人类其本质也是等待处理的信息。

历数关于"人的本质"认知发展，早期认为"人类是工具的使用者""人类是工具的制造者""工具乃人类的假肢"等言论。进入20世纪60年代，"电子世界"的先驱、著名传播学家麦克卢汉就认为，媒介是人类的一种技术"假肢"，将重新建构"人"的本质，在这一观点上麦克卢汉对媒介的具身性颇有预见。

（一）人机融合景象日益凸显

在人与工具日益密切交互中，工具同时也在塑造着人类，尤其是在"万物皆媒"的人工智能时代，人作为一种"信息处理装置"的观念逐渐被广为接受。

麦克卢汉是传播研究中最早探讨身体与媒介关系的学者，他创造性地提出有别于前人的"媒介即人的延伸"理论概念，并且还有紧接着不被人常提及的话"延伸意味着截除"，大意就是当你使用机器代替你的感官去探索世界时，这个机器则代替了原有的器官成为你身体的一部分。例如VR技术具有场景化、虚拟现实性、临场感等特点，通过人眼获取信息后在脑海中产生立体感，可以让人身临其境地感受虚拟世界，也成为延伸人类视觉、听觉、知觉的智能媒介。麦克卢汉的观点意外地与后人类主义所谈论的赛博格不谋而合，以身体角度隐喻媒体，理论核心是身体的感觉，因此"赛博格"的概念可以在麦克卢汉的理

论中追根溯源。

（二）人类悄然向"后人类"过渡

"身体"和"机器"的边界正变得越来越模糊，如今钥匙、车票、身份证都不用随身携带，凭借手机媒介便能验证身份，或芯片植入技术，可以实时追踪、定位。还有人猜测，人与机器终将融合，人本主义主体将被消解，人类终将成为"后人类"。

1. 人机互动的边界消解

"后人类"是指在不久的未来人机融合，人类成为"赛博格"也就是电子人的未来。有人畅想未来图景，生物人、机器人的意识交流互通，人机障碍将不复存在，信息无介质、无损传递，等等。后人类主义最早是从女性主义者那里正式提出来的，这些学者致力于打破性别边界，并且对传播中的身体本位进行了思考。比如哈拉维（Donna Haraway）的《赛博格宣言》，提及在人工智能时代下动物和人类、身体和非身体的界限正在消解。海勒（Katherine Hayles）的"信息后人类主义"也强调身体就是我们用来操控的最初的假肢，我们可以用其他东西来替代它；人类和机器融为一体，使之成为高维度的智能系统。

2. 机器真正成为人的延伸

机器曾经是人类的附属和工具，如今发展成为身体的一部分。目前人类拥有的使用的躯体是第一个身体或称之为"假肢"，在未来人类完全有可能像控制当下身体一样，去控制其他身体。如史蒂芬·斯皮尔伯格导演的《头号玩家》等对未来科技发展加以臆测的电影，主人公戴上VR设备进入虚拟世界，并且通过传感器身体可以感受到相应的刺激，虚实相生、如临其境。后人类主义者认为，在不久的将来，身体将逐渐退场，甚至可以被物质超越。因此当一切物质都可转化为信息时，人和机器也就别无二致。

二、智能传播下离身性困境与具身性的兴起

目前对于后人类的想象还只能通过影视来实现，然而智能传播时代一些变化却正在发生，在网络世界中一切都是信息的传播，万物互联、万物皆媒，人的身体也成为媒介。但在传统媒介研究中"离身性"作为主导，不论是以往的传播学理论，还是当代学者的研究大多都基于离身性，而智能技术的快速发展下，传播学研究的相对滞后，便出现了不可调和的矛盾，离身性面临多重困境，而具身性为传播学的研究与应用提供了全新视角。

（一）媒介离身性的理论困境

传统传播学研究中，传播主要被看作"精神交往"。马克思提出了"精神交往理论"的传播学理论，并且创立了马克思主义传播观，指出人类全部传播活动的总体分为两种交往：物质交往以及精神交往。"精神交往论"理论为确立唯物主义的传播观奠定了基础，为巩固传播学研究的离身性提供了依据，此后唯物主义的传播研究也围绕着"离身性"所展开。

1. 离身性曾占主导地位

大部分学者认为，传统传播学研究中媒介是"离身"的，人与媒介分隔开来，而"具身"是将媒体嵌入身体之中，成为人的幻肢，是人的组成部分。彼得斯在《对空言说》中提出传播是"撒播"，人们类似原子被撒播式地传播，并提出在人类交流中"人体在多大程度上可以保持缺席"这个问题，在传统传播学的研究中，身体一直处于缺位状态。

传播学家在研究大众媒介传播时，往往聚焦在"媒介"这一介质上，鲜少关注到人本身，如拉斯韦尔的"大众媒介的三功能说"、赖特的"四功能说"等经典理论，皆以媒介或媒介效果作为研究主体。久而久之，传播研究约定俗成了一种"离身"观念，即身体在传播中被忽视或被认为是不重要的。

2. 媒介离身性的多重理论困境

在传播学历史上关于离身性的研究和应用已经硕果丰盈，然而"传播的离身性"的观念，在当今万物皆媒、万物互联、人机互动的时代背景下，具有以下三种困境。

第一，视角困境。既有的传播研究对传播与身体关系的探讨，没有给予足够的关注，传播学的理论假设，大多还在人与媒介的关系、媒介的传播效果领域内徘徊，讨论更多的是认知价值、意见态度的变迁，而非身体的在场或缺席，以及身体观念的讨论。

第二，理论困境。在智能传播的背景下大众传播效果研究的传统理论，已无法给予足够解释。因此从人与技术交互角度开发理论，来支撑传播学的研究提上日程。

第三，现实困境。由 VR、人工智能、物联网等技术所激发的媒介设备，VR 场景中的人机互动，以及信息交互界面等，从形式意义上加强了媒介具身的重要性，和研究媒介具身性的现实意义。

由此，学界各专业领域开始正视媒介具身性，并引入身体观念。研究媒介具身性，为传播学研究开辟了新的领域，也为传播学引入了更加丰富的理论资源，在智能时代下具有新的技术环境，传播学将面临一次重要的探索和自我革命。

（二）媒介具身性的兴起

随移动互联、全息影像、物联网、VR、AR 等新型媒介的高速发展，人类社会加速迈入智能化、泛媒体化的具身传播时代，受到认知语言学、心理学、社会科学、机器人技术、人工智能、计算机算法等学科的影响。认知心理学受当下时代语境影响，正向"后认知主义"（Postcognitivism）演进。在这场变革中，"具身认知"从未消散，被认知科学家们所倡导。在认知心理学领域，具身认知成为新的焦点论题，也是心理学界不可忽视的新研究趋向。

1. 认知的本质即计算

传统的认知主义认为"认知是可计算的"。人脑是一台高速运转的计算机，与计算机的运行机制相似。一方面，计算机的计算过程是依据固定的逻辑规则，进行符号的加工、运算；另一方面，人脑的认知过程是遵循基模的处理方式，来应对外界信息，"认知"与"算法"具有异曲同工之妙。因此，认知是位于人脑中的算法，而认知的本质就是计算。

认知心理学的联结主义主张，"大脑是由遍布大脑神经元交错连接所建构的信息处理系统"。联结主义建构了人工神经网络，认为大脑并不是线性的运算规则，大脑中密布着的神经元以非线性的并行分布式加工处理着，意在从计算机模拟转向人工神经网络的建构。

两者虽然对人脑中信息处理加工的方式有所差异，但二者都对"认知的本质就是计算"这一命题的成立表示赞同。因此，人的认知加工及心智活动不仅在脑神经水平上进行，而且与身体的结构、运动系统及体验方式等密切相关。如具身认知观点，"身体的参与"既是人的认知形成的基础，还能影响人对外界的认识。

2. 身体回归本位

具身性被更广泛应用于心理学、伦理学、语言学等学科中，并且涉足哲学领域范畴。法国哲学家梅洛·庞蒂在《具身性现象学研究》一书中最早提出"具身性"这一概念，"人类的存在既非离身的心智，也非复杂的机器，其主体性是作为活跃的生物，以人类身体所特有的生理结构介入世界"。因此，身体作为客观存在的媒介，进入特定的社会环境，显示了身体作为主体的独特性、必然性和合理性。

具身性（Embodiment），是指人类的身体结构从方方面面、多维度地构造了人类思想认知的诸多特性，并非笛卡尔在"身心二元论"的哲学理论中所描述的，与身体绝缘的某种精神实体的次级衍生物。"具身性"与"身心二元论"有很大差别，"离身性"的哲学基础是身心二元论，身心二元论的观念强调认知的过程发生在意识层面，使得学术研究重新回归人身体本位。

从具身视角观察世界，人对于世界的认识并非完全的镜像。人的意识、身体的感统系统与外部世界参与塑造完成的，强调了身体的主体中心地位。就如"镜中我"理论所陈述的人类通过认识世界来认识自身，美国社会学家查尔斯·霍顿·库利1902年出版了《人类本性与社会秩序》，书中提出人的行为反应绝大部分取决于自我认知，自我认知则是经由人际间社会互动所形成，包括他人对自己的评价、态度、行为、自身定位等，类似于反映自我的一面镜子，每个人通过这面镜子认识和把握自我，"镜中我"理论正是将人作为传播的本位来探讨一系列大众传播问题。

3. 技术介入身体

具身传播（Embodiment Communication），是将"具身性"这一概念引入传播学的身体研究的传播类型，研究方向是传播与身体的关系。陈月华教授是我国较早关注传播中的身体问题的学者，提出在赛博空间中对 VR、AR 进行探索，人类将通过沉浸式场景进行面对面交流，重新找回身体在场的传播效应。在智能传播的语境下，将具身性理念应用于媒介技术及设备的产品层出不穷，人工智能可穿戴设备最为典型，通过智能技术来获取眼球运动和大脑信号，以便追踪使用者的视觉目标，以及看到该目标时的对应认知。移动设备、传感器和"智能"机器都在数字化地跟踪人们的数据，个体的生物信息如人脸识别技术应用于手机锁屏解锁、机场检票、养老金领取等，技术对于人脸、基因、指纹、虹膜与步态等数据的使用日趋成熟，并且这些数据不仅依托于人体，既均不可更改还无法脱离人体本身，这些都预示着传播重新回归身体。

三、智能传播下媒介具身性的隐私困境及对策

在智能传播时代，人机互动密切，人类逐渐成为一个"信息收发的装置"，信息存储于云端，然而民众并不知个人信息数据的去向与行踪，隐私问题越发变得严峻。在不同时代关于隐私权的解释不尽相同，从 19 世纪到人工智能时代乃至后人类的未来，隐私权存在的意义也有所变迁。

（一）隐私权的让渡

隐私权概念最早可以追溯到 19 世纪末。1890 年，美国两位法学家布兰蒂斯和沃伦在哈佛大学《法学评论》上发表了一篇名为《隐私权》的文章，被学界公认首次使用了"隐私权"这一概念。从法律层面的历史上首次讨论"隐私权"的命题，塞缪尔·D. 沃伦和路易斯·D. 布兰蒂斯在《哈佛法律评论》上

提出意见，从法律层面上承认隐私权的存在。在何种情况下，任何人都应当被赋权隐私不公之于众，并且应当不受他者侵犯。由此可见，隐私权是公民守卫自身私密信息的权利。随着网络时代快速发展，网络空间的便捷性和匿名性使公共领域与私人领域边界逐渐模糊，公民对"隐私权的让渡"却保持了一种默许状态。

首先，隐私权属于宪法规定人的自由权的重要部分，而新闻是"对新近发生事实的报道"，并且新闻要求"公正、全面、客观、公开、及时、准确"的原则，新闻媒介的存在就是传播客观事实。因此，新闻媒体想要报道事实真相，便不得不在这一私权的边缘游走试探，公民也不得不让渡部分隐私来获取真相。

其次，网络时代社交媒体兴起诸如微博、微信、知乎等形成公共场域，公众通过社交媒体获取新闻信息，许多社会公共事件在其中发酵。一方面，媒体不断报道给公众，使得舆论倒逼有关部门进行管理，从而加快事件进展，随着公众对事实的探究和讨论层层深入，也无意中在"侵犯"当事人的隐私；另一方面，普通人借助媒介赢得话语权，将事实主动公之于众，也是为了引起舆论关注，从而维护自身利益，因此不得不让渡自身的隐私权。

（二）媒介具身性的隐私困境

智能传播时代，人机互动频繁，媒介具身性日益凸显。人脸识别技术作为一项典型的具备媒介具身性的技术，其功能有基础的身份识别与认证，还可以抓取个人面部生物信息，与云端数据库中的海量数据相匹配，追踪到更加私密的个人身份信息、日常的行踪轨迹、人与物的匹配、亲属关系的匹配以及圈层关系的匹配等。在人工智能深度学习发展之下，最新的人脸识别技术，不仅能够指示性别与估计年龄，还能够辨别面部表情。可想而知，随着科技进一步发展，隐私信息将被全方位抓取，大众的隐私如同透明。

1. 信息数据缺乏监管

无法保证海量信息交给数据库管理的安全性，无法推断收集数据的管理者和管理平台，对于数据管理的相关法律法规较为滞后。

首先，隐私信息泄露具有毁灭性的后果。现行的人脸识别技术无论在采集、存储、处理环节都存在很强的"入侵性"，人体生物特征具有唯一性和具身性，一旦被泄露或盗用之后，具有社会性的风险，对个体的打击是毁灭性的。因此，应及时规制隐私问题失控，以免造成社会秩序混乱，减少个体经济利益的损失、社会地位降低、道德评价污名化的风险。

其次，网络监管缺位以及相关法律条款相对空白。公民无法确定数据信息安全，让隐私问题变得严峻。由于人脸识别技术的非接触性、远距离拍摄等特性，在数据收集环节，人脸识别能不被察觉地大规模抓取和累计数据。依照我国的刑法规定，未经同意而非法获取个人信息，或者将合法取得的个人信息出售或提供给第三方，此类行为均涉嫌构成侵犯公民个人信息罪。个体面部的生物数据信息从属于个人隐私，许多公共场合对面部数据的获取未经得个人同意，因此是严重侵犯了公民的隐私权。

最后，用户数据库的管理问题也不应任由其发展。公民对数据信息的流向不明确，数据库平台的管理者身份不知晓，是否管理者能随意获得隐私信息并进行查看，数据库管理权的主体是政府还是企业，等等，都需要公开透明的管理和规制。

2. 公民法律意识淡薄

一方面，公民的个人隐私意识薄弱，缺乏隐私保护知识。人工智能换脸软件一度风行，主打与明星换脸，用于自娱自乐或炫耀心态引发了圈层传播，然而将面部信息上传云端，泄露隐私的风险极高，甚至出现诈骗、恐吓、低俗视频等违法犯罪事件，公民还不知何时泄露了隐私。

另一方面，公民的法律素养较为匮乏，法律意识不足。许多应用程序的协议与试用条款中明确标注："一旦用户使用程序，则默认的脸部信息可以为公司所用，且不追究任何法律责任。"而公民对应用软件的法律条款及法律责任并未予以重视，且缺乏一定法律意识预警，原因在于公民法律素养的匮乏，和欠缺利用法律知识维护自身权益的能力。比起技术对隐私侵犯的风险，公民薄弱的隐私保护意识和法律素养更亟待提升。

3. 隐私沦为置换资源的筹码

20世纪70年代，英国作家马尔科姆·布拉德伯里的"学院小说"《历史人》(*History Man*) 中的主角是社会学教授霍华德·柯克，这位教授想"废除隐私"，还宣称"无论在何种情况下，隐私都只是资产阶级们纯属累赘的观念"。同时"隐私问题之所以那么令人关注，是因为它提出了很多难以解决的问题：有些人要保护隐私，有些人想要获得资源，而他们各自都有很好的理由。不断发展的技术将改变这两类人之间的平衡"。

一方面，在网络媒介使用中，优质的体验和快捷高效的服务，常常需要利用个人信息换取所求得信息资源，用户对隐私问题并非不甚敏感，但基于信息获取和使用的便捷性、紧迫性，多数情况下用户愿意让渡隐私，来获取利益和效率。"测试"类小程序频频被曝出侵犯个人隐私，通过耐人寻味的标题吸引用户，提供如头像、昵称、性别、城市等信息，授权后提供完整服务，实际用户的一举一动都在被全程记录，类似于"全景监狱"。

另一方面，当个人隐私置于次要位置时，部分不良平台通过挟持用户隐私谋取利益，做出违法乱纪之事。如"裸条放款"，即借贷公司要求以裸照作为借贷凭证，还款期限到期时无法支付高额贷款，则公布借贷人隐私。一些社会群体贪图享受和虚荣心作祟，通过非正常渠道借贷，在不具备偿还能力的情况下铤而走险，出卖个人隐私信息用来抵押贷款，最终隐私信息失去价值，遭受社会道德和舆论的审判，导致自身社会地位的下降，甚至带来人身安全风险。

"隐私"最终成为用来置换同等价值物品的筹码。大众似乎意识不到隐私泄露的可能，或者因此带来的利益与便捷，已经冲淡了对自身隐私的重视。信息爆炸意味着我们的隐私也充斥在汪洋的信息大海中，个体如原子般渺小，在丰富的信息资源面前隐私也就显得无足轻重，存在侥幸心理出卖隐私来换取好处。不管公众是对于技术的盲目乐观，还是选择性无视或低估隐私泄露风险的结果，在被媒介所构建的拟态环境中，做出了有失偏颇的判断。

（三）隐私困境的矫治路径及反思

我国政府近几年对人工智能的技术进步与产业发展给予高度重视，科学技术的发达程度显然已经成为检验国家软实力乃至硬实力的标准，人工智能已然上升至国家战略层面。《新一代人工智能发展规划》提出"到2030年，使中国成为世界主要人工智能创新中心"。无可否认的是，在国家政策的大力支持下，发展人工智能将继续成为未来的主流，然而这并不代表可以过度迷信人工智能建构的美好前景。对于隐私保护的种种困境，提出以下几点建议。

1. 强调人的主体地位

随着技术的进步，社会上逐渐出现一种"以隐私换取便利"的论调，但是，技术进步带来的便利性与个体权利之间的冲突并非不可调和的矛盾，二者的发展不应是此消彼长的状态。

一方面，厘清人机关系，保持人作为社会活动的主体和中心地位。传统社会和现代社会具有亲缘关系、地缘关系、趣源关系等社会格局，我国社会是亲属关系为中心的差序格局，个体的人际网络如水波纹一般延伸开，且随所处时空的变化产生不同的圈层。若技术的负面影响危及个人，就会引发连锁反应，不仅给自身隐私带来危害，还可能牵涉更多个体、群体的数据信息安全。媒介具身性的发展模糊了人机的界限，技术成为具有自主性的独立系统，但是技术不应成为人机中的主导者。应该让技术服务于人类，而不是人类成为技术的俘虏。

另一方面，规范技术监管的责任。需要在技术的理念、设计、研发、监管的过程秉持着对社会负责的态度，提高研发人员的伦理道德和社会责任感；强化政府对相关行业的监管审查，对相关应用技术实行风险测评，警惕应用技术对公民隐私信息可能产生的风险，并及时采取相关法律手段加以规制，保护公民信息安全，维护社会信息系统的有序运行。

2. 明确个体隐私背后的价值

在数字时代的今天，隐私与自由被前所未有地捆绑在一起。隐私的滥用可能导致个体信息失去价值，甚至可能威胁到人们自身安全。数据显示 14 亿人的隐私信息在暗网被标价出售。暗网是一种不可见的隐藏网络，犯罪分子藏身于暗网中从事违法活动，绑架案件的频频发生，使社会不安全感倍增，导致社会不稳定性上升。由此可见，隐私信息并非只是表面的各种信息的集合，而是会牵扯人身安全、社会秩序和国家利益的重要数据。

明确隐私保护意义和重要性。一方面，应注重对隐私权利、隐私价值方面的知识宣传和普及。提高公民的隐私保护意识，加强个人隐私价值普及，构建公民隐私保护预警，培养辨别侵犯隐私和隐私泄露的敏感度。另一方面，培养公民的法律素养，普及法律法条知识，提升依靠法律守护自身权益的认知，法律成为公民保护个人隐私信息的利器，减少隐私侵权和隐私泄露等问题发生。

3. 强化技术的内外约束

技术在被创造的过程中已经赋予其内在的约束机制，防止出现技术无限制地扩张，最终导致僭越个体权利的情况。

在外部，填补隐私数据保护的法律空缺。警惕技术的快速发展导致法律条文出现的滞后性，强化政府有关部门对网络监管的力度，提高技术的市场准入门槛，加快出台保护生物数据信息的相关法律规定，以及侵犯隐私数据的违规行为的处罚政策，建立违规机构或个人的征信黑名单，从法律层面完善隐私信息的保护机制。

在内部，提倡政府与市场共同协调管理。政府监管是只"看得见的手"，应对技术伦理失范加以制止，推动法律规范指引；互联网企业市场这只"看不见的手"应加强行业自律、技术规范。为公众留足隐私空间，为公众赢得隐私安全和自由。科技本身并无伦理上的"好"或"坏"，但其诞生的目的是为人类谋福利，作为科技背后的控制者和支持者要把握尺度和控制渠道，防止科技把人类带入一场新的灾难去。

综上，将具身性引入跨多种学科研究，为智能传播下的具身性研究提供了新视野和新资源，拓宽了大众传播学研究视角和范畴。从过去到现代隐私权的变迁中人们在享受信息资源，也在让渡着隐私权，但可以明确的是：隐私不论是在印刷媒体时代还是智能传播时代，其重要地位没有改变。在智能传播时代，媒介回归身体本位是技术发展的要求，也是回归自身的愿望，诚然技术进步带来与个体权利之间的冲突与日俱增，如何在媒介的具身性持续稳步发展的同时，使公民充分享受技术赋权而不被技术所裹挟，是仍需考虑的问题。

参考文献：

［1］孙玮．交流者的身体：传播与在场—意识主体、身体—主体、智能主体的演变［J］．国际新闻界，2018（12）：80.

［2］刘海龙．传播中的身体问题与传播研究的未来［J］．国际新闻界，2018（2）：18.

［3］杨书凯，文成伟．移动互联网时代的"现象身体"分析［J］．自然辩证法研究，2014（11）：45.

［4］［美］唐娜·哈拉维．人猿、赛博格和女人：自然的重塑［M］．陈静，译．河南大学出版社，2016：315-319.

［5］刘海龙．传播中的身体问题与传播研究的未来［J］．国际新闻界，2018（2）：38.

［6］［德］马克思，［德］恩格斯．德意志意识形态［M］．人民出版社，2003：1.

［7］［法］莫里斯·梅洛·庞蒂．知觉现象学［M］．姜志辉，译．商务印书馆，2001：59.

［8］［美］库利．人类本性与社会秩序［M］．包凡一，译．华夏出版社，1999：20.

［9］程淑娟，刘一洁．真实与虚构的交融——论布莱德伯里《历史人》的叙述技巧［J］．烟台大学学报（哲学社会科学版），2014（3）：17.

［10］刘辰．国务院印发《新一代人工智能发展规划》：构筑我国人工智能发展先发优势［J］．中国科技产业，2017（8）：26.

网络主播身份流变：一种历史社会学的视角

李洺芃　华东政法大学

摘要：在网络直播大爆发的时代，网络主播在直播链条中扮演着十分重要的角色。本文以戈夫曼的拟剧理论为支撑，以一种历史社会学的视角将网络主播嵌入我国网络直播发展的整体脉络之中，关注其在历史演变中的身份变迁以及在不同阶段与粉丝的虚拟社交关系，并基于直播发展脉络总结提出直播的时代划分。研究认为，在直播 1.0 至 2.0 时代，网络主播扮演着聊天伴侣的角色，具有较大程度的自主性，粉丝在主播间获得心灵依偎。而在直播 3.0 至 4.0 时代，MCN 机构强势介入，主播的主体性极大丧失，主播成为机构"量产化"的产品。而在直播 5.0 时代，直播带货模式下的主播成为具身化商品，与其推荐的商品一同成为粉丝挑选的对象。同时随着虚拟直播的出现与日渐风靡，虚拟主播或将成为新的直播时代风向标。

关键词：网络主播；身份变迁；拟剧理论；历史社会学

一、问题的提出

中国网络直播生态自 2005 年肇始，至 2020 年初形成较为成熟的直播业态。根据中国互联网络信息中心（CNNIC）第 45 次《中国互联网络发展状况统计报告》显示，截至 2020 年 3 月，我国网络直播用户规模已达 5.6 亿，较 2018 年底增长 1.63 亿，占网民整体的 62.0%，即我国 40% 的人口、62% 的网民均为直播用户，网络直播已成为网民主要网络活动。网民的网络直播观看及互动行为与网络主播也密不可分。

当前，学界和业界对网络主播的定义均未形成统一的表述。基于对已有定义的分析，本研究将网络主播定义为，通常以网络社交平台为载体，通过聊天、才艺表演、游戏互动等内容形式与在线观众（粉丝）进行互动，以话语或行为的方式激励/刺激观众进行打赏，并经过所属平台或机构的分成之后获得利益回报的网络红人。根据《2019 主播职业报告》显示，受访主播中有 33.4% 为职业主播，2018 年为 31%，90 后主播中职业主播占比为 38.3%。而随着直播样态从早年间的秀场直播、游戏直播大踏步迈向电商直播，网络主播的身份角色也在其间发生着根本性转变，网络直播中主播—粉丝的关系是构成直播前台展演的重要元素。

现有网络主播的研究中呈现出较为明显的"现象描述—乱象描述—治理措施—直播链条各节点的深入细化"的整体方向，从时间上看，对网络主播的讨论兴起于 2016 年，是年也被称为我国的直播元年。

直播甫一兴起，研究者们一方面较为关注直播现象以及普通人进行网络直播、成为主播的动因，另一方面也关注到观众观看直播的心理动机。王子龙认为网络直播渠道实现了普通人做主播的愿望和体验，获得了娱乐体验的机会，是厚积薄发的期待，更是新时代的娱乐方式和释放方式。李琳从传播学心理学角度分析传—受双方参与直播的心理，认为网络主播在与粉丝的聊天互动中，既满足社交需求，又得到粉丝的认可，尊重需求和自我实现需求均获得了满足。而粉丝则满足了窥私、猎奇、渴望交流、自我认同和从众的心理。金思汉通过对热门主播的内容分析，认为总体都属于休闲娱乐范畴，且休闲娱乐价值越高，吸引受众的能力越强。在网络直播的垂直类内容分析中，有研究者对竞技游戏网络主播人群、现象、分类、盈利模式等方面的分析；也有从游戏主播与粉丝的互动动机、互动内容和互动方式等方面探寻其互动特征；而在"吃播"主播与粉丝的互动中分析认为主播处于主导地位，其语言和非语言符号都会影响粉丝的互动内容与热度，粉丝则满足对食物的代偿心理并排遣孤独感。孙信茹和甘庆超认为在主播与粉丝间的刷礼物行为中粉丝和主播的互动是将陌生人关系转化、重构为熟悉和私密关系的过程，从而实现参与者自身情感与心理需求的满足。

同时，也有研究者关注到随着网络直播的兴起，一方面网络主播为了吸引用户其内容越发娱乐化，另一方面也有主播为了"搏出位"直播内容色情化，网络直播的监管迫在眉睫。网络主播具有明显的草根性与民间性，行业人员良莠不齐、整体水平低下等问题，提出网络主播实名认证制，由网络演艺平台或经纪公司对网络主播的真实身份进行核查认证和日常行为管理，主管部门审查。同时，网络直播的观看者（粉丝）不仅拥有观看的主动权，甚至掌握操控的力量，享受着消费社会给予的消费力量。而且在网络视频直播中，身体的各种表演实践与社会控制之间存在着张力关系，身体的控制与反控制、解放与规训的斗争永远不会结束。身体图像的直播呈现使网络主播的身体实现虚拟在场，虚拟礼物实现受众身体的虚拟在场。网络主播在进行情感劳动的同时，也能够进行情感消费。

以上不同路径的研究对网络主播的生存现状、工作特点、行业规制、虚拟互动关系提供了有益借鉴。不难看出，对网络主播的研究主要着眼于个案研究或具体互动行为研究，偶有主播—粉丝关系研究，但缺乏一种将网络主播的身份流变、网络主播与粉丝的虚拟关系变迁嵌入网络直播生态发展的历史变迁之中的时间序列（历史过程）的视角考察。社会是个体的社会，个体是社会的个体，通过将个体的社会行为和社会结构置于其历史背景中，考察它们的历史变化，进而在社会现象中挖掘一般性。笔者认为，网络主播的发展与网络直播生态的社会历史变迁息息相关，而主播在直播间中的前台表演与粉丝的社交互动作为两组"剧班"也同时在历史脉络中相互建构。基于此，本研究试图探究网络主播的身份在网络直播生态的社会历史发展中发生了何种变化？网络主播与其粉丝的虚拟社交关系又有何种变化？

二、视角进路与理论连接

本研究也试图在网络主播身边流变的研究基础上，以对个体的分析探究蕴含在个体生活、工作经历中的社会构成及其相互作用。网络直播生态作为网络主播栖居的环境，在既有研究中常被视为研究的现实背景作为铺陈或是一个专有名词用以限定其后的研究范围，常被笼统称为"网络直播时代中的……""网络直播的……"，却未将其作为一个历史生态予以重视，据此本研究试图以一种历史社会学的视角将网络直播的生态演变态势也予以总结，将网络主播作为网络直播生态中的历史和社会维度的角色予以考察，以一种整体研究的历史社会学视角进行分析。

在自媒体盛行的年代，网络主播作为网红经济的一部分，成为粉丝经济的泛众化表现形式，在经由社交平台的海量流量池以及社群运营等精准化营销手法后大幅提高转化率，成为主播变现渠道中的重要一环。粉丝关注的主播一般都为各自领域的达人，他们对自己关注的主播所推荐的产品将会更加敏感，也更容易接受，粉丝的基数越大，商业购买的转化率就越高。因此，塑造个人形象、管理在粉丝心目中的"印象"就是在树立个人品牌，品牌会透过一个名称、符号、声音等构成产品或服务的差异化使得个人在群体群像中凸显出来。在人人都可以成为主播的技术条件下，如何通过个人印象的管理去吸引粉丝的关注与变现成为经营直播的关键。而主播在镜头前表演及其个人形象塑造也正是戈夫曼拟剧理论的阐释范畴。

戈夫曼以戏剧表演的过程比喻社会互动的过程，以此检验社会互动的结构。

学者格罗夫等人以戈夫曼的拟剧理论（Theater Theory）概念，将"场景""演员""观众""表演"等元素应用在服务业上，作为了解、分析互动服务接触的相关行为的参考坐标。由此，拟剧理论开始大量运用在服务业的研究之中，将各元素之间的相互影响整合后，所形成的最终结果视为服务表现。埃里森等人调查发现在线相亲参与者通过创建反映他们的"理想自我"的个人资料等策略来建构虚拟自我呈现，并试图建立他们资料的真实性以调解印象管理所带来的压力。近年在新闻传播研究领域中，许多学者也从拟剧理论的角度去分析不同媒体上的呈现状况，周燕探究青年群体在微博中的呈现行为，并将微博视为表演的前台，而对于个体身份的自我建构则出现包括暴露真实自我、展现可能自我以及建构理想自我三种趋势。董江艳把微信定义成表演前台，研究微信表情包作为一种表演符号的特性。姚瑶以拟剧理论来研究微信朋友圈动态中个人对自我形象的塑造，以及为了维护表演在朋友圈中完美的呈现而使用的一些交往技巧。洪长晖和尤砺锋以明星的 Vlog 和 OPPO 等品牌营销宣传为例，分析 Vlog 短视频用户在前区与后区之间形象的差别，对 Vlog 视频作者的自我呈现进行探究。由此可见，拟剧理论在分析个体/群体在媒介使用中的形象建构具有较强且成熟的阐释力，特别是在以服务导向的行业之中，而在拟剧理论的应用过程中，印象管理一词贯穿始终。

印象管理与拟剧理论、社会互动论相互影响，认为互动中的一方，其旨趣在于控制他人的行为，并透过语言和非语言的行为表达，试图操纵、控制他人对其有利归因或良好的印象，戈夫曼认为每一个个体都在努力扮演好自己的角色，表演者在此过程中必须对自己所要扮演的角色有所体悟与理解，并借由一套精密的言语和非言语行为的表演策略实施个人的戏剧表演。在较为成功的网络直播运作当中，印象管理都是其中必不可少的一项工作，网络主播将自己表演的平台（直播间）当成一个舞台，与观众互动、获得粉丝的支持，并且从中找到隶属于个人的相对一致性前台形象，以期给观众留下深刻印象。但随着商业化运作的进一步融合，各类广告宣传行为会与主播的内容相结合，在进行印象管理的同时，要如何维持良好的形象又不破坏粉丝的信任，也成为主播需要面对的问题。因此，印象管理一方面是积极地强化特定的正面印象特征；另一方面则是主动地避免他人产生不好的印象。个体在进行表演时，都会采取一系列策略来影响和形塑观众对自己的印象。在人际互动过程中，个体除了会使自己的行为符合特定的角色形象期望外，在某些特定的情境中，人们也会使用特殊的方法进行印象管理，以向他人表现自己。网络主播作为自媒体经营者中的一类，在直播中不仅是自我展演，更是一种自我表演的延伸，表演者在与观众的互动中不仅彼此向对方表现自我，还努力进行特殊的印象处理，通过控制自己表现出来的姿态，以求在一定的社会场景中给人们留下某种特定的、可操纵的印象，并试图利用这种印象对观众（粉丝）进行操纵与管理。

三、网络直播生态演变与网络主播身份流变

直播是互动时代下社交技术的展现，主播将直播间视为一个"表演"的平台，成为众多主播的发迹之地。透过拟剧理论可得知，主播在进行直播的同时也在对他人（粉丝）表演，一个前台表演者的形象就会在表演与互动之中形成，并进行印象管理，帮助网络主播构建出一个形象以符合社会互动与社会交换中的期望形象塑造。若要整体把握网络直播中主播身份的结构性变革以及与粉丝的社交关系变化，势必要对网络直播的整体发展态势进行分析。笔者综合多方研究成果及自身进场实践经历，将我国的网络直播发展大致分为五个阶段，并将网络主播的身份变迁中的社交表演与印象管理融入网络直播发展的历史脉络中进行讨论。

（一）直播 1.0 至 2.0 时代：作为聊天伴侣的网络主播

2005 年至 2011 年，为直播 1.0 时代，网络直播兴起。2005 年，网络直播社区 9158 上线，不同于文字即时通信或社区社交模式，9158 以网络视频聊天室为切口，逐渐发展为以美女主播为核心的秀场直播，被视为我国秀场直播模式的开创者。紧随其后，YY 语音也进入秀场直播领域，视频网站六间房也紧跟转型。由此，秀场直播形成"9158+YY+六间房"的三足鼎立格局，并形成了机构端海量签约主播，用户端持续刺激虚拟物品打赏的商业盈利体系。同一时期，优酷、网易、爱奇艺、腾讯等都涉足秀场直播。在该时期，直播载体以 PC 客户端为主，直播内容多以美女主播聊天、表演才艺为主。

在直播 1.0 阶段，尽管市场上的秀场直播平台层出不穷，入驻或签约主播数量也十分庞大，但大体上都呈现出相似的前台"舞台设置"（Setting）与"符号装备"（Sign-equipment）：主播精致的妆容、多为卧室的布景、高清摄像头、专业麦克风、精心设计的歌单、直播持续 2—10 个小时等一些为其在作为舞台空间的直播间进行表演活动的背景项目。一般而言，该阶段的舞台设置往往比较固定，舞台即成为表演的一部分，主播只有置身于其中才能开始他们的表演，而离开了舞台设置，表演也就随之结束。但在该阶段，各直播间的产品定位、目标用户、商业变现模式都基本相同，平台之间没有明晰的界限和壁垒，内容同质化现象十分严重。以 2012 年为节点，进入以内容垂直化发展的直播 2.0 时

代。美国的 Twitch 游戏直播传入国内后，旋即掀起游戏直播热潮。斗鱼 TV、虎牙 TV、腾讯 TGA 直播等纷纷入局，行业发展势头迅猛，游戏直播也以极强的可观赏性和可学习性，成为秀场直播之外的第二个直播领域，在此阶段直播依旧以 PC 端为主。

戈夫曼将人生比作表演，社会比作舞台。主播在镜头前的表演，就是刻意的、自觉的表演。人际传播的过程就是表演自我的过程，但这个"自我"并非真实的自我，而是经过符号乔装打扮的"自我"。因此，人际传播者实际上是戴着符号制作的"假面具"的表演者。直播 1.0 时代，笔者更倾向将其视为基于直播平台的类面对面的人际传播沟通。在直播"剧场"中，主播采用各种"戏剧技巧"来塑造自己在粉丝面前的印象，在人际传播中，个体的兴趣始终是控制他人的行为，尤其是控制他人对其自身的反应。这种控制通过影响他人而逐渐形成，而且是通过给他人某种印象的方式借以表现自己而达成，这种印象引导他人自愿地根据他的意图而行动，这就是"印象管理"。主播在直播前进行的妆容打扮、场景布置、台本的起承转合构思设计都为印象管理的方式，主播通过一系列的印象管理，在直播"前台"塑造出自己希望扮演的、粉丝能够喜欢甚至打赏的角色。

在这个时期，主播在直播间具有较大的自主性，可以在一定程度上决定自己扮演什么、表演什么，只需要把握住与粉丝聊天互动的节奏，呼吁粉丝打赏即可。粉丝在该阶段也表现出极大的忠诚性、高度的包容性与易满足性，粉丝会对某一主播进行长时间的关注与打赏，建立起较为稳定的虚拟关系，绝大部分粉丝都希望在直播间"看见"主播，甚至有一部分粉丝只是为了在固定时间听见固定的主播的声音，以此寻找到心灵的依偎。互动过程中交换的不只是物质，还有赞同、尊重、依从与情感，主播通过与粉丝"对话"的方式，让粉丝感受到被尊重与认同，进而使观众愿意驻留，进一步与主播进行更多互动。在此，网络主播更多扮演着粉丝的聊天伴侣角色。

而在直播 2.0 时代，以游戏直播为代表的内容垂直类直播发展迅猛。主播一般都在某款游戏上具有较为突出的技术能力和解说能力，既是游戏表演的参与者，也是游戏进程的解读者。粉丝也具有相同的游戏兴趣与相当程度上的专业性，此时主播的展演不仅满足粉丝的聊天需求，更满足其对技术难点的攻略、游戏精彩画面的观赏。主播特别是头部主播在面对粉丝及平台都具有相当大的话语权，因其自身影响力而自带粉丝，对于直播平台来说能够起到拉新的作用，喜欢电子游戏的网民在此形成圈层传播。在此阶段，主播的表演场景呈现"后台"前移的特点，本来作为游戏玩家的"后台"游戏操作行为被放置于直播间的"前台"进行展演，一方面满足主播的游戏技术表演需求，另一方面又满足粉丝了解"高级玩家"游戏操作的好奇心。

（二）直播3.0至4.0时代：作为"量产化"的网络主播

直播1.0和2.0时代都是基于PC端的网络直播样态，而到了直播3.0时代，随着2015年4G商用的全面落地，移动互联网迎来爆发式发展，网络直播也趁势由PC端向移动端转移。相较于PC端，移动端直播具有不限设备、不限场景、不限时间进行直播与观看直播的优势。在资本推手与政策的支持下，直播内容呈现多元丰富的趋势，全民直播浪潮已然开启。在此阶段网络直播逐渐完成由PC端向移动端的媒介形式转移以及秀场直播向直播+泛娱乐的转变，2016年用户迅速增长至3.4亿人，是年也被称为移动直播元年。国内移动视频直播平台雨后春笋般出现，以映客、花椒为代表的平台受到众多用户追捧。

正是因为移动互联网的普及化，参与直播制作与观看的门槛极大降低，行业竞争加剧，内容"出格"现象频发，监管部门随即出台一系列政策对内容、主播、平台等环节加强监管和整顿，内外部因素共同驱动行业整合出清，中小直播平台面临洗牌出局，流量、主播及资本由个人"小作坊式"的制作模式向头部平台与机构整合制作聚拢，行业竞争格局逐渐走向寡头竞争。在流量竞争中，驱动各平台与机构走向更加精细化运营的方向，为孵化的主播"从出生"（立项）即进行更为精准的"印象管理"，从主播的IP项目立项到商业变现模式全流程都予以把关。

从主播"印象管理"流程图中可以看出，在经历了由草根个人"粗放式"的经营之后，机构的"精耕细作"模式在流程中已日臻完备。在主播立项之初便对直播的目的、受众画像、主播画像三个层面进行定制化的"印象设计"，在"戏剧舞台"搭建之初就对"演员"和"观众"匹配度进行考量。对主播的前台展演形象则侧重于外形特征、性格特征、语言风格、才艺技能等方面的设计，并通过对平台内现有的同类主播进行分析，对主播的前台形象进行精细化的差异设计，以期有别于现有存量市场中的主播形象。在表演的形象构建完成之后，则要对主播在前台展演的内容进行预先设计，包括内容主题的创新点与冲突点、内容风格的节奏快慢、直播开始与结束时的固定话语、动作等方面。在此之后，便是对直播中与直播后的安排，包括直播周期、时间段、时长、粉丝的社群引导沉淀以及下播后的复盘。在此精细化的流程设计与梳理后，作为观众的粉丝在直播间"前台"看到的便是一场场精心设计的舞台剧，由是可以称直播进入以精细化运营与垂类赋能的4.0时代。

主播目的：商务变现/直播导流/KOL塑造

受众画像：
基本人口统计学信息 [年龄范围｜人群性别｜城市等级｜文化水平｜活跃时间｜群体喜好]　使用终端 [Android/iOS｜PC]

主播画像：内容垂类　主播原有能力　主播孪生形象关键词

主播印象塑造：
- 外形特征：校园、职场、居家、邻家
- 性格特征：不苟言笑、俏皮可爱、古灵精怪
- 语言风格：常规话术、口头禅
- 特殊技能：会做饭、会乐器、会唱歌、会舞蹈
- 参考人设：影视作品、文本资料、账号名称

（右侧纵栏：主播协商、编导权限）

主播内容设定：
- 内容主题：谁、在哪、做了什么、创意点/冲突点
- 开头结尾：固定出场/结尾、道具、语言、动作
- 内容风格：快节奏、慢节奏
- 内容差异化：平台无此内容、此内容的特色
- 背靠内容：影视作品、文本资料

直播安排：周期、时间段、商业植入、脚本设计确认、社群引导沉淀、复盘

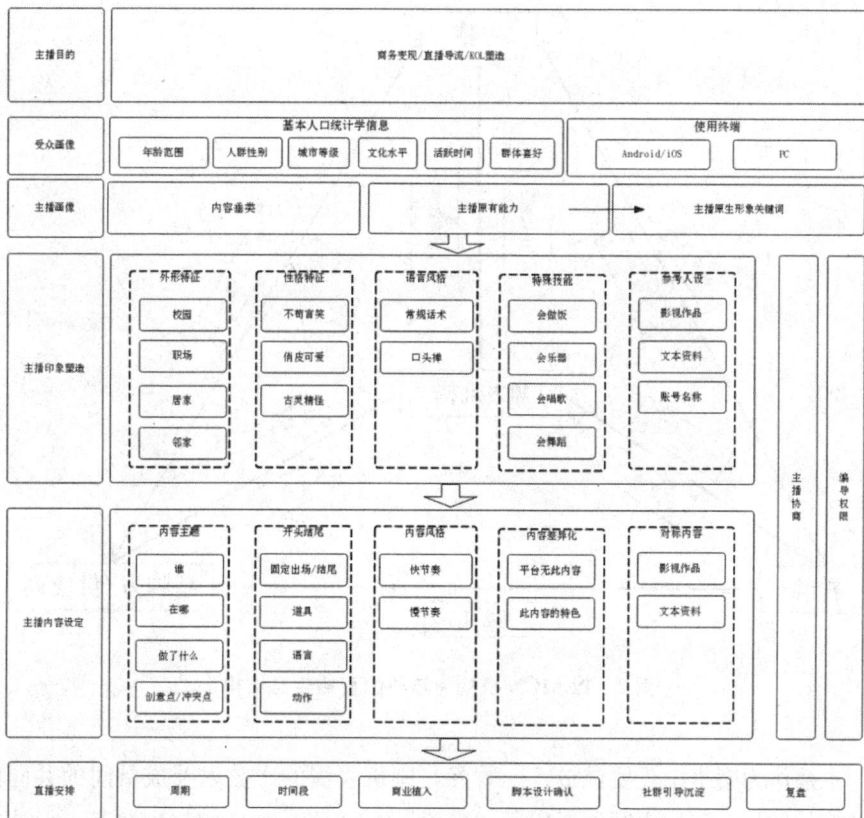

图 1　主播"印象管理"流程图

在该阶段，网络主播更多依附于 MCN 机构，在直播时间、直播脚本、广告营销等方面都受到机构的管理与制约，隐没在直播景观背后的 MCN 机构成为新的社会权力。MCN 机构通过公司孵化、对外签约等形式将网络主播联合形成主播矩阵，机构组织直接承接品牌营销、广告推广、直播带货等业务，上游对接供应商或品牌方，中游为主播提供内容生产支持、账号运营、流量扶持等资源服务，下游维系粉丝，形成一套完整的网络主播孵化—运营—变现模式。MCN 机构也便成为戈夫曼所指的"表演剧班"，机构中的成员共同组建成为一个"剧班"，个体彼此处在一种重要的关系之中，主播作为其中的一员也必然依赖同一剧班成员的行为与举动，彼此间形成的相互依赖契约成为一种内聚力的来源，共同维持着一个特定前台。如图 2 中 MCN 机构便与主播共同形成一个剧班去面对外部的粉丝群体与品牌方/供应商，共同扮演着一个特定前台形象，粉丝与品牌方不可能窥见主播与 MCN 机构之间的内容生产与流量扶持行为。

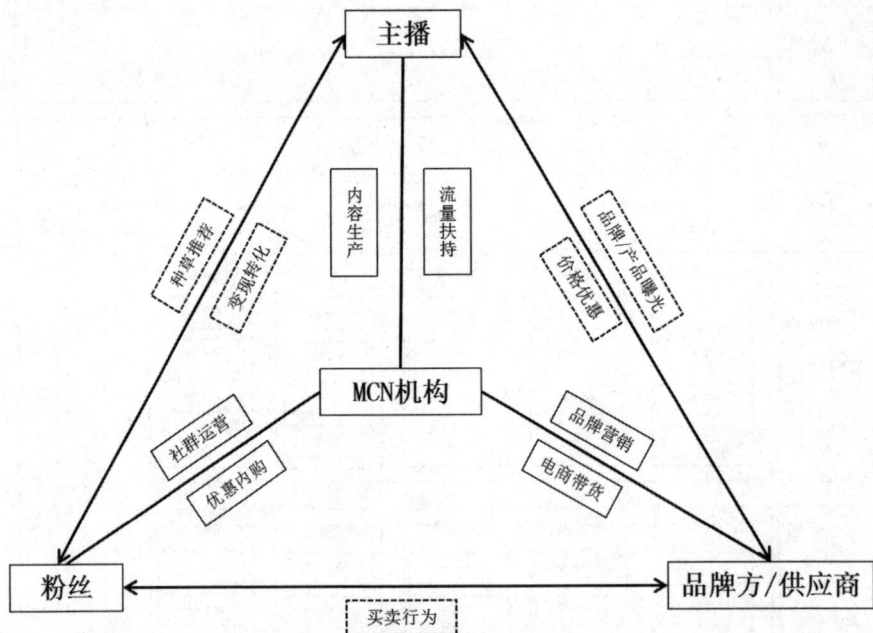

图 2　以 MCN 机构为核心的直播生态结构

　　主播作为剧班中重要成员，随着参与剧班表演的次数以及成员间的共同前台展演的增加，他们之间便形成了"熟悉"（Familiarity）的权力纽带，但这之间的熟悉纽带并非组织化的产物，而仅仅是一种只要个体在剧班中占据了一个位置，剧班就会自动给予其的弱关系。也正是因为 MCN 机构流水线式的主播生产，使主播千人一面，粉丝游走于不同的直播间，看到的却是相似的直播内容，粉丝忠诚度急剧下降，主播获得粉丝停留、点赞、评论和刷礼物的难度骤升，主播与粉丝之间基于前台表演所建立的关系链条变得娇嫩而脆弱，任何细微的失误都有可能将其摧毁，作为前台展演舞台的直播间的凝聚力急剧下滑，主播成为粉丝在网络世界中的虚拟过客，来去匆匆。

　　（三）直播 5.0 时代：作为具身化商品的网络主播

　　2019 年直播带货兴起，用户规模呈爆发式增长，高流量转化率推动电商直播市场壮大，成为继泛娱乐直播后直播领域的重要组成。在 2019 年与 2020 年之交的疫情催化下，直播带货加速向不同行业渗透，电商直播的生态版图不断扩张，已逐步呈现全民直播带货景观。与泛娱乐直播的打赏变现模式不同，直播电商变现的收入主要为商品佣金和主播"坑位费"，是以直播 5.0 时代到来。

　　而伴随着具有超高速率、超大连接、超低时延特性的 5G 时代的到来，电商直播在高分辨、低时延的技术条件下，用户沉浸感与互动性增强，转化率也相应提升。同时，VR/AR 等借由 5G 技术快车道将使购物场景和体验更加丰富，打破时空局限，使用户真正体验到离身在场消费的快感。

在电商直播时代，主播的评判指标也不再是粉丝量、点赞量等基础性数据，ROI（Return On Investment，通过投资而应返回的价值）与 GMV（Gross Merchandise Volume，成交总额）成为衡量主播实力的核心指标，主播也成为资本数据中的数字。因而主播在与观众的互动之中，设想自己需要呈现出某种形象，才可获得期望的成交额或收益时，就会想操控自己在粉丝心目中的印象。而这些目标可能是紧密的粉丝关系，或者是人气名声等有形或无形的条件。因此主播在与观众的互动过程中，不仅产生了社会交换的行为，也使用了"印象管理"的策略。直播的特性使得主播透过直播内容来塑造个人形象时，几乎都是希望以展现"最真实的自己"为主，这也是最受到观众喜爱的一种风格。有鉴于此，在接受商业推广的需求时，主播就要再三考虑产品的特性与自我塑造的形象是否有冲突，广告内容也不得过度泛滥，才不会在"商业变现"与"做真实的自己"之间失去平衡。值得注意的是，主播在带货直播中扮演的或已并不仅仅是商品代言人角色，主播就已经成为商品本身，成为一个具身化的商品在直播前台进行活生生的展演。具身性（Embodiment）作为一种观念最早被法国哲学家梅洛—庞蒂的直觉现象学系统论述，并集中体现在其具身的主体性（Embodiment Subjectivity）这一概念中，人类的存在既不是离身的心智（Disembodiment Mind）也不是复杂的机器，人的主体性就在于作为活跃的生物（Living Active Creatures）以人类身体所特有的生理结构介入世界。直播平台将主播与粉丝统摄于一处，在虚拟的直播间中实现具身在场，粉丝在直播间购买商品的行为，不仅是挑选商品，还是挑选主播。技术进步所引发的身体参与变迁，非但没有弱化身体在参与直播等传播活动中的地位，反而进一步将身体在其中的概念得以强化，技术之外，传播活动以身体作为连接。所谓的带货能力把主播送上资本数据的神坛，同时也让他们成为粉丝所消费的商品本身。

四、虚拟社交中的网络主播身份前瞻

根据戈夫曼的拟剧理论，网络主播进行直播的过程就是一幕剧的产生，主播为表演者，所有观看者都为观众，而直播的舞台范围同时将表演者与观众纳入，换言之，表演方式是由舞台上的表演者与观众共同互动下所形成的，直播的场景则包含了镜头设计与实际直播的地点。善用直播的特性与内容，直播主能够有效地进行印象管理，如直播简单自然、互动实时的特性，形成直播主自

然呈现的表演方式，生产即内容与无法剪辑后制，除了可以让观众看到直播真实的样貌外，也提高观众对于直播镜头设计的容错率，因此主播在直播中"做自己"是最好的形象塑造。就印象管理的战略而言，直播简单的操作方式可以让主播快速地回答粉丝的问题，满足他们的需求，在一问一答的互动中完成"逢迎"的表现，满足粉丝的需求，让主播自己看起来令人喜欢。基于上述分析可以发现，直播拉近了主播与粉丝之间的心理距离，使物理空间上的隔阂成为次要影响因素，"心连心"比"手拉手"显得更为重要，让双方，尤其是粉丝感觉进入了彼此真实的生活空间。从社交角度看，物理空间的距离会使人们产生心理上的距离感，但直播中主播展演与粉丝视觉感官距离很近，即转化为心理上的接近感，直播塑造的场景也往往是生活化的空间，让粉丝产生"进入"与获得"在场"感。

在从直播 1.0 时代至直播 5.0 时代的演进中，网络主播的角色也发生着绝对权力变弱，相对权力增强的现象。虽然主播是直播电商场景中的重要角色，但主播仅在与粉丝的直播间互动中具有一定的主导性，嵌入 MCN 机构流水链条中的主播在人设打造、直播脚本、口播话术、选品推荐等重要环节都只具有相当微弱的影响，MCN 机构拿捏着主播的收入，主播为 MCN 机构维系着粉丝流量，缩短粉丝在直播间的决策周期。在此间，主播的角色逐渐由单纯的线上"导购"切换为对精准粉丝的共鸣产生，激发粉丝购买欲的"营销工具"，形成对主播的高度忠诚，在社交资本扩张的基础上实现传播裂变，形成新一轮的流量聚集和变现。

同时值得注意的是，网络直播中的主播也开始由真人主播向虚拟直播中的虚拟主播转变。一般而言，虚拟直播指的是真人主播凭借其虚拟的（二次元）形象在网络上进行的直播活动，在该活动中的虚拟形象便被称为虚拟主播。真人主播在"后台"通过表情、动作等捕捉技术，将真人反应投射到"前台"预先拟制的出镜形象上，并在屏幕后（后台）根据前台反应（Reaction）实时提供声音、输出内容。在后台进行操纵的真人被称为"中之人"，最终以"前台+后台"复合展演的形态在观众（粉丝）面前进行直播。

虚拟主播最初的代表产品，就是来自日本的"绊爱（キズナアイ）"。2016年末，"绊爱"在 YouTube 视频网站上首次使用 Vtuber（Virtual YouTuber）名称出道，此后 Vtuber 便成为虚拟主播的别称。2016 年 11 月 29 日，"绊爱"首次在视频网站 YouTube 上投稿，至 2018 年"绊爱"便已成为"Come to Japan"的宣传大使。随着第一位 Vtuber"绊爱"的迅速走红，大量机构和平台入局虚拟主播行业，2018 年 12 月，国外 Vtuber 正式入驻国内的 B 站，据此便衍生出 Vup

（虚拟 up 主）概念。虚拟主播行业开始呈现出井喷态势，仅 2017 年至 2018 年日本就出现了超过 10000 个虚拟主播，2018 年日本"网络流行语大赏"的金奖得主即为 Vtuber（虚拟 YouTuber），2019 年更是进入了行业增长高峰期，在电视节目中也能看到 Vtuber 的身影，虚拟主播覆盖到大众文化之中。虚拟主播由日本生发并迅速在世界范围内发展，同时持续以较快的速度增长。相较于日本虚拟主播行业的持续与蓬勃发展，在国内虚拟主播仍然是一个相对空白的市场，中国粉丝对虚拟主播的国民认知度尚待开发。2020 年 7 月 9 日，"菜菜子 Nanako"在 B 站虚拟主播频道出道，首场直播便冲到了微博热搜的前五位，虚拟主播也逐渐在国内发展。

在网络直播 1.0 至 5.0 时代中，主播前台形象的呈现虽因技术、机构、平台的印象管理手段不同而呈现出不同的前台展演形态，但本质而言仍是真实的"人"在直播间进行"表演"，其间虽有"后台"前移的情形出现，也是主播因观众（粉丝）的窥私喜好而进行的略显被动的调整，前、后台的界限客观上在模糊化。在吉登斯看来，所谓区域不仅指的是一个空间范围，而且具有特定的时间跨度，换言之，直播间这个区域也不仅是一个空间概念，同时也是一个时间概念，是承载着特定的社会历史要素的特定的空间/场所。而在虚拟主播出现后，后台与前台的关系却又变得清晰起来，前台的虚拟主播与后台操纵的真人的界限不会模糊化处理，观众（粉丝）也更倾向对前台展露的虚拟主播"感兴趣"，反倒不会去刻意"揭露"后台，其中的猜测—匹配成为观众新的兴趣点。总体而言，网络直播行业的主导内容已然呈现出从秀场直播到虚拟直播的转变趋向，在真实与虚拟、前台与后台的缝隙之中，也给行业留出了可能延展和想象的空间。

第二章

智能传播时代的新闻侵权与新闻伦理

社交媒体语境下的隐私权安全问题的研究

陈柏菡　西北政法大学

摘要：人工智能等新技术的兴起，给传媒领域带来了巨大的变革。大数据技术升级迭代，人工智能渗透下的互联网及移动互联网中产生了更多、更复杂的数据。大数据时代，公众在享受社交媒体带来的便利时，也承担着个人隐私信息泄露的风险。从信息分享到在公共领域进行人际传播，后被他人在社交网络空间中获取和使用，这一过程中对于隐私权被侵犯的传播机制值得我们反思，也应对个人网络隐私权的问题进行相关研究，并提出保护和应对之策。

首先，本文指出了网络隐私权的概念及特征。先对隐私的概念作出界定，然后指出网络隐私权具有的数据载体性、财产性以及隐蔽性等三大特征，这些都为研究大数据时代隐私安全问题提供了有力的理论支撑。

其次，本文阐述了社交媒体与隐私权的问题，对国内社交信息传播现状及社交媒体隐私保护的相关文献进行了梳理，对泛传播语境下的社交媒体形态进行了重新阐释。

最后，针对我国网络隐私权保护现状，和造成社交媒体语境下隐私安全问题的原因，本文提出了规制的对策。首先，在技术层面，应注重技术监管与升级技术保护；其次，构建社交媒体背景下的数据伦理规范；再次，完善相关法律法规，建立社会监督体质机制；最后，加强网民的数字媒体素养和数据隐私素养，通过以上途径来消解大数据时代下的隐私安全问题。

关键词：隐私权；大数据；社交媒体；安全问题

随着智能媒体科技日新月异的发展，人们迎来了一种新的网络环境——社交网络时代，它的到来也为人们开启了一种全新的生活方式。当下，人们利用移动互联网、以数字化的方式建立线上人际交往关系，同时，将线下的人际交往转移至线上，并借助社交媒体平台与他人共享信息，实现超越时空限制的传播与沟通。同时，根据戈夫曼的前台—后台理论，社交媒体平台也成为人们展示自我的"前台"，并在表达自我的过程中以"线上记录"和"线上分享"的形式将传统意义上的个人隐私公开传递。因此，以微博、社交网站等为代表的社交媒体平台，不仅挑战着传统隐私权领域内的"隐私"概念，更甚者，这些平台的最初搭建和使用的前提就是使得用户"自愿"让渡个人隐私。这就促使我们开始重新反思，大数据时代里的"合理隐私期待"，其范围与界限究竟如何认定？在社交网络时代，关于个人信息的隐私权保护，其所追求的价值及面貌应该怎样认识？因此，完善网络隐私权的保护机制，加快统筹社交网络时代法治建设，以及对于受众的数据隐私素养的提高，成为一项紧迫课题。

一、网络隐私权的概念厘定

移动互联网和大数据技术的发展使传统隐私权已经不能适应时代的需求与变化，关于网络隐私权概念的界定，理论界尚未有统一的认识，学者们也众说纷纭。一些人认为网络隐私权是指公民的私人生活安宁与私人信息依法受到保护，同时，在网络中享有不被他人非法侵犯、搜集、复制、利用和公开的一种人格权；另一些人认为网络隐私权指禁止在互联网上泄露某些相关的敏感信息。

笔者认为，网络隐私权是在传统隐私权内涵的基础上，加入网络这一新元素而衍生出的一种基本的权利诉求，是隐私权在网络空间内的延伸与发展。网络隐私权并不是非法定术语，而是从学理角度上在传统隐私权的基础上的一种新概念。

参考王利明教授对隐私权概念之界定①，隐私权即"是自然人享有的，对其个人的、与公共利益无关的个人信息以及私人活动和私有领域进行支配的一种人格权"，因此，我们可以将网络隐私权理解为：自然人（即网络用户）在网络上享有的，私人生活安宁和私人信息依法受到保护，不被他人非法侵犯、知悉、搜集、复制、利用和公开的一种人格权。

---

① 王利明：《隐私权概念的再界定》，载《法学家》2012 年第 1 期。

根据这个概念，网络隐私权的内容主要包括以下三个方面：

（1）信息支配权。社交媒体平台、网站以及一些移动应用 APP 在收集用户的信息资料时，必须征得用户的同意；在被明确告知平台所收集的内容范围和用户信息的使用途径的基础上，用户有权决定是否愿意让渡个人信息和资料的知悉权和使用权；另外，用户有权通过合理的访问路径查看其个人资料，并享有对有误的个人信息进行修改和补充的权利。我国的《电信和互联网用户个人信息保护的规定》中也规定，未经用户同意，不得搜集使用用户个人信息。然而在实际生活中，个人信息所获得的保护和法律规定是有差距的，很多人都有接到过各种骚扰电话、邮件和广告等的经历，这意味着我们的个人信息在不知不觉中被侵扰，甚至被"出卖"了。

（2）安全请求权。网络用户享有正当地要求相关平台、网站、APP 运营商来保护其个人信息的安全的权利，当平台拒绝采用必要的措施来满足用户的信息安全诉求时，用户有权要求平台停止使用其个人信息。如在当下社交网络上个体会选择性地披露或者不披露某些信息来建构自我形象进行印象管理，但当用户自身的隐私数据遭到恶意披露或使用时，用户有权要求平台停止使用个人信息并适当地加以保护，甚至"遗忘"，即用户在安全请求的同时有权要求数据控制者永久删除关于数据主体的个人数据并有权被网络所"遗忘"，除非数据的保留具有合法的理由。

（3）赔偿救济权。当平台或其他运营主体在使用用户信息过程中出现了侵犯用户隐私权的情况时，用户有权要求平台停止侵害行为，并有权收回平台对其信息和资料的使用权和知悉权，即便是在放弃使用平台的免费服务的情况下。同样，用户也有权要求平台运营者承担相应的赔偿责任，并对给用户造成的损失进行同等量的赔偿。

通过以上对网络隐私权的梳理，得出网络隐私权有以下特点：

1. 数据为主要载体

相比传统隐私权，网络隐私权的一个重要特点就是其主要的载体都是数据，如 E-mail、微信或其他社交媒体平台的聊天记录、登录账号信息、各个平台或应用端的电子密码、网站或应用上的浏览记录等大部分都是由数据组成或通过数据来表现的。这些数据呈现着大体量、虚拟化、范围大、可识别等特点。凡是可以被人工智能技术识别为主体的都可以被定义为数据。网络隐私权的数据化的特性使得社交媒体语境下的隐私权的内涵向移动互联网的虚拟空间中延伸，此前一些常见的，本不属于隐私的内容如姓名、年龄、性别、身体特征、外貌特征等，在社交媒体时代下都应当被纳入网络隐私权的保护范围。

2. 财产性增强

网络隐私权的另一个重要特点是财产性，在社交媒体语境下，平台大多追求的是经济效益，隐私权已从最初的人格象征逐渐附加上了经济价值，这是因为在当下的智媒时代，只要获得隐私，就能够获得一定的经济利益，隐私从此成为许多人用以牟利和变现的工具，如一家网店可以通过某种手段获得我国年轻群体中经常购物且喜欢网络购物的女性群体的联系方式和个人信息，也必然能够吸引和招徕更多的顾客来购买其产品，这就是网络隐私权附带的鲜明的财产性特点。

3. 侵害具有隐蔽性

社交媒体时代的共享与广泛连接突破了传统的空间限制，对信息的获取、共享、传播途径多样化，且方便迅速。同时，移动互联网本身具有的虚拟性的特点使得网络空间具有虚拟化特点，用户在社交网络中的大多数行为是基于匿名性的行为，这就造成了一些情况下，对于用户隐私权的侵害具有高度的隐蔽性，用户的隐私数据是如何泄露的，通过哪个路径泄露出去，又是怎样被用以出卖和盈利的？受害人本身也无法得知，即便通过调查，也很难找到直接侵权人。这就使得在基于移动互联网特点的网络服务中，用户的隐私权受到的不同类型、程度的侵害具有隐蔽性的特性。

二、社交媒体与隐私侵权

在互联网技术升级迭代下，社交媒体的诞生促进了社交网络时代的到来。据第 46 次 CNNIC 发布的《中国互联网报告》① 可知，我国网民规模达 9.4 亿，手机网民达 9.32 亿，其中，手机上网比例、即时通信用户分别为 99.2% 和 9.31 亿，由此可见我国的互联网普及率持续提升，这也进一步折射出用户对于社交媒体应用的热情有增不减。在社交平台上，各种强关系和弱关系等不同的社会关系相互交织存在，构成树状般的网状结构，在移动互联网上，只要是具有相似兴趣、背景的用户便可以通过社交媒体进行交流、联系、共同分享等。同时，各种即时通信、新闻推送、视频直播、支付交易、游戏、公共服务等应用不断涌现，这丰富了社交媒体的人际交往功能，覆盖多领域、边界拓展的社交网络发展趋势明显。

这使得在社交媒体上的人际交往，具有以下特点：

---

① 中国互联网络信息中心（CNNIC）：《第 46 次中国互联网络发展状况统计报告》，2020 年 9 月 29 日。

其一，人际交往中的"强关系"和"弱关系"并存。在过去，公民主要是依据亲缘和地缘等现实存在的关系为纽带建立起人际关系网络，但社交网络平台拓展了公民以往的社交范围，个体不再仅限于传统的熟人社交圈，还可以在社交网络平台上选择与其兴趣爱好、观点等相一致的陌生群体及陌生用户来实现虚拟空间中的人际交往，从而建立更广泛的社交圈。

其二，人际交往依靠用户的"自我披露"。社交网络上的个体会选择性地披露或者不披露某些私人信息来建构自我形象，并进行印象管理。基于印象管理的利益估量，如果披露信息的成本收益率高于不披露信息的沉默行为，个体就会选择信息披露，甚至可能会避重就轻或捏造事实，并尝试塑造虚假身份来对自己进行印象包装，也即虚拟的"印象整饰"。社交网络虚拟化、数据化、便携性等特点，使得用户在使用社交媒体平台的相关服务时，以及与其他用户进行联系时，需要主动发布和披露相关信息，以此促进亲密关系的维持。

除去如交通生活、一键打车等硬性功能的增加，当代中国的社交媒体的软性功能更隐蔽。以微博、朋友圈、知乎为代表的主要社交媒体几乎成为热门事件发酵的源头，"微博热搜""微信搜一搜""知乎热榜"成为了二级传播的新的角逐场，意见领袖坐等用户搜索便可以产生影响力。近年来的网民对所关心问题的搜索越发倚重社交媒体，无形中增强了社交媒体软性的搜索引擎功能。原本的社交媒体只会对用户的个人基本信息、社会关系进行收集与保存，然而当时代赋予了它们购物、借贷、搜索的功能，社交媒体所掌握的用户信息便远远超过了社交层面信息，复杂功能的叠加产生了更多的个人信息与浏览痕迹，"泛传播"下的社交媒体获取用户全方位信息的能力空前强大，用户的个人网络画像在社交媒体眼中显得更加清楚。当然，经我国全国人大常委会审议，《中华人民共和国数据安全法（草案）》面向社会公众征求意见。网站要想采集用户的网络足迹，必须征求用户的同意，保障用户说不的权利。同时，加大监管力度，对侵犯用户权益的非法行为及时发现、责令改正，并依法予以惩治。

对于社交媒体平台来说，用户也许只是冷冰冰的数字，用户所产生的信息也只是代码而已。但对于用户自身来说，一旦使用用户数据的其中之一就意味着可能更多的信息在后台被多方使用着，个人信息安全的不确定性陡增。加之目前社交媒体之间的合作越来越紧密，社交媒体之间、其他平台与社交媒体间的合作越来越频繁，相互依赖流量的引导成为打破壁垒的要求，几乎没有任何社交媒体可以隔绝于其他平台而存在，于是社交媒体之间的信息交互成为了"泛传播"下不得已而为之的趋势，如在 2018 年脸书涉嫌假新闻与非法收集用户数据并使用的一事中，Facebook 也将收集到的用户的数据与其他合作的数据机构等共享使用，这就体现了社交媒体时代下对信息流动性的需求迫使社交媒体报团取暖，"开放自身的用户信息后台"俨然成为各个社交媒体平台向其他平台、数据机构等表达诚意的"投名状"，在其间的利益交换的推动下，用户隐私最终成为牺牲品。

三、我国网络隐私权保护现状困境及规制措施

在当前的移动用户数据收集的各类场景中，随着人工智能技术的发展和移动设备的普及，对用户隐私数据进行收集的现象愈演愈烈。一般地，APP 运营者可被视为数据收集者，用户可被视为数据提供者。移动用户数据收集的特点主要体现在以下几个方面：

首先，在数据收集目的上，数据收集者均出于正义的目标和美好的愿景来收集数据，如发挥数据价值或提供更加优质的个性化智能服务。其次，在数据收集方式上，这些社交媒体平台都打着"免费使用服务""同意使用服务"的名义，或以一些如点击测试、点击投票、帮忙砍价等小恩小惠吸引数据提供者的参与，如一些平台通过优惠活动鼓励用户填写详细个人信息，以收集用户数据。再次，在数据收集过程中，大多存在不同程度的欺瞒行为，一些 APP 开发者不告知用户其个人数据的流向及使用方、使用目的，一些平台上的请求用户同意数据收集的授权协议通常以"默认勾选"或"隐藏选项"的方式使得用户不得不"被同意"，更有甚者通过收集和贩卖用户数据进行非法数据流通。最后，在用户数据的隐私保护上，平台方通常没有采取任何有效的隐私保护措施，诸多社交媒体企业通常直接在用户的隐私数据上进行一些运营所需的数据分析，用户的隐私保护缺位，隐私权更是岌岌可危。上述做法不仅威胁着用户的个人隐私，也隐含着国家安全问题，包括国民个人数据的跨境流通问题以及国防安全问题，如与导航和防御相关的天文数据方面的安全问题。

因此，如何有效保护用户的隐私与数据安全是当前社交媒体语境下数据生态面临的主要问题之一。为应对该问题，国家和研究者们分别从制度和技术上做了诸多努力。

（一）制度层面的数据隐私保护

在制度上，随着隐私问题的逐渐凸显，相关立法在稳步进行。如欧盟在 2018 年 5 月 25 日出台《通用数据保护条例》（General Data Protection Regulation，GDPR），该条例规定了用户在数据上的查阅权、被遗忘权、隐私权被收集和使用等权利，以保护个人隐私，遏制数据滥用；2019 年 4 月 16 日，美国旧金山通

过了对《停止秘密监视》（Stop Secret Surveillance Ordinance）条例的部分修订，将人脸识别技术和人工智能技术下可能涉及的侵犯用户隐私、加剧种族歧视等问题考虑了进去，并在不同程度上禁用该项技术；2019 年 5 月 28 日，中国国家互联网信息办公室发布《数据安全管理办法（征求意见稿）》①，该意见稿从数据收集和处理使用以及用户数据的安全监管等方面探讨了其具体的管理办法。由此可见，不论是西方国家还是我国，在制度层面都是非常注重对用户的隐私和数据的保护，并且也在跟随着技术环境的变化升级而相应地调整着其有关的条例和规定，同样，也只有制度层面上做了充分的保障和支持，在技术或其他层面上的保护才有其真正的"定盘星"。

（二）技术层面的禁用与改善

在技术上，通过隐私保护技术完成数据流通和数据处理，避免数据直接流通导致泄露用户隐私，侵权技术的出现使得保护技术被恶意利用和钻了空子，因此，我们应该反过来用保护技术来对抗侵权技术、保护个人隐私，从技术上切断对隐私的侵犯。正如保罗·莱文森所说，技术是一把双刃剑，既可以用作好的一面，也可以产生不可预料的弊端。从当下来看，针对隐私保护最为现实的方式是建立一种专门的隐私保护技术手段，用以完善互联网用户的隐私保护。如赋予互联网用户被遗忘权，允许用户主动选择删除自己在网络中留下的个人数据痕迹；如网络运营商完善对于个人隐私信息的加密技术，使得侵权者无机可乘；如端对端的加密技术，将信息接收者和发送者之间的信息进行加密处理，只有发送者和接收者有解锁的密码，而承载这个信息的平台无法破解这些信息。现在国外的 What's up、Telegram 这两个社交平台都使用这种技术，即只有你和你的对话者能看见这条信息，平台方看到的是一串乱码，这是保护用户网络隐私权的最现实的方式之一。

（三）强化数据控制者处理个人数据的义务

首先，相关监管部门或行业组织应该加强对网络服务商，特别是社交媒体平台运营者所制定的隐私保护合约和隐私获取合约的规制，改变以前用户为了获得社交平台和应用软件的免费服务而选择被动勾选含有很多不明确、不能够被用户明了和理解的"同意隐私保护"的现状，提升用户在隐私信息让渡和披露前的主动权，改变平台和用户间的不平等地位。其次，平台一旦持有了用户群体的海量数据，需坚持在处理数据时应不损害信息主体名誉的原则。最后，

---

① 国家互联网信息办公室关于《数据安全管理办法（征求意见稿）》公开征求意见的通知，中国政府网，http://www.gov.cn/xinwen/2019-05/28/content_5395524.htm。

要明确数据持有者的责任，在必要时要承担相应的法律责任。

（四）区分数据用途，实行分级分类保护

社交媒体时代，经由平台获取的信息和数据大多包含着私密信息、身份信息、日志信息和公开信息等方面，这几类数据与人的密切程度各不相同。现阶段，平台应主动区分数据信息的不同用途，对用户信息实行分级分类保护。因此，未来的隐私保护法应明确划分清楚各类信息数据的具体用途，规定哪些是可以使用的个人数据，对于哪些数据的使用和共享是非法的，以及使用各类信息数据的方式有哪些，并包括这些用户隐私数据的具体应用范围限制，用户信息数据的标准化保护等具体问题。

（五）提升社交媒体行业标准

社交媒体行业还应该坚守经济利益和社会责任并重的意识，主动担负社会责任，切勿只追求平台的经济利益而枉顾用户的个人权益。各大媒体平台除了遵守相关具体的保护用户数据和隐私的法律法规外，还应该通过制定社交媒体行业规则来约束自身。以上的技术和制度层面的内容，终归还是要通过社交媒体平台方的落实才能够有所成效。因此，媒体应把社会效益放于经济效益之上，要有人文关怀，遵循以人为本的理念，尊重公众隐私，避免恶意泄露和使用。

（六）加强隐私保护教育和个人自我节制

当下，社交媒体技术的发展与广大用户的数字媒介素养的提升并不同步，用户的数据隐私意识和数字媒介素养还是较为落后的，当下很多用户并没有意识到一些个人信息是属于隐私权的范畴的，甚至在没有认真阅读网站关于隐私保护的相关协议等情况下就为换取免费服务和一些便捷性的平台服务而自愿出让自己的隐私信息，这就导致用户群体的个人信息极易被盗取，网络隐私侵权现象频繁发生。隐私保护的意识薄弱一定程度上纵容了隐私信息控制者滥用个人信息，变卖用户信息以换取平台间的合作和交易。因此，在社交媒体时代，网民应谨慎发布涉及个人隐私的内容，时刻注意保护好自己的隐私，并且在一些平台以免费的服务"换取"用户隐私时要学会适当地自我节制，当发现自己的隐私被泄露时，应及时行使数字遗忘权，主动联系相关平台删除涉及的重要信息。同时，当下的教育和媒体的公益服务项目也要加入对于用户隐私保护的相关内容并加以教育和引导，避免多次的侵权情况发生。

四、结语

总之，今天社交媒体时代对于隐私权的保护是远远不够的。政府、非营利机构（NGO）和商业媒体机构都要承担相应的社会责任，都应该加强对于用户的隐私保护宣传教育，使用户明白网络隐私的重要性和严肃性，并使其明确哪些个人信息可以共享，哪些个人信息可以用于哪些范围等知识。同时，用户也要加强自我数据隐私教育，应对于自己在社交网络上想要发布的信息有所节制，在发布与自身隐私信息有关的内容时要谨慎，避免因发布或共享信息为自身带来意想不到的不利影响。

参考文献：

[1] 黄成鹏. 大数据时代的个人隐私 [D]. 上海：华中师范大学，2014.

[2] 张茉楠. 新一轮产业与科技革命带来哪些挑战 [J]. 中国中小企业，2016（01）.

[3] 冯登国，张敏，李昊. 大数据安全与隐私保护 [J]. 计算机学报，2016（01）.

[4] 于亚萍. O2O模式下以服务提高顾客满意度分析 [J]. 中国电子商务，2014（17）.

[5] 孟小峰，张啸剑. 大数据隐私管理 [J]. 计算机研究与发展，2015（02）.

[6] 谭彬，刘晓峰，邱岚，梁业裕. 大数据安全管理及关键技术研究[J]. 网络空间安全，2017（08）.

[7] 陈涛，冉龙亚，明承瀚. 政务服务的人工智能应用研究 [J]. 电子政务，2018（3）.

[8] 谭九生. 公共行政的哲学基础 [M]. 北京：中国社会科学出版社，2018.

[9] 赫郑飞. 人工智能时代的行政价值：变革与调适 [J]. 中国行政管理，2020（3）.

[10] 颜昌武，杨郑媛. 什么是技术治理？[J]. 广西师范大学学报（哲学社会科学版），2020（2）.

[11] 沈向洋，[美] 施博德. 计算未来：人工智能及其社会角色 [M]. 北京：北京大学出版社，2018.

[12] 庞金友. AI治理：人工智能时代的秩序困境与治理原则 [J]. 人民论坛·学术前沿，2018（10）.

[13] 腾讯研究院，等. 人工智能：国家人工智能战略行动抓手 [M]. 北京：中国人民大学出版社，2018.

［14］［意］卢西亚诺·弗洛里迪. 第四次革命：人工智能如何重塑人类现实［M］. 王文革译. 杭州：浙江人民出版社，2016.

［15］彭支援. 大数据时代隐私权保护面临的挑战与应对策略［J］. 乐山师范学院学报，2015（1）.

［16］连志英. 大数据时代的被遗忘权［J］. 图书馆建设，2015（2）.

［17］王利明. 隐私权概念的再界定［J］. 法学家，2012（01）：108－120+178.

关于网络短视频中音乐版权问题探析

顾宾烨　西北政法大学

摘要：近年来，随着网络技术和新媒体的兴起，短视频获得前所未有的发展。短视频不仅满足了大众的娱乐需求，还丰富了民众的精神生活，以其独特性迅速抓住用户眼球，获得广泛用户基础。但与此同时构成短视频重要元素的音乐，在版权方面的问题日益凸显。2018 年发生的"北京音未文化传媒起诉 Papi 酱公司短视频配乐侵权案"被媒体称为国内第一桩 MCN 音乐侵权案，引起业内广泛讨论，也让版权问题再次登上舆论话题。因此，本文由数字音乐的应用及短视频的特殊性出发，探究网络短视频中对于音乐侵权的判定、版权保护的困境，旨在提出网络短视频中对于音乐侵权问题的解决策略，保护原创，提高原创作者积极性和彰显原创作品魅力，进而促进我国文化事业获得更加丰富与健康的发展。

关键词：音乐侵权；网络短视频；版权保护

一、案情简介

随着新媒体技术成长起来的短视频产业，日渐积累大量受众，获得极大的发展，但其版权问题日益凸显，尤其是构成短视频不可或缺的音乐元素。下面简要概述被称为"MCN 商用侵权第一案"的"Bigger 研究所音乐侵权案"。2018 年，Papitube 旗下测评博主"@ Bigger 研究所"在其商业广告短视频"2018 最强国产手机评测！"中，未经著作权人授权使用日本独立音乐人的原创歌曲 *Walking On the Sidewalk*；2019 年，由该日本音乐人全权委托的音乐版权商业发行平台以侵犯该独立音乐人的录音录像制作者权为由，将网红经纪公司 Papitube 起诉至北京互联网法院，要求其停止通过一切平台传播该短视频，并提出 25 万余元的赔偿。最终法院判被告 Papitube 构成音乐侵权，赔偿原告及音乐原作者损失及合理支出共计 7000 元。①

此案因涉及蒸蒸日上的短视频产业、MCN 机构、普通短视频受众以及法律相关研究者等多方利益主体在网络空间掀起巨大舆论热潮。侵权事件曝光后，"@ Bigger 研究所"下架了相关侵权视频并在微博平台上发文致歉，且在后来发布了视频科普音乐版权基本知识，被媒体称为"MCN 商用音乐侵权第一案"。②

这桩商用音乐侵权案也从侧面反映了我国短视频行业在发展壮大的同时忽视了音乐版权问题，短视频创作者以及 MCN 等其他组织机构和平台版权意识的淡薄。此案也反映了 Papitube 在音乐使用过程中存在侥幸心理，即使作为几秒的背景音乐出现在短视频中也属于音乐侵权，况且出现在商业广告的短视频中。短视频行业在早些年一直处于野蛮生长的阶段，目前虽然已从"野蛮"逐渐走向"精耕细作"，但行业规范却相对滞后，这是我们需要面对的问题。

二、数字音乐在短视频中的应用

（一）数字音乐网络传播特点

首先，短视频是一种网络内容的传播方式，是指适合于在各种新媒体平台播放、适合于移动和短时休闲的视频内容、适合于高速推送等，时间从几秒到数分钟不等的视频。相应的短视频平台有早期美拍、火山小视频、快手以及现在发展迅速的短视频平台巨头抖音等。短视频具有创作门槛低、内容富有吸引力、传播模式碎片化等特点，因此，用户往往能很快地接受并适应短视频的呈现模式，并很快地参与到短视频的"狂欢"中。随着移动终端的普及、网络提速以及网红经济的出现，视频行业逐渐崛起一批优质的内容创作者，短视频创作内容分为 UGC、PGC 和 OGC，这三者相互联系却又相互区别，共同构成网络短视频中的重要内容。但由于短视频准入门槛低、吸引力强等特点，对于版权素养普遍不高的大众群体在短视频运用过程中较易发生侵权和打擦边球的现象。

其次，数字音乐的网络传播特征，曾遂今在《音乐网络传播与当代人的音乐观》中提出音乐网络化传播具有即时性、反复性、差时性、主动性、交流性、自由性这六大特性。③ 随着网络媒体的发展，一首歌曲、一段旋律都可以通过简单的复制和传递，让音乐的传播速度更快、面积更大化，可以实现短时复制、

---

① 洪诗怡、邓杨：《短视频音乐版权保护的现实困境及对策》，载《东南传播》2020 年第 5 期。

② 洪诗怡、邓杨：《短视频音乐版权保护的现实困境及对策》，载《东南传播》2020 年第 5 期。

③ 曾遂今：《音乐网络传播与当代人的音乐观》，载《中国音乐》2006 年第 4 期。

分享与互动交流。互联网的发展使得各项事务都能得到比传统纸质媒体更为广泛的传播，无论是一桩事件在短短几小时内掀起广泛的舆论，还是通过网络的重新传播，一首当今寂寂无闻的歌曲又重新登台、翻红都归功于现在的互联网的优异条件。

（二）数字音乐在短视频中的应用

短视频从发展之初就是一个以"音乐+内容"为主要形式的轻内容平台，音乐是短视频内容的重要基础和内容传播的重要载体，音乐作为构成短视频的重要元素之一，一般运用在两个方面：一是作为背景音乐贯通整个短视频作品；二是作为表演元素以多种方式展现音乐，主要表现为歌唱、舞蹈、演奏、戏剧、MV 等多种形式，展现了一首音乐作品的多种可能性与价值的最大化，增添了短视频内容的丰富性与用户参与的活跃性。但无论上述哪一种情况，都需要对音乐作品进行合理的使用和遵循相关法律，可以说短视频平台的发展与数字音乐的应用是分不开的，两者相互作用，形成共赢。①

1. 作为背景音乐的使用

由于网络短视频具有其自身特点："短小精悍"而又利于传播，因此在短短几秒到几分钟不等的视频中，需要音乐来弥补短视频因时长限制而导致的单薄感。适当的音乐作为短视频背景音乐使用既增加了短视频画面的观感，又有助于短视频内容的表达和传播。一首热歌作为背景音乐运用在短视频中的部分一般是它的高潮部分，很多人会因为歌曲而看完视频内容。例如，在抖音中，当较为知名的短视频用户运用了一首歌，能够较快地传播给其关注者，另外其他知名抖音用户会相继模仿，然后开始广泛传播，在接下来几天都能看到带有相同背景音乐的短视频，类似于一种病毒式传播。

除了将歌曲单纯地运用在视频中作为背景音乐，还有一部分是作为与视频内容相配合的背景音乐使用的，如卡点视频，还有作为配合舞蹈、搞笑片段和其他表演内容的形式出现，类型多样。一般作为背景音乐使用又分为线下制作配乐的上传和线上平台音乐的应用。第一种自行上传的背景音乐，很多用户将自己拍摄或剪辑的视频上传平台，再从本地选取音乐应用到视频中，如果是完整音乐需要在视频中写明音乐原作者，其他情况根据对于音乐的具体运用而需要获得相应的信息网络传播权、改编权等。

---

① 李洋：《新媒体发展环境下数字音乐版权保护问题研究》，载《传播与版权》2019 年第 7 期。

2. 音乐视频的多种演绎

短视频的特性决定了其对内容素材的极大需求，需要大量的内容来提升短视频用户依赖性。最为核心竞争力的内容是需要源源不断地增添和创新音乐，"音乐无国界"，音乐具有其特有的感染魅力，更容易为大众所接受。

音乐视频的多种演绎主要分为翻唱、改编等。一是对于用户翻唱某首歌曲，需要在其视频中，一般在片头或片尾，加上原作者的署名；二是用户出于商业目的，翻唱者需要获得该首歌曲的音乐版权。音乐版权细分为表演权、信息网络传播权、改编权、修改权等。例如，用户对于歌曲进行改编，就需要获得原作者的改编权。①

对于一些此前知名度低的音乐歌曲，通过用户改编、翻唱重新出现在大众视野中，并且迅速流行开来，该首歌曲的音乐价值也相对提升，短视频平台确为一个能够广泛传播的平台，也不失为一个共赢的思路。例如，杨坤的《答案》这首歌在 2014 年春晚就被演唱过，当时没有给大众留下太多印象。但近几年经过抖音用户在短视频中的运用，配有这首歌的视频经过大量的模仿和病毒式的传播，却让《答案》再度走红起来。相似的还有《突然想起你》《下个路口见》和《醉赤壁》等。

三、网络短视频中音乐侵权现象及侵权判定

（一）网络短视频中音乐侵权现象

其一，未经授权对音乐进行不合理使用构成侵权。如未经著作权人授权对音乐作品进行超越合理适用范围的改编、传播、修改以及大量借鉴剽窃形成自己作品。对于这一点，平台需要在用户上传视频之际告知相关条例，另外，用户自身也需要仔细阅读出现的版权条例和注意事项，在需要对音乐作品进行改编时获得著作权人的改编权和信息网络传播权等相应权利，避免构成侵权。

其二，未经授权将音乐作品运用在含有商用广告的短视频中构成侵权。就如"Bigger 研究所音乐侵权案"就将未经授权的音乐作品运用在商业广告视频中，即使出现短短几秒也属于侵权行为，因为其盈利了。再者，在短视频平台进行商业直播的用户，将未经授权的音乐作品当作直播间的背景音乐使用，或者对该首歌曲进行翻唱等行为均构成侵权。

---

① 龚逸琳：《UGC 短视频中数字音乐版权保护问题及对策研究》，载《新媒体研究》2019 年第 11 期。

（二）网络短视频中音乐侵权的判定

1. 是否盈利

首先，在实际中，判定侵权与否的边界就是"是否盈利"，判断内容产品侵犯版权的核要依据就是用户是否靠这种版权来获得盈利。短视频用户在互联网上共享自己喜爱的歌曲并没有达到侵权标准，但当一首歌或者一段旋律在具有商业性质的短视频中运用或在网络直播中使用，如主播翻唱歌曲、商业直播当作背景音乐使用等系列行为就已经构成侵权。一般说来，只要在未获得音乐授权而运用在商业背景下就属于侵权范畴。例如，本次案例的主角"Bigger 研究所"未经版权所有者授权在其商业广告视频中将涉案音乐作为背景音乐出现，就属于侵权行为。

但是否盈利的界限没有一个量化的、明确的规定来界定，因此在短视频实际操作中，仍存在侵权边界模糊、盈利与否无法判定的情况。例如，在网络短视频中主播以直播或其他形式分享音乐给直播间的观众，看似并未盈利，但通过这些音乐内容所带来的主播人气以及其他价值是否属于盈利难以判定。因此在是否盈利的界定方面存在的不确定性，给某些打着擦边球的侵权案件提供了法律的空隙，追责也难以落实，不利于音乐版权的保护。

2. 是否合理使用

《中华人民共和国著作权法》第二十二条规定，合理使用是指在法定情况下使用作品，可以不经著作权人许可，不向其支付报酬。[①] 而法律对于这个合理使用的界限却没有明确规定，因此在实践中存在法律空白，没有法律引证和有效约束。

判定是否属于合理使用，主要存在以下两种情形：一是创作者在应用某首音乐的时候未获得版权所有者的授权，但其对该音乐的改动不大，遵循了这首歌的本质，因此，未获得该歌曲的授权也不构成侵权，属于合理使用。二是未获得授权情况下，创作者对该音乐的改动较大 ，或者引用借鉴内容较多，则构成音乐侵权，需要负有一定的法律责任。但其中的判断存在主观性。

3. 二次创作的界定

二次创作是指使用了已存在著作物的文字、图像、影片、音乐或其他艺术作品。[②] 简单来说，二次创作并非剽窃，而是对既有作品的发展和重新演绎，其

①　《中华人民共和国著作权法》，2010 年修正，第二十二条。

②　李洋：《新媒体发展环境下数字音乐版权保护问题研究》，载《传播与版权》2019 年第 7 期。

中具有二次创作者本人的思想方式和传达理念，具有独创性，因此不能界定为抄袭或剽窃。目前对于二次创作的界定还没有明确标准，有些行为属于二次创作范畴，但实际上也存在侵权的嫌疑。例如，目前发展态势良好的抖音短视频中存在大量用户翻唱、改编歌曲，初衷并不是为了盈利而是出于对作品的喜爱和致敬，但由于用户重新演绎了某首音乐作品而积累了大量人气，由此爆火，而后接到商业广告，实现了流量变现的新模式。诸如此类，不能说不是二次创作，但也存在侵权嫌疑，这一点还比较模糊。

目前，二次创作还是作为音乐侵权的判定依据存在于范例之中，其中的独创性认定标准仍然是侵权与否的重要依据。

四、网络短视频中数字音乐版权保护的困境

（一）用户及平台方版权意识淡薄

由于我国知识产权这一块的保护起步晚，版权拥有方、平台方和大众的版权意识都不是很高，缺乏这方面的素养。例如，各大音乐平台，如网易云、酷我、酷狗音乐对于版权的保护和收费制度也是近些年才逐渐建立起来，曾经的盗版歌曲和翻唱未标明原唱作者的情况也时有发生。而除音乐平台之外，近几年短视频发展势头迅猛，因其碎片化、创作门槛低成为网民闲暇之余最为热衷的娱乐活动之一，短短几秒到几分钟不等不断向受众传递内容高潮，形成强烈的视觉冲击。目前发展最为成功的如抖音短视频，拥有庞大的平台用户，如若不对知识产权中的音乐版权加以保护，庞大的用户规模和巨大的流量让原本并不受重视的音乐版权问题日益凸显，因此对于音乐版权的保护宣传和提高各方主体的版权意识刻不容缓。

（二）版权保护法律及机制建立滞后

一是现有法律音乐版权认定界限模糊。无论是目前我国现行的、主要的对于知识产权保护的《中华人民共和国著作权法》，还是近几年颁布的《互联网著作权行政保护办法》，虽然这些法律都呈现出一个对于音乐版权保护不断完善的过程，也对相关数字音乐的版权保护和侵权判定作出一定的指示和依据，但在实际操作过程中仍存在模糊性。例如，上面提到过的《中华人民共和国著作权法》虽然提到了合理使用，但没有对合理使用的度进行明确和提出一个量化标准，存在模糊性，导致一些"打擦边球"的情况出现。再者是否盈利也是侵权行为的重要判定标准，也没有一个明确的依据。

二是用户与平台方侵权行为责任不明晰。首先是平台作为网络服务提供者

和监管方，负有注意和监管义务。平台需要在用户上传视频之际进行审核，如审核不严通过用户具有侵权行为的视频，则有通知和删除的义务，否则平台也负有侵权责任。如果被侵权人追责可能会遇到两种情况：第一种情况首先会追责平台方的责任，其次再由平台方追责侵权用户，其中会存在一种责任转移的情况，在具体落实过程中，存在一定程度的模糊和空白，有时会难以落实；第二种情况被侵权人直接追责侵权人，一般说来平台也负有责任，但平台需负责任的多少并不明确，存在模糊和空白。

三是版权保护多为事后补救，防范效果不佳。例如此次的音乐侵权案，如果原作者对此侵权置之不理、不上诉，想必此次的视频博主的音乐侵权也将不会受到惩处，更不会引起此次的版权风波。虽然其事后进行积极补救和遵从法院判决，但如何在音乐侵权发生之前就进行遏制才是我们现在需要思考的问题。像抖音的侵权处理，主要是通过用户举报等形式受理，其余方式仍在探索中。再者，给予平台的"避风港原则"，也成为相关平台的"安全港"。平台对于无投诉、无举报的侵权视频置之不理，即使知晓其中的侵权行为也等到举报后才责令删除。

（三）平台滥用避风港原则

当用户制作、传播短视频的行为构成侵权时，短视频平台往往以自己仅为网络服务提供者，对侵权行为不知道也不应当知道，主张应依照"避风港原则"免责。

在我国现有法律内，短视频平台属于网络服务提供者，仍然可使用"避风港原则"，但相应的短视频平台也需要对用户及其侵权行为履行注意义务。在短视频发展初级阶段，平台将经济效益放在首位，作为构成短视频的重要元素之一的音乐元素则被大量运用，由"音乐+内容"的视频生产模式能够迅速抓住受众眼球，由此获得巨大流量，即使平台中出现了音乐侵权的事件，平台许多时候也是视而不见，默许了这一现象发生。因此，对于"避风港原则"的适用性需要再重新界定和完善。

五、改善短视频中音乐侵权现象的建议

（一）加大版权保护宣传，增强版权意识

音乐版权问题不仅涉及短视频用户，还涉及短视频平台、音乐创作者和版权所有者等多方主体。增强各主体版权意识能够减少版权侵权的事件发生。近年来，我国短视频势头迅猛，据中国互联网络信息中心发布的第 46 次《中国互联网络发展状况统计报告》显示，截至 2020 年 6 月，我国手机网民人数为 9.40 亿，而短视频用户规模达到 8.18 亿①。爆发式增长的手机和短视频用户规模，其中存在的版权侵权问题屡见不鲜，很少有人能够深切认识到音乐版权的法律及其归属意识，对其加以任意改编、使用和模仿，如不加以制约与引导，此类问题将长久存在，严重影响我国短视频行业发展和文化软实力加强。因此，加大对版权不只是音乐版权的宣传和保护，刻不容缓。

首先，应增强短视频用户的版权保护意识。我国网民数量庞大，短视频的低门槛、易操作性使得大量用户加入 UGC 创作队伍中，产出 UGC 内容，但对于音乐版权意识仍然还很薄弱，由此引发一系列问题。例如此次的"Bigger 研究所音乐侵权案"很明显是该用户对于音乐版权问题并不注意，甚至存在侥幸心理。以既往经验来制作短视频，版权意识不高，其所在 MCN 公司 Papitube 也同样对版权问题存在忽视，未对其旗下的各员工进行版权知识培训。但在此事件发生后，除了尊重法律判决，"@ Bigger 研究所"事件发生后出了一期视频告诉大家相关的版权知识，以自身经历告知大众版权的重要性。

其次，应加强短视频平台方的版权意识，加大对其相关工作人员的专业培训。提高相关工作人员的专业素养和版权意识能够更好地在平台运行中和用户使用中告知其版权的相关条例和侵权的认定，从而在平台方这一方面加深用户印象，辅助其他方面宣传普及音乐版权知识。

最后，应加强音乐创作者及版权所有人的版权意识。许多音乐创作者缺乏对音乐版权的法律保护意识，对于音乐歌曲的上传和音乐相关版权如传播权、修改权等没有进行一个了解。许多音乐创作人仅仅将自己的作品上传到相关传播平台，却不去相关著作平台如中国版权保护中心进行登记保护。这就在之后的版权侵权纠纷中不占有有力凭证。另外，要进一步加强原创作者的维权意识。在互联网上翻唱的歌曲可能使音乐作品翻红，原创作者享受翻红带来的流量，但由于侵权成本低、维权成本高、时间跨度大等原因而放弃追究，让与此相同的侵权现象依旧发生。

（二）完善音乐版权保护法律，提供对应法律援助

目前，对于音乐版权的保护，2019 年 1 月 9 日发布的《网络短视频平台管理规范》明确指出网络短视频不得未经授权自行剪切、改编各类视听作品，但其中未明确界定音乐作品是否属于视听作品。另外，在我国当前法律中，在

---

① CNNIC 发布第 46 次《中国互联网络发展状况统计报告》，载《互联网天地》2020 年 10 月。

《中华人民共和国著作权法》《中华人民共和国侵权责任法》等法律法规中有涉及网络视频传播的简单规范，但对于一些细化的问题，如对于侵权责任主体与平台间的权责不明晰、对于音乐版权侵权的费用赔偿范围没有明确的界定，这些问题在实际中是亟待解决的，牵涉到当前直至以后的音乐版权问题和解决依据。因此，对于短视频音乐侵权方面，需要完善相关法律法规，既是对音乐版权的保护，也是对减少和缓解今后的音乐版权纠纷的一种理论依据，利于节约司法资源。

除根据当前形势完善法律法规外，还可借鉴国外优秀版权保护经验和解决办法，从外国法律法规中汲取有益条例，再加以修改和完善，提出适用于我国的短视频音乐版权保护法律法规，细化相关收费规则和权责关系界定等。

虽然目前我国大众的版权素养有所提高，也有对相关音乐侵权的法律途径，但在实际操作中，许多原创音乐人和版权所有者，由于维权成本高、时间跨度长、侵权成本低等原因，尤其是知名度较低、法律知识欠缺的相关群体，就会放弃维权，或者有维权的想法却"心有余而力不足"。此时，如若有这样的一个法律援助的渠道，帮助这些版权所有者进行维权并联合宣传部门加以宣传，相信是共赢的，既保护了音乐版权，保护原创，又让版权保护意识在大众头脑中加深印象，由此减少音乐侵权的现象发生。

（三）完善音乐版权监管体系，加大音乐侵权惩罚力度

短视频行业是一个新兴的文化产业，对于其中的音乐侵权现象除了平台自身需要审查监管以外，还没有哪个责任部门专门对此进行监管和监督。目前大多为国家版权局与地方相关版权部门负责。但同时又由于短视频行业的特殊性，音乐侵权又分为严重和轻微，轻微的音乐侵权会由于维权成本高、数量广等原因而不进行处理。此时就需要一个完善的音乐版权监管体系，与平台监管相配合，互辅互助，让用户意识到在音乐版权方面"不以恶小而为之"。

此外，还需要对音乐侵权加大惩罚力度，树立典型，让与音乐版权相关各主体都有所意识，在今后的音乐使用方面不触及侵权底线。例如，这次发生的"Bigger研究所背景音乐侵权案"，被国内媒体称为"国内第一桩MCN音乐商用侵权案"，在舆论空间内引起广泛讨论。此前没有音乐版权意识的各相关利益主体都通过此典型事件获得相关知识，探讨音乐侵权的判定范围，或许此前的版权素养不高、或持无所谓态度的大众都有所警醒。在潜移默化中，一方面为大众逐渐树立起合理的版权付费观念，另一方面也加强了版权所有者和平台机构的版权意识。在行业中形成尊重原创、保护音乐版权的良好氛围，构建健康、合法的网络音乐使用体系和环境。

（四）平台应积极落实自身责任

加大对 UGC 短视频内容审查力度。对于用户上传的视频，平台方有审查的义务，在上传的源头阻隔音乐侵权，在这方面应做到以下几点。

一是要对短视频相关工作人员进行专业培训，实现行业自律。对于日益凸显的音乐侵权现象，短视频平台应加大视频内容审查力度，加快建立侵权审核作品处理机制。对短视频平台相关审核人员进行专业的版权知识培训，在工作人员中首先建立起一支具有高版权素养的队伍，既提高人工审核的工作效率，又间接专业准确地向用户传递版权知识，从而全面提高大众的版权素养，减少侵权事件的发生。目前对于短视频音乐侵权问题，平台主要是通过人工审核和依赖用户举报的方式，而这种方式未能覆盖短视频音乐版权的方方面面，容易成为滋生短视频音乐侵权的空子，给存有侥幸心理的侵权者以可乘之机。

二是要创新短视频音乐侵权管理排查手段。短视频具有传播迅速、模式碎片化等特点，因此累积了庞大的用户规模，虽然人工审核仍然是视频审查的重要手段，但单靠人工审核机制显然已经跟不上用户内容产出和传播迅速的要求。除了传统的人工审核外，还可探究音乐侵权排查审核新技术手段，运用区块链技术、人工智能手段等辅助人工手段，实现资源合理分配和版权保护效益最大化。

三是加强与版权方的深度合作。音乐侵权很大一部分责任在于平台，短视频平台巨头抖音在这方面做得可圈可点：2018 年 8 月，抖音先后与环球音乐、华纳音乐等多家唱片及词曲版权公司达成合作，抖音获得其全曲库音乐使用权。[①] 由平台方解决了大量的音源版权这些先在性的问题，能够为后续的用户使用和版权保护都提供超高的使用体验和保护力度，至少在平台曲库里的歌曲部分不存在侵权现象，从很大一方面来说，减少了此类问题的发生。而对于短视频平台用户的自创歌曲，平台也应积极履行版权保护责任，与创作人或版权所有方积极谈成合作，获得授权。一方面保护了原创歌曲的音乐版权，一方面也使得作者和平台方从这些歌曲中获得相应的文化转换价值，实现双赢。

六、结语

版权资源既是文化产业的核心竞争力，又是我国文化软实力的重要组成部

---

① 王怡鑫：《短视频平台的音乐版权保护问题研究——以抖音短视频平台为例》，载《法制与社会》2019 年第 24 期。

分。随着短视频行业的迅猛发展，虽然总体上正在不断完善的过程中，但细分下的音乐版权问题还存在许多不足和空白。创新是一个行业甚至民族进步的重要法宝，保护音乐版权，不仅能够激发创作者的创作激情，还能够因这种激情增添市场活力。2018年发生的"Bigger研究所商用音乐侵权案"将版权问题拿到大众视野中，既是对各利益主体的警醒，又从侧面宣传了音乐版权相关知识，帮助大众提高其版权素养，由此也让研究学者发现其中存在的问题，提出解决策略，促进相关知识产权方面的法律的完善。面对如今的短视频发展态势，音乐版权仍是一个重要的话题，对于音乐版权的保护仍然任重而道远。

参考文献：

[1] 柴国生.短视频传播中的版权保护与行业治理［J］.人民论坛，2020 (25)：120-121.

[2] 靳楠.短视频的独创性认定［J］.郑州航空工业管理学院学报（社会科学版），2020，39（04）：23-30+37.

[3] 包红光.论网络短视频的可版权性及侵权判定［J］.枣庄学院学报，2020，37（04）：112-117.

[4] 司思.论短视频平台的数字音乐版权保护［J］.西南政法大学学报，2018，20（05）：113-121.

[5] 李洋.新媒体发展环境下数字音乐版权保护问题研究［J］.传播与版权，2019（07）：202-204.

[6] 王怡鑫.短视频平台的音乐版权保护问题研究——以抖音短视频平台为例［J］.法制与社会，2019（24）：59-60.

[7] 龚逸琳.UGC短视频中数字音乐版权保护问题及对策研究［J］.新媒体研究，2019，5（11）：48-52.

[8] 张志强.音乐网络化传播的侵权现象研究［J］.科技传播，2019，11（19）：86-87.

[9] 王子姣.奏响无形价值：数字音乐价值争议下的"Papi酱公司短视频配曲侵权案"［J］.新闻研究导刊，2020，11（16）：11-12.

[10] 洪诗怡，邓杨.短视频音乐版权保护的现实困境及对策［J］.东南传播，2020（05）：87-89.

[11] 孙晶晶.网络音乐版权的法律保护研究［J］.中国集体经济，2020（06）：112-113.

[12] 曾遂今.音乐网络传播与当代人的音乐观［J］.中国音乐，2006

（4）：27-34，41，237.

　　［13］CNNIC 发布第 46 次《中国互联网络发展状况统计报告》［J］．互联网天地，2020（10）：6-7.

智媒时代短视频平台追剧面临的侵权风险

王　辉　西北政法大学

摘要：智媒时代，依靠人工智能技术、算法推荐，短视频平台发展迅猛。凭借生动性、视听性等特质，在短视频平台追剧，已成为很多受众碎片化阅读时代的一种常态。短视频平台追剧，在为受众持续带来紧跟新剧、快节奏、超浓缩的电视剧内容时，也面临着很多侵权风险。近几年，短视频侵权案呈现不断上涨的趋势。本文将从法律政策、平台、著作权人等角度出发，分析研究短视频平台追剧面临的侵权风险的具体表现、相关原因，并提出相应的侵权规制的思路。

关键词：智媒时代；短视频；版权保护

2020 年上半年，短视频平台月活跃用户数达到了 8.52 亿人，整个行业的广告营收已经达到了 182.1 亿元，契合碎片化阅读习惯的短视频，其发展势头依然被各界看好。以抖音、快手为代表的头部短视频平台，广告营收逐年上涨，为吸引更多用户，引来更多的流量，依靠大数据技术、算法推荐，短视频平台不断加强与用户的黏性。相较于传统的搞笑、炫技等视频，追剧近两年成为短视频用户的新宠。各大短视频平台纷纷出现大量追剧视频，一条 1 分钟左右的电视剧短视频，就能让用户了解剧情走向，两三条推送，就能把一集电视剧拆解干净。短视频平台追剧，在为平台带来大量流量的同时，也让自身面临着许多侵权风险。

对于短视频平台而言，未获得相应电视剧版权的自媒体和个人用户，擅自将正在热播的电视剧视频进行"分段剪切""二次加工"，平台借助精准推荐，不断推送给用户，或是将还未播出的电视剧内容，通过短视频传播开来，这就有可能侵犯了原著作权人保护作品完整权、改编权以及与之相应的邻接权等权益。我国的著作权法明确规定，使用著作权人已经发表的作品，不能影响其作品的正常使用，要坚持合理使用的原则。但短视频平台借助"避风港"原则，或是主客观的问题"放生"侵权作品,让这一问题迟迟得不到重视和解决。笔者将从完善相关法律法规、明确平台告知义务等方面,提出短视频平台追剧侵权规制的思路。

一、短视频平台追剧大受欢迎

目前,在以抖音为代表的短视频平台上,被剪辑成短视频的电视剧越来越火爆。用户只要通过短短的几个视频,就可以了解电视剧的整集情况,以及接下来的剧情走向。凭借这类视频,自媒体账号迅速涨粉,此种模式已成为账号迅速养成的一大捷径。目前,在抖音里面,有很多后缀名为"剪辑"的自媒体用户,几乎都是依靠这种方式生存。由于这些视频都是时下热门电视剧中的精彩桥段,均在 1 分钟左右甚至更短,适合碎片化阅读,所以这类视频颇受欢迎。转发率、点赞率高是这类视频的一大特点。

各大短视频平台,均采用智能算法推荐机制。当用户点赞相关视频时,平台方面在接受到数据反馈后,首先会源源不断地为点赞用户推荐类似的视频。其次,对于自媒体来说,观看人数多,点赞率高,平台会不断提升视频的推荐权限,最直接的表现,就是会推荐给更多的用户,这样就会给账号带来更多的流量支持,与此同时,就会有越来越多的用户因为喜爱其内容而关注账号,成为其粉丝。以抖音视频剪辑类自媒体账号沫沫剪辑为例,从 2018 年初,其开始发布电视剧的短视频,截至 2020 年 10 月 24 日,一共发布了 177 个视频,收获了 56 万多粉丝。相较于其他的母婴、数码等内容,剪辑电视剧的涨粉数据非常可观。另外,对比原创视频,这类的视频创作难度低,视频下载、剪辑、后期包装的投入小,产出的收益却远远比原创大。

二、短视频侵权案例呈现增多趋势

2020 年 4 月,12426 版权监测中心发布的《2019 年中国网络版权监测报告》显示,短视频领域存在着视频搬运、剪辑等侵权风险,主要包括未经著作权人许可进行内容搬运、素材引用、二次创作等。2019 年,在短视频领域里,新增 754 万条短视频侵权链接。

据中国裁判文书网上的相关数据显示,抖音所在的北京微播视界科技有限公司,从 2018 年到 2020 年 10 月,因著作权纠纷、知识产权权属、侵权纠纷引发的诉讼一共有 21 起。案件涉及北京、江苏、浙江、广东等地。由此可见,短视频侵权案时有发生。

2020年8月，北京知识产权法院举行短视频著作权案件审判情况通报会。作为全国首家知识产权审判专业机构，其判罚的相关案例经常会成为业内的参考范例。北京知识产权法院审判监督庭庭长张晓霞表示，从该院受理的相关侵权案件来看，主要由三种类型构成：一是直接使用他人未经授权的短视频内容。二是借助他人的视频作品或者文字作品，通过表演等方式拍摄制作短视频。三是对未经授权的视频进行剪辑合成，制作成短视频上传到平台上进行传播。这些行为都构成侵权，而这些也是该知识产权法院受理短视频侵权案最多的类型。

例如，在字节跳动诉爱奇艺一案中，字节跳动公司认为爱奇艺公司未经其许可，在平台上向用户提供《郭德纲聊各地夜生活经历》访谈节目的短视频服务。字节跳动公司指出，虽然该节目属于访谈类节目短视频，但整个作品是通过镜头切换、画面选择拍摄、后期剪辑包装等过程完成，其反映了创作者独特的视角和富有个性化的选择与判断，表达了与主题相关的思想内容。

最终，法院认定，涉案综艺节目视频展现内容的独创性程度符合以类似摄制电影的方法创作的作品的要求，构成以类似摄制电影的方法创作的作品，这样的作品受著作权法的保护。

三、短视频平台追剧面临侵权风险的具体表现

（一）未经许可对电视剧进行"短视频化"剪辑、二次加工

对于短视频平台而言，未获得相应电视剧版权的自媒体和个人用户，擅自将正在热播的电视剧视频进行"分段剪切"，或者选取其中有些部分进行"二次加工"，将这样形成的短视频发布出去，由平台进行进一步推荐分发，这种行为就有可能侵犯了原著作权人的保护作品完整权、改编权以及与之相应的邻接权等权益。例如2020年春节期间，湖南卫视《下一站是幸福》热播期间，很多人采用屏幕翻拍或者下载视频的方式，对原剧进行切割剪辑，制作成短视频，在平台进行大量智能推荐后，网友通过短视频了解剧情走向，就有可能不再关注原定黄金档的电视剧。

（二）未获授权，利用短视频提前播放电视剧后续内容

对于短视频平台来说，在没有版权的情况下，委托第三方机构或是由内部人员在平台上注册账号，伪装成自媒体，将没播完的热门电视剧的后续内容制作成短视频，上传至平台，通过精准算法推荐给用户。同时，通过各种渠道，诱导平台注册用户上传侵权的电视剧内容，再通过精准算法推荐给用户，这就有可能侵犯了原著作权人作品的网络传播权。可以说，无论是通过何种渠道导

致侵权，都是利用短视频海量化和快速化的特点进行的侵权，这给版权保护行业规范发展带来了挑战。

2020 年暑期，《隐秘的角落》成为最受关注的热播剧。当时该剧的独播平台爱奇艺推出了 VIP 用户提前看权限，结果有用户擅自将这些最新的内容剪辑成片长在 2 分 50 秒左右的短视频上传至短视频平台，损害了独播平台的权益。此举引来多家媒体批评，正义网撰文指出：此举构成侵权，短视频平台不得未经授权改变电视剧、电影等视听作品，这应成为短视频制作和传播自觉恪守的边界。

根据我国《著作权法实施条例》的相关规定，使用著作权人已经发表的作品，不能影响其作品的正常使用，要合理地使用。有学者指出，在司法实践中，法院通常认为"实质性替代原作品的使用不是合理使用，如果没有实质性替代，可以判定为合理使用"，而"合理使用"是不构成侵权的。在这样的条件下，合理使用的范围显得非常关键。与此同时，著作权法也对"合理使用"方面进行了相应的限制，其第二十二条规定了在 12 种情况下使用属于"合理使用"，例如为个人学习、研究或欣赏，为说明某一问题，或是为介绍、评论某一作品，免费表演已经发表的作品等情况，可以不经过著作权人的许可，不向其支付报酬。但在使用过程中，应该指明作者的姓名、作品的名称等信息，同时，不能侵犯著作权人依法享有的其他权利。

但在其中，短视频追剧并未具体体现在相关规定里，在涉及司法实践时，需要考虑到涉案问题的诸多细节，个案的不同细节，最终都可能会导致案件定性发生变化。

因此，自媒体创作短视频作品时需要掌握好"合理使用"这个边界。在创作时要明白自己的作品，到底是对他人作品的简单搬运，有了实质性的替代，还是对作品进行了二次加工，有了全新的内容，从而让作品从另一个角度来看，有了不同的意义。这几个方面，决定了制作出来的作品是否侵权。

四、短视频平台追剧面临侵权风险的相关原因

（一）过度使用"避风港"原则

"避风港"原则来源于美国 1998 年的《千禧年数字版权法案》，这部法案的第 512 节确立了"避风港"规则。"避风港"原则主要核心是"通知—删除"。简单说，即网络服务提供者在接到被侵权人的通知后，应对平台上的侵权内容进行删除或者屏蔽等措施，这样就可以免责。否则，就要承担相应的法律责任。

在后续的发展中，"避风港"规则也传入了中国。2006年，《信息网络传播权保护条例》借鉴美国《千禧年数字版权法案》引入了"避风港"规则。而2010年开始实施的侵权责任法，其在第三十六条第二款和第三款中就对于网络服务提供者进行了进一步的明确规定，条款中指出网络用户利用网络服务存在侵权行为的，被侵权人有权通知网络服务提供者采取删除、屏蔽等必要措施。如果网络服务提供者在接到通知后并未及时采取措施，应与侵权的网络用户共同承担法律责任。在2021年1月起施行的《中华人民共和国民法典》第1194—1197条中，对于"避风港"原则有了进一步的完善。

但具体到司法实践中，这样的条款因为有很多细节没有进一步的规定，导致被侵权人在维权过程中难以达到自己想要的诉求。例如条款中规定，网络服务提供者在接到被侵权人的通知后，可以采取删除、屏蔽等措施，但具体的响应时间并没有明确列出。这样一来，究竟是一天还是一周甚至是更长的时间，就存在着一定的争议。例如，在之前字节跳动诉爱奇艺一案中，在接到字节跳动投诉的内容后，爱奇艺在四天后才删除了相应的侵权视频，字节跳动对此提出异议，但法院驳回了其诉求。

所以，在这样的情况下，被侵权人要想维护自己的权益，在知悉自己的著作权遭遇侵权，首先要做的就是向网络提供者发送通知。问题在于，短视频平台上的视频数以万计，负责审查的人员不可能做到每个投诉都及时响应。时效性成了新的争议点，而对于一些视频作品来说，处理上的不及时，很可能造成巨大的损失。

（二）平台主客观存在问题"放生"侵权作品

短视频平台追剧存在侵权风险，对于短视频平台而言，有客观和主观两方面的原因。客观方面是指在当下技术发展的规模下，由于用户上传的短视频数量大，短视频平台都采用了平台自动审查功能，即利用AI实现对视频是否侵权，是否涉黄，平台重复率过高，清晰度等方面进行技术审查。但就当下的各平台的审查结果来看，涉黄、重复率过高等问题，一般都能第一时间被AI识别，但是否侵权方面，则表现得不甚乐观。大量被剪辑成短视频的电视剧的内容，依然充斥各大平台。

主观方面，对于平台来说，即使构成侵权，但由于目前对短视频侵权的相关惩治措施、赔偿标准等不够完善，惩处力度不足，违法成本不高，这也是短视频平台侵权行为频发的重要原因。对于短视频行业来说，主要的盈利模式为流量变现，简单来说，只要平台能吸引足够多的流量，就能稳步提高自身的收益。所以平台会借助热门电视剧来吸引流量，因为相较于赔偿金额来说，收益远远超过这些。这就促使平台在主观上放任侵权视频。

（三）取证困难导致版权方维权难度大

除此之外，对于版权方、被侵权人来说，要想在目前的环境下及时地维护自身的权益困难较大。一是短视频平台能否及时响应自己的投诉；二是维权的成本高，如果短视频平台不配合的话，走诉讼途径，几个月甚至一年的诉讼历程，会让很多版权方望而却步；三是侵权对自己造成的损失难以预估，目前法律上并没有一个明确的计算方式。这就导致版权方的诉求难以界定是否合理。这些原因，导致很多版权作品难以得到有效保护。

五、短视频平台追剧侵权规制的思路

（一）完善相关法规，给予短视频平台更多过滤义务

1. 完善短视频平台的"通知—删除"程序

前文说过，由于短视频平台过度使用"避风港"原则，来让自身规避风险，尤其是在核心的"通知—删除"方面，相关法律政策方面并没有详细规定网络服务提供者在接到被侵权人的通知后，多久删除相应视频是合理的。因此，有专家学者在这方面曾建议，在接到投诉内容后，网络服务提供者可以将投诉通知转送至自媒体，给予一周的"反应期"，自媒体可以在这7天时间里进行合理地辩解，以此来证明视频是属于真正意义上的替代还是有二次意义加工的内容在里面。如果到期，自媒体并未给出回应，网络服务提供者可以采取相应的措施，如删除、屏蔽等方式。可问题在于，7天"反应期"这个建议并不适合电视剧等音视频内容，因为7天的反应期对于版权方来说，足以带来巨大的损失。所以笔者建议，应该更加谨慎周全地考虑到当前的网络发展环境，以及音视频方面的时效性，从而制定出一个更加合理的"反应期"时间，在保护版权方的前提下，尽量地减少版权方的损失。

2. 给予短视频平台更多的技术过滤义务

从2010年到2020年，中国的互联网头部企业的自身审查技术越来越先进，而随着网络云计算服务的推出，海量的进行严格的技术审查逐渐成为现实。《网络短视频平台管理规范》作为行业规范规定：短视频平台上播出的所有短视频包括标题、评论、简介等都要经过内容审核才能播出。但是全面地对每一个上传视频进行技术审查，一是浪费时间，二是增加了企业的成本。因此，建议给予短视频平台更多的技术过滤义务。首先，通过技术初步判断是电视剧内容还是其他内容；其次，根据上传者是官方账号还是自媒体，进行有差别审查，如

果是自媒体发布的电视剧内容，启用更加全面的审查机制，同时，全面丰富短视频平台自身的媒体库，及时与媒体库里的内容进行比对。

（二）明确短视频平台告知义务，加大评论、弹幕监测

1. 明确短视频平台告知义务

对于平台方面，必须履行明确告知的义务。目前，各大短视频平台虽然有用户服务协议，但这个设置并不足以解决平台内部的功能设置中的导向问题。因为自媒体或用户自身的版权意识普遍不强，所以应督促平台在用户上传视频时，明确告知哪种类型视频属于侵权，对侵权行为进一步细化后，告知给用户。

2. 平台加大对评论、弹幕监测

目前，所有的短视频平台都开通了弹幕和评论功能，以抖音为例，应该加大 AI 对于评论区的审查力度，如果发现评论区有网友指出抄袭、侵权等敏感词汇，应该第一时间作出反应，若现有的技术审查不能识别是否是侵权作品的话，可以将视频进行人工复合，由人工从拍摄、剪辑等角度判断是否是侵权作品，多管齐下，逐渐杜绝侵权作品出现。同时，加大对侵权自媒体处罚力度，如降低对其的算法推荐、降低其广告分成权重等。设立信用分，低于多少分值时，可以对其进行粉丝屏蔽，即发布出来的视频，在一段时间内，无法获得粉丝上涨、收益分成等，从流量变现的源头上遏制住这种侵权的势头。

3. 平台进一步加大对原创内容的支持保护

对于标注了原创内容的短视频，在技术审查通过后，应加大对原创视频的系统推荐和流量支持，让自媒体逐步意识到，只有坚持原创才是获得系统大力推荐的关键。同时，鼓励版权方开设短视频账号，对其进行流量支持。或者是购买相应的版权，交由目前从事短视频追剧的自媒体来运营，平台与自媒体在收益方面进行分成，既保证平台购买版权的花费落到实处，也激发了自媒体的积极性。

（三）提升权利人的版权保护意识，加大侵权赔偿力度

版权方或者权利人要积极学习、了解有关著作权法、知识产权法等相应的法律法规，了解合格通知的形式要件。短视频平台如果有公开的投诉方式或者渠道，应该采用合格通知的形式进行投诉，这样是最为有效的维权方式。在日常的工作生活中，逐渐培养起严格的维权意识。

前文阐释过，由于目前的诸多司法实践中，关于侵权的诉讼受理流程过于烦琐，尤其是关于受损失情况的取证更是成为多个司法实践的定性点所在。从2014 年，我国在北京设立首家知识产权法院后，6 年来，我国在多个城市设立了知识产权法院。笔者建议，应该加快侵权行为的受理流程，减轻被侵权人的维权负担。此外，之前的赔偿力度过小，导致很多侵权方有恃无恐。所以，笔

者建议应该从法规层面上加大对侵权赔偿的力度。例如 2020 年 4 月，北京市高级人民法院发布了《关于侵害知识产权确定损害赔偿问题的指导意见及赔偿标准》，进一步明确了音视频类作品遭遇侵权后的赔偿标准。相关法律制度的不断完善，将会大力推进对侵权行为的打击力度。

六、小结

短视频版权保护已经成为整个行业面临的一大难题，与此同时，短视频平台追剧的侵权问题也是一个非常复杂的问题，而此类问题近几年也得到了广泛关注。习近平主席曾在博鳌亚洲论坛上指出，加强知识产权保护，是完善产权保护制度最重要的内容，也是提高中国经济竞争力最大的激励。

为了更好地处理短视频平台、网络用户以及权利人之间的关系，不仅需要国家出台相应的法律法规，尽快地完善现有政策，还需要短视频平台坚守行业自律，同时权利人也要了解相应的法律法规。只有多举措并行，才能保证相关法规政策在短视频平台的侵权争议中得到切实有效地适用。

参考文献：

［1］向安玲，沈阳. 短视频追剧凸显侵权风险［J］. 网络传播，2020（09）：77-79.

［2］张玉. 浅析"互联网＋"时代短视频传播的新特点与发展问题规制［J］. 法制与社会，2020（26）：124-125.

［3］柴国生. 短视频传播中的版权保护与行业治理［J］. 人民论坛，2020（25）：120-121.

［4］冯晓婕. 基于内容生态的短视频平台版权保护研究——以抖音快手为例［J］. 传播与版权，2020（08）：115-117.

［5］朱艳菊，王艺. 短视频平台侵权适用"避风港"规则问题探究［J］. 广东石油化工学院学报，2020，30（02）：20-24.

［6］夏丹. 自媒体的盈利模式研究——以"百家号""抖音"为例［J］. 新闻研究导刊，2019，10（06）：244-245.

［7］胡正荣. 内容生态及其良性发展［J］. 新闻与写作，2018（10）：1.

［8］王晓鑫. 新媒体环境下"抖音"短视频的传播内容分析［J］. 新媒体研究，2018，4（12）：32-33.

智能传播时代新闻图片版权问题探究

周　燕　西北政法大学

摘要：伴随人工智能、算法、大数据等的运用及普及，我国已迈入智能传播时代。面对信息生产流程的颠覆性再造，信息生产和传播呈现出"去中心化"和"无序化"的特点，在促进版权产业繁荣发展的同时，也带来诸多问题，"深度伪造"、二次创作、权责主体模糊等问题都为维护新闻图片版权提出了崭新的挑战。智能传播时代新闻图片版权乱象频生背后既有版权领域一直以来存在的图片版权交易市场混乱、法律法规修改的被动性和周期性以及媒体和社会版权意识薄弱的历史原因，也有在新的时代背景下由技术引发的新情况、新现象。本文旨在探究在新阶段如何利用管理优势、法律优势以及技术优势维护新闻图片版权。

关键词：智能传播；新闻图片；版权

人脸识别、智能语音、机器写作、AI 主播……2019 年，伴随着我国媒体及社会真正成规模地使用人工智能技术，智能传播正在成为一个新的重要信息传播形态，渗透着我们的生活和实践，智能传播时代已然来临。

从传统大众媒介传播到社交媒体传播，再到如今的智能传播，技术的不断发展和创新带来信息生产的持续变革，尤其是在智能传播时代，信息生产实现了颠覆性的流程再造。当前的信息生产和传播方式与大众媒介传播时代的"中心化"生产和"产权化"传播方式相比已经发生了巨大变化，更多地呈现出"去中心化"和"无序化"特点。这种新趋势造就了版权产业的繁荣，但也带来了诸多问题。在信息生产及传播主体的多元化、技术加持下信息再造的便捷化以及信息全网共享的理念背景下，各信息传播主体可高效能、低成本地传播各种信息内容，导致信息内容面临侵权易、维权难的困境。在各类信息内容中，有关图片的版权最为碎片化，新闻图片的版权问题在智能传播时代显得更为严峻。

一、智能传播时代新闻图片的版权确权分析

新闻图片，是通过视觉手段来传达信息的一种新闻报道体裁，是新闻的重要组成部分，广义的新闻图片包括新闻照片、新闻漫画、新闻地图以及新闻图表。关于具体的新闻图片版权问题，业界、学界一直存在较多争议。对于新闻图片版权的保护，我国已有的著作权法及相关法律法规并未对其进行明确界定和规范，业界对新闻图片的版权处理主要参照该法中对时事新闻（著作权法第三次修改后将"时事新闻"改为"单纯事实消息"）、摄影作品以及图形作品的某些规范。根据我国著作权法第五条规定，"时事新闻不受著作权保护"，并对时事新闻做出了明确定义，其定义中并没有提及任何与新闻图片相关的内容，表明新闻图片并非不受著作权法保护。我国现行的著作权法第三条第五款和第七款明确规定了摄影作品和工程设计图、产品设计图、地图、示意图等图形作品和模型作品属于著作权保护的作品。基于此，笔者认为新闻图片是否享有著作权保护要结合图片本身的特点和价值来进行判断，关键在于新闻图片是否具有独创性和是否用于商业谋利。新闻图片运用在时事新闻中虽然更多地具有它的社会价值，但在一般性新闻报道中，由于新闻图片作为摄影作品和图形作品，在具有相应的独创性和可复制性的基础上应当受著作权保护。

智能传播时代，新闻图片的传播主体和表现形式更加多样，它的概念也进一步泛化。当"智能化"充斥整个新闻业时，新闻图片创作主体不仅仅指传统的媒体机构（报社、广播电台、电视台），更包含了社交媒体、自媒体以及智能机器，人人甚至人工智能机器都能通过各拍摄器材、数据挖掘、编程算法等技术手段进行新闻图片的拍摄制作。同时，AI 生成图片、数据图、可视化分析图、动态图等不同的呈现方式也丰富了新闻图片的表现形式。传播主体的多元化、表现形式的多样化，在为传媒领域带来活力的同时，也引发了新闻图片版权市场混乱，授权难、确权难、维权难的问题，尤其引发了对 AI 生成新闻图片版权问题的讨论。AI 生成新闻图片作为 AI 创作物的一种类型，它的版权问题绕不开对 AI 创作物版权的探究。

关于 AI 创作物是否受版权保护，关键在于它是否是作品的认定判断，这就涉及客体方面。根据我国著作权法第二条"中国公民、法人或者其他组织的作品，不论是否发表，依照本法享有著作权"，以及《著作权法实施条例》第二条"著作权法所称作品，是指文学、艺术和科学领域内具有独创性并能以某种有形形式复制的智力成果"表明，我国著作权意义上的作品应具备主客体要件。从主体要件上来讲，作品的创作主体为中国公民、法人或其他组织，这也就表明

AI 创作物并不能满足作品创作主体要件。从客体要件上讲，需要满足作品的"独创性"和"可复制性"要求。目前来看，"可复制性"要求 AI 创作物能够符合，重点是人工智能生成物是否满足"独创性"要求。AI 创作物是应用算法、模板和智能处理技术对已有数据进行加工处理的结果，它的独创性较低，但伴随弱智能传播时代向强智能传播时代的演进，AI 创作物的智能化、创造性程度越来越高。如微软打造的人工智能机器人"小冰"，于 2017 年推出了诗集《阳光失了玻璃窗》，2018 年又发布了其作词并演唱的新歌《我知我新》，2019年则公开展出了其绘画作品。在这一过程中，它所体现的独创性越来越高。面对越来越多的智能创作物以及其智能化、独创性程度越来越高，笔者认为有必要完善著作权法，对 AI 创作物赋予部分版权，保障 AI 创作物的权益。

二、智能传播时代新闻图片面临的版权风险

（一）逻辑维度：智能化效果下的"深度伪造"

在智能技术不断发展革新的背景下，新闻图片的生产制作过程不再局限于人工摄制，更增加了 AI 合成图片、数据新闻图片、动态新闻图片等，在引入算法、数据等技术来摄制图片的过程中，新闻图片的"深度伪造"成为可能。"深度伪造"是使用被称作"生成式对抗网络"（Generative Adversarial Networks）的机器学习模型，将图片或视频合并叠加到源图片或视频上，借助神经网络技术进行大样本学习，将个人的声音、面部表情及身体动作拼接合成虚假内容的人工智能技术。如已被我国禁止的换脸软件"ZAO"、某视频平台合成的美国前总统奥巴马发表谈话假视频、AI 合成新闻图片等，都彰显了"深度伪造"的魔力。自从摄影技术诞生，人类便致力于寻找操作或控制媒体介质的方法，这一起点最早可以追溯至 19 世纪 60 年代。典型例子便是拉罕·林肯的肖像，这张图片实际上是林肯头部和约翰·卡尔霍恩身体图片相结合的产物，它主要利用多次曝光和组合印刷等技术对图像进行修改。后来，Photoshop（亦称"PS"）软件的出现和发展甚至可以改变图像实质结构，图片伪造技术有所提升，但相对"深伪"技术的高逼真性，过去的伪造技术较为浅层，容易识别，对图片真伪检测工作的要求不高。伴随技术的不断优化、智能化，新闻图片也面临着"深度伪造"的可能，尤其是在"生成式对抗网络"的两个神经网络——"生成器"和"鉴别器"的双作用下，作品更加逼真，逐渐接近原始数据库中的图像，这为新闻图片原创性的鉴定、新闻图片的溯源和确权提出了新的难题。

（二）主体维度：传播主体多元化下的版权混乱

在受众主体地位上升，人人都是自媒体的时代，传播主体不再局限于大众传播时代的媒体机构（报社、广播电台、电视台等），众多媒介使用者也成为传播主体。受众不再是单纯的信息接收者，更是信息的生产者、传播者。2019 年，"响水盐城爆炸"事件中，现场爆炸图片就是亲历者用手机拍摄并上传网络的，后来这些图片被各媒体使用，成为新闻图片，在此基础上更多的用户通过各媒体平台传播扩散此类图片。随着媒介技术的发展，传播主体进一步泛化，智能机器展现出自主性、创造性与意向性的主体特征，进一步丰富了传播主体范畴。微软"小冰"、腾讯的"Dreamwriter"、财经的"DT 稿王"、《光明日报》的"小明"等都在新闻生产中占有一席之地。2017 年 1 月 20 日，由凤凰新闻客户端移动研发中心担纲主体研发的凤凰机器人凤凰号"小凤百事通"能自动依据上下文内容，给文本搭配图片和图表，所涉及的图片图表多为智能机器人从数据库搜得或根据相关数据文字自动生成，这里就涉及智能创作物的版权归属问题。同时，伴随信息技术的不断发展，新闻图片载体越来越多，各传播主体可以通过多种渠道来制作、传播、修改图片，图片网站、自媒体、社交媒体等都成为新闻图片侵权的"重灾区"。传播主体的多元化伴随传播渠道的多样化，加之新闻图片本身的"碎 IP 化"，导致在智能传播时代新闻图片的权责主体更难明确，新闻图片更难以溯源和确权。

（三）内容维度：技术加持下图片的"多次创作"

就新闻图片本体来说，智能传播时代对新闻图片进行"淡痕迹"的多次创作成为可能，进而导致新闻图片版权市场混乱。在共享经济环境下，全民均可轻松对已有图片进行自我创作、二次赋能，如在源图片基础上去除水印、表情包制作以及形式转换等。智能传播时代新闻图片表现形式多样，平面图、可视化的数据图、动图甚至表情包在信息爆炸、新闻泛化的环境下都能成为新闻图片。面对复杂多样的表现形式，简单地对所摄图片进行形式的转换便能轻松进行"原创"，平面图转动图、在原数据图上进行算法更改形成新的数据图、图片的东拼西凑、智能合成等。图片形式的转换是新一轮的创作，但其独创性尚存疑。在"形式至上"的媒介环境下思想与表达二分原则边界更加模糊，新闻图片版权更难界定。

疫情期间，各媒体平台根据丁香医生所统计的疫情地图以及疫情数据进行的二次创作，生成简单的数据可视化的动态地图，或对其数据进行整合分析反映背后的一些逻辑和问题，如疫情期间人员流动可视化、感染人员的年龄性别分布可视化等。它们都是在源数据的处理上进行的二次创作，但其独创性有所差别，在其版权认定上就得分而视之。在智能化的今天，算法的普及、大数据的运用，新闻图片数据可轻松进行淡痕迹的多次更改与创作，最后形成的所谓的"原创"，它的版权归属又给我们提出了新的难题。

三、智能传播时代新闻图片面临版权风险的原因

（一）平台：运营模式混乱

新闻图片来源主要包括新闻创作者自行摄制、通过图片资源平台付费使用、网上下载无主图片等，图片版权资源平台作为新闻图片获取的主要渠道之一，存在运营模式混乱的问题。首先是商业运营模式存在问题，国内图片资源平台大多是图片内容供应商，一方面向创作者约稿获取大量版权图片，另一方面又把版权图片向使用方转让。这样的运营模式太过单调并存在一些问题：如何明确上传图片的版权归属，该图片是独家许可还是非独家许可，如何防止去水印后的盗版使用情况。其次，新闻图片版权生态环境混乱，一方面，平台方缺乏有效审核机制，无法保证创作者上传的图片是否是正版图片；另一方面，图片使用者在使用平台图片时很难明晰哪些是正版图片，哪些是侵权图片，并且在平台使用者传播过程中进一步扰乱版权市场。此外，面对越来越多的独立创作者，以及数量繁多的图片版权资源平台，图片难以进行统一规范管理，进一步增强版权管理难度。

（二）媒体：版权维护与传播力的冲突

法国学者居伊·德波提出现代社会是"景观社会"，指出图像在意义的生产中占支配性地位。在"注意力经济时代"，视觉图像作为一种重要的版面语言，能够弥补纯文字信息枯燥的不足，提升感官体验，增强传播优势。卡茨的"使用与满足"理论强调，受众在媒体选择中具有主动权，他们往往积极主动地选择自己感兴趣和需要的媒介信息，受众具有能动性，即是说，如果媒体提供的信息不能满足受众的需求，受众便会"抛弃"这一媒体，而选择其他媒体以满足其自身需求。在各类媒体井喷式增长的时代，用户拥有了更多渠道去获得信息，网站、自媒体、社交媒体、传统媒体都在为受众提供各式各样的新闻图片，这无疑给媒体在获取受众注意力上提出了新的挑战。在此背景下，各媒体往往在新闻图片的选择上丧失了严谨性，随意地在网上下载使用而不探寻其版权归属，造成媒体侵犯他人图片版权现象，同时，对于公众以及一些自媒体擅自转载、使用本平台图片也持视而不见、不闻不问的态度。比起图片是否侵权以及被侵权，媒体更加关心的是图片是否达到了应有的传播效果。在受众市场流量焦虑的环境下，媒体还要利用技术手段追踪图片使用情况，大力打击盗版行为，就极易引起公众对媒体的不满，使媒体形象大打折扣。某种程度上，媒体的版

权维护力度与其传播力、影响力成反比，促使众多媒体为了保证自身的传播力和影响力，对侵权行为"不闻不问"。

（三）公众：图片版权保护意识浅表化

智能传播时代，在新闻图片侵权频繁出现的当下，公众的版权意识有所提升，大多对版权相关知识有所了解，但大多数对新闻图片版权的了解还停留在表面，未能对其进行系统深入的了解，且大多都在版权受到侵害后了解版权保护的相关知识，或通过典型侵权事件增强维权意识，如 2019 年视觉中国版权门事件，增强了公众对"钓鱼执法"的认知。同时，公众的版权意识和行为之间也存在一定的矛盾，虽然大多公众都对版权保护持肯定态度，但实际上却很少付出行动，当传播、转载、篡改图片时，依旧随心取用、随意传播，对付费使用图片持排斥心理，这与国内尚未形成内容付费土壤有关。面临被侵权状况时，因缺乏系统版权保护知识储备，未能及时发现和明确已被侵权，加之维权程序烦琐、耗时费力，往往选择视而不见。归根结底，还是公众的版权意识不够，只停留在浅表面，而缺乏系统细致的认知。要想解决新闻图片侵权问题，应当进一步强化公众的版权保护意识，提升内容付费意识。

（四）法律：法条的滞后化与修改的周期性

法律的稳定性决定了法律的滞后性，为了避免出现"朝令夕改""一案多判"而导致法律不公的情况，法律制定者们往往需要总结较长时间的经验，才能制定出较为稳定的法律条文，适用于复杂的社会现象。同时，伴随时代的进步和发展，法律条文在结合新情况的背景下也在不定期地进行修改和完善。我国著作权法从 1980 年起草到 1990 年颁布用了 10 年时间，而从颁布到完成修改也经历了 10 年，2020 年 11 月，著作权法完成了第三次修改。在这一过程中，著作权法的制定和修改都具有相对滞后性，都是在新情况、新问题出现后甚至在造成一定影响后才着手修改和完善，使之面临新问题时也具有适用性。智能传播时代，伴随算法、大数据、人工智能技术的逐渐普及与成熟，新闻图片版权相较于以往面临更多新问题，如智能创作物的版权归属问题、形式转换后对新闻图片独创性的认定问题以及碎片化交互式传播背后新闻图片版权溯源难的问题。层出不穷的新问题与老旧立法之间的矛盾，使新闻图片面临的新的版权问题在新时代下无法可依、越发混乱。

四、智能传播时代规范新闻图片版权的策略探究

（一）治理端口前移、改革图片交易市场

《关于涉网图片类著作权案件调研报告》显示，近两年时间，北京互联网法

院共受理著作权案件近5万件，涉图片类著作权案件占比在一半以上。面对突出的图片侵权现象，除却传统的利用司法程序进行事后救济外，不妨将治理端口前移，优化版权交易市场，建立侵权预警机制。在新闻图片版权保护领域，应倡导"先付费、后使用"，建立专门的集约化线上新闻图片交易市场和版权集体管理组织，在版权登记、图片授权以及维权取证流程中进行优化和整合管理，消除以往图片版权登记分散化、图片版权多方授权以及不授权的无序乱象，进一步提升平台系统在确权、取证、维权中的作用和能力。尽管我国现已建成了部分版权集体管理组织，但由于我国版权建设起步较晚，尚存在很多不足，如中国出版行业协会它的内部机构设置具有浓厚的行政色彩，在具体职权的行使上不能很好地代表本行业企业的利益。同时，建立侵权预警机制，如引进国外的"三振出局"或"六振警告"的规则，用较为温和的方式，如降低网速、降低用户网络等级的方式警告用户的新闻图片侵权行为，提高公民的版权意识，进一步净化图片交易市场，保护新闻图片创作者的创作热情。

（二）培养版权意识、增强侵权成本

面对智能传播时代新闻图片侵权乱象频生，侵权手法多样的现状，除却在管理、技术、法律层面的规制，也应当加强新闻传播业的行业自律和提升整体社会版权意识。首先，在新闻传播机构及新闻工作者方面，应当加强行业自律，增强版权意识，加强对自我摄制新闻图片的版权保护，同时在引用其他新闻图片时，注意标明图片来源，且不擅自对图片进行二次创作，尊重他人版权。其次，在社会上培养浓厚的版权意识，通过普法宣传、普法教育、加强侵权案件的曝光度（震慑作用）等方式，引导公众不使用版权不明的照片，不随意下载网络图片，减少转载，尊重原创，在社会上形成浓厚的尊重版权的氛围，人人都是版权的尊重者、维护者和享有者，从终端减少非法转载、非法改编新闻图片的行为。在全社会培养浓厚的版权意识的同时，也应当适当增强侵权成本，加强查处力度，提高侵权赔偿成本。建议将查处、整治新闻图片版权市场的行动常态化、规范化，建立完善的预警机制、考核机制以及动态监督机制，变专项行动为日常监管。在著作权法的第三次修改中，便增加了惩罚性赔偿制度，法定赔偿上限提高到500万元，明确法定赔偿数额下限为500元。

（三）加强法律建设、完善法律法规

法律是版权保护的最基本手段。为了保护版权，我国加入了《伯尔尼公约》《世界版权公约》这样的国际性版权公约，并颁布了《中华人民共和国著作权法》等一系列法律法规以保障公众的权益。伴随技术革命的不断升级，原有的版权公约无法再适用于智媒时代出现的新问题、新情况和新发展，很多新兴形态的新闻图片版权纠纷处于"无法可依"的困境。为了更有效地对新闻图片进行版权保护与治理，应着重在法律上对其进行规制。首先，相关部门应当加强法律建设，完善法律法规，增强法律建设的前瞻性和实操性，确保相关法律能在复杂多变的环境中具有相当长时间段的可行性。其次，由于法律制定的保守性和滞后性，相关部门应当在法律尚未制定、修改和完善前，出台实操性较强的部门法规或暂行条例，作为在正式法律出台前版权问题的判定标准，某种程度上缓解了"无法可依"的困境。最后，针对智能传播时代新闻图片面临的主要由技术带来的版权问题，相关部门应当在法律制定、修改和完善的过程中引入对技术伦理的思考，使之更贴合智能传播时代的背景要求。

（四）加快技术革新、强化平台审核

智能时代的媒介伦理，需要重视技术层面的反思和探讨。我们处于一个全民自媒体的时代，社会公众在日常发布文章动态时，往往会添加配图，但网络图片来源复杂、图片归属难以明确，单纯指望公众及自媒体能够在使用前调查明晰著作权人明显不切实际。建议将区块链技术引入图片版权治理领域，利用区块链去中心化、分布式存取、可溯源、可确权的特点，将其应用到版权登记、版权交易以及版权保护环节。在图片版权登记环节，利用区块链快速完成作品登记，并添加唯一"DNA"，保证其可溯源；在版权交易环节，可利用区块链加密算法将平台用户使用图片的行为信息详细记录在分布式账本上，用户根据这些信息进行知识付费，平台根据这些信息向创作者分成，增强新闻图片交易的信任度；在版权保护环节，利用区块链记录所有作品的版权登记、使用和交易信息，并进行全流程追溯，这些信息的可追溯和不可篡改的特点，不仅为作品版权信息提供了有力的保证，也使图片作品版权确权过程变得更加便捷。同时，应加强平台审核监管职责，平台方作为网络时代最重要的"把关人"，应当发挥自己信息关口的职责，对版权图片、无版权图片、版权主体不明确新闻图片进行分级分类管理。《中华人民共和国网络安全法》第四十七条表明，网络营运者应加强对用户发布信息的监管，若发现违法违规信息的传播，应立即消除或停止传输。

五、结语

智能传播时代是一个充满未知的时代，也是一个拥有无限可能的时代，新闻图片版权市场在这一环境中亦是机遇与挑战并存。2020 年是全国持续开展的第 16 次打击网络侵权盗版专项行动，"剑网 2020"专项行动已于 2020 年 6 月展开，针对网络版权面临的新情况、新问题，将聚焦某些重点领域，加大新闻作品的版权保护力度，规范图片版权市场成为其聚焦重点。为了更好地在新时期维护新闻图片版权，促进新闻图片版权市场蓬勃发展的同时激励新闻图片创制者生产原创作品，不仅需要从司法救济层面进行保护，更需要进一步完善新闻图片版权保护的法律法规，发挥智媒时代的技术优势，提升媒体及个人在确权、授权、维权过程中的主动性，同时必须联合立法部门、司法部门、行政部门、媒体行业以及社会公众等多主体共同开展新闻图片版权保护工作，净化版权环境。

参考文献：

［1］匡俊．论人工智能创作物著作权法保护［J］．中国出版，2020，No. 491，64-68.

［2］苗争鸣．可怕的"深度伪造"技术［J］．世界知识，2019（22）：70-71.

［3］蔡士林．"深度伪造"的技术逻辑与法律变革［J］．政法论丛，2020（03）：131-140.

［4］中国青年网．"小凤百事通"上线，开启人工智能新时代［EB/OL］．http：//finance. youth. cn /finance＿jsxw/201701/t20170122＿9057957. htm，2017-01-22.

［5］田井溢．全网共享背景下我国数字图片版权保护研究［D］．四川外国语大学，2019.

［6］孔德淇．图片版权市场乱象亟待规范化治理［N］．中国质量报，2020-08-24，004.

［7］徐峰．我国网络图片传播纠纷的法律适用与对策研究［J］．出版发行研究，2019（11）：16-21+85.

［8］丛红艳，刘伊欧．数字版权盈利模式中区块链技术的应用维度——基于图片版权领域的应用分析［J］．出版广角，2020（08）：38-40.

法律网络传播的机制及引导策略

张钊瑞　北京师范大学

摘要：法律网络传播是指法律信息借助网络媒介向受众传递并产生反馈的过程。法律网络传播的机制可以从形式和实质两个维度展开：形成机制借由信息论模型加以建构，包含两条直接途径和一条间接途径："制定机关"将法律信息直接传递给"执法机关"和"大众"，"制定机关"制定的法律信息经由"网络媒体"传递给"大众"。四类传播主体在社会语境中扮演着三种角色：法律强者、中介角色和法律弱者，传播的实质机制即是三种角色之间的互动过程，具体表现为中介角色参与下法律强者将法律信息单向灌输给法律弱者。法治社会要求法律网络传播的功能由单向灌输转为凝聚共识，实现这一转变的引导策略在于传播主体树立信息公有理念、善用网络传播媒介。

关键词：法律传播；网络传播；信息论模型　信息不对称

法律网络传播是指法律信息借助网络媒介向受众传递并产生反馈的过程。自公元前 546 年郑国子产"铸刑书于鼎"以来，中国的法律传播由秘密走向公开、由口头转向文字，形成了国家传播、学者传播和民间传播三条路径。互联网时代，法律传播借助新技术塑造出了以网络传播为主的新路径，而糅合了过去国家传播、学者传播和民间传播的法律网络传播，也呈现出一副模糊不清的新面孔。在此背景下，有必要对法律网络传播的机制进行探索，为 Web3.0 时代的法律网络传播指明方向。

一、法律网络传播的成形机制

（一）传播学中的信息论模型

抽象化是一个不可缺少的简捷方法，科学家往往习惯于通过构建模型以对一种过程或结构进行有效的思考和清晰的描述。1948 年，香农（C. E. Shannon）

在《贝尔实验室》杂志上发表文章《通讯的数学原理》，提出了一种信号传输的模型（见图1），并给出了信息、信息熵、冗余等重要概念，香农也因此被认为是信息论的奠基人。在信息论模型中，"信息"是指可以消除系统中不确定的东西，"熵"则是用于度量信息系统中不确定性和非组织性的概念。香农提出的信息论虽然是用于电子通信研究，却给社会科学带来了极大的影响。信息论模型可用于模拟人类传播，故而被传播学者广泛引用。在传播学领域，信息论模型演化为"奥斯古德-施拉姆循环"传播模式，包含信源、编码、信道、解码、信宿、反馈六项要素（见图2）。"信源"即发信者，可以是人、机器或其他事物；"编码"通常包括信源编码和信道编码，负责将信息转变为特定的符号；"信道"指"信源"和"信宿"之间传播信息的通道；"解码"和"编码"相对，也包括信源解码和信道解码；"信宿"即收信者，是信息传送的对象；而"反馈"意在反映传播过程的双向性。信息论为传播学提供了新的视域，引导传播学者沿着新的方向思考问题。

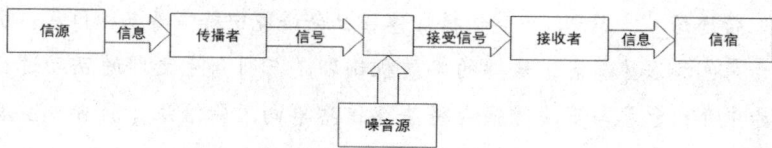

图 1　香农信息论图解

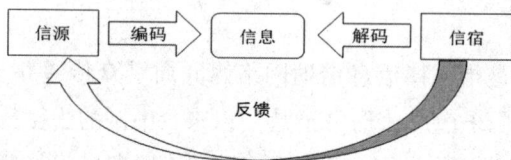

图 2　传播学信息论图解

（二）法律网络传播模型

作为美国"结构—功能主义"传播学模型中的"规范性典范"，"奥斯古德-施拉姆循环"模型清晰地呈现了一般性的传播模式。笔者根据法律网络传播的特性对"奥斯古德-施拉姆循环模式"进一步演化，建构出以"制定机关""网络媒体""执法机关""大众"为主体，有着三种"编码"情形、四种"解码"情形以及四条"反馈"途径的法律网络传播模型（见图3，因信息论中所涉及的"噪音源"并非本文研究重点，因此模型中予以省略）。下面对模型各要素进行分类说明。

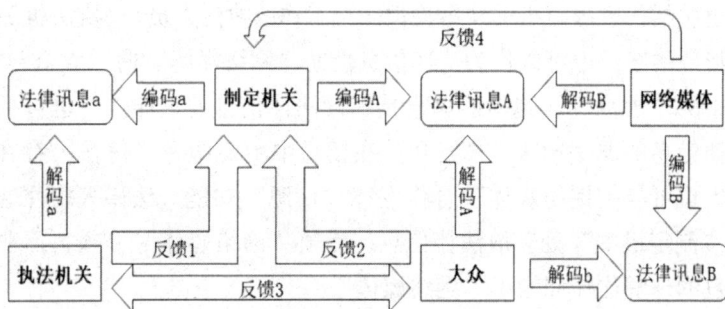

图 3　法律网络传播信息论模型

1. "信源""信宿"

"信源"和"信宿"并非绝对意义上的区分，二者在一定条件下可以互相转换，同一主体往往既可以作为"信源"也可以作为"信宿"。因此，模型中的"信源"和"信宿"是由根据传播主体在某一传播过程中所发挥的主要功能而决定的。

法律网络传播中，"制定机关"系法律信息的最终来源，其主要发挥"信源"功能。模型中的"制定机关"相对广义，即能够产生法律信息的公权力机关都可以视为"制定机关"，因此"制定机关"是立法机关、司法机关和行政机关中具备制定法律信息功能的职能部门的抽象概括。

"网络媒体"在模型中兼具"信源"和"信宿"的功能。模型中暗含着以"互联网"为"信道"这一条件，因此并非是指一切利用网络进行传播的主体都属于模型中的网络媒体，例如，立法机关在其官方网页上直接发布法律文本时，应将其视为模型中的"制定机关"而非"网络媒体"。模型中"网络媒体"主要是指利用网络媒介从事大众传播的主体，具体包括主流媒体以及有影响力的自媒体。网络传播十分复杂，往往呈现出多元参与的样态，互联网上的传统大众媒体公信力依然强大，但已不能如同过去的报刊、电视一样作为整个社会信息源。

模型中的"执法机关"系代称，实际上其既包括各类机关，也包括经授权代表机关执行公务的个人。例如，新冠肺炎疫情期间，最高人民法院、最高人民检察院、公安部、司法部发布了《关于依法惩治妨害新型冠状病毒感染肺炎疫情防控违法犯罪的意见》（以下简称《意见》），其中将未有正式编制但在国家机关中从事疫情防控工作的人员也纳入妨害公务罪的主体范畴。因此模型中的"执法机关"既包括指挥疫情防控工作的行政机关和处理违法犯罪案件的司法机关，也包括代表国家机关从事疫情防控工作的执法人员。"执法机关"在具体执法中形成的案件也可以作为法律信息借助"网络媒体"向"大众"传播。

模型中的"大众"既包括能够直接解读法律信息的法律人，也包括不能直接解读法律信息的非法律人。"大众"在模型中主要作为"信宿"存在，但其中的法律人也可与"网络媒体"合作发挥"信源"功能。法律人往往通过互联网直接从"制定机关"处获取法律信息，无须"网络媒体"介入，而非法律人对法律信息的理解往往仰赖于"网络媒体"。

总的来说，模型中"制定机关""网络媒体""执法机关""大众"四者关系可简化如下："制定机关"承担"信源"功能，"大众"则主要作为"信宿"；"网络媒体"和"执法机关"较"制定机关"而言属于"信宿"，而"执法机关"也可以作为"网络媒体"的"信源"；"网络媒体"则可以作为"大众"的"信源"。

2. "编码""解码"和"法律讯息"

"法律信息"经过"编码"成为"法律讯息"。作为"法律信息"的载体，"法律讯息"可以呈现为文本、语音、视频等多种形式。"编码"在具体的法律网络传播中有不同的形式："编码 A"和"编码 a"运用法律语言将"制定机关"想要传达的"法律信息"转化为法律文本为主，而"编码 B"则利用技术手段将"法律信息"转化为包含相关内容的语音、图片、视频等多种形式。"解码"则是作为"信宿"的传播主体解读"法律讯息"获得"法律信息"的过程。

3. "反馈"

一般而言，"反馈"是指信宿对接收到的讯息进行反应或回应，是体现传播双向性和互动性的重要机制。模型中的"反馈"除以上含义外，还包括"执法机关"与"大众"之间的互动情形，主要涵摄"执法机关"的实际执法过程。此外，"执法机关"与"大众"之间的互动也会形成新的"法律信息"，该信息也将通过"网络媒体"传递给"大众"。

（三）传播过程分析

模型中法律信息的传播包括以下三条途径：

途径一：制定机关—编码 A—法律讯息 A—解码 A—大众

途径二：制定机关—编码 A—法律讯息 A—解码 B—网络媒体—编码 B—法律讯息 B—解码 b—大众

途径三：制定机关—编码 a—法律讯息 a—解码 a—执法机关

　　途径一和途径二描述大众接收法律信息的过程，以大众传播方式为主；途径三则描述执法机关接收法律信息的过程，以组织传播方式为主。法律人往往通过途径一直接接收法律信息，而非法律人则主要借助于途径二理解法律信息，网络媒体在其中发挥着对法律信息二次加工以便非法律人进行解读的功能。

　　除三条显性的传播途径外，反馈3中包含一条隐性的传播途径。反馈3描述的"执法机关"与"大众"之间的互动对应现实中的各类执法活动。执法活动中形成的执法案例也属于法律信息，而参与执法活动的"大众"将直接接收法律信息，未直接参与执法活动的"大众"则借助于网络媒介获得法律信息。此外，反馈1、2、4体现主要"制定机关"与各类"信宿"的互动过程，其中既包含正反馈又包含负反馈。

二、法律网络传播的实质机制

（一）法律网络传播的起因

　　法律网络传播的形式建构是提供了对法律网络传播过程的一般性描述，而法律网络传播的实质机制是对描述后的法律网络传播现象进行深入剖析。在传播模型建立后，还需借助一把"手术刀"对法律网络传播在社会运行中的过程进行解剖。"在复杂的事物的发展过程中，有许多的矛盾存在，其中必有一种是主要的矛盾，由于它的存在和发展规定或影响着其他矛盾的存在和发展。"法律网络传播本质上讲是"信源"和"信宿"这对主要矛盾的运动过程。法律信息有着权力和规训的意味。"信源"掌握有法律信息，而"信宿"则缺乏法律信息，"信源"需要将法律信息传递给"信宿"以实现对"信宿"的约束，而"信宿"也需要获得法律信息以避免"信源"权力的无端扩张。最初，"信源"全面占有法律信息，而"信宿"对法律信息的渴求使得二者之间的矛盾充满张力，基于双方的共同需求，"信源"选择将通过法律传播来实现矛盾缓和。此后，在"信宿"获得法律信息的过程中，"信宿"将逐渐与"信源"享有同样的法律信息，"信源"和"信宿"之间的矛盾开始进入下一阶段。而后，"信源"再次制造出新的法律信息，推动下一个矛盾运动过程，最终实现法律的社会化。

　　分析法律网络传播的实质机制在于分析"信源"和"信宿"之间的矛盾运动，而矛盾的根源在于二者之间存在"知沟"（Knowledge Gap）。"知沟"理论最早由美国学者蒂奇诺（P. J. Tichenor）提出，其表明社会地位不同的主体在传播中获得信息的能力存在差异或差距，揭示了社会中存在"信息富有者"（Information-rich）和"信息贫困者"（Information-poor）的分化。法律网络传播的四类主体在传播过程中扮演着三种角色："制定机关"和"执法机关"属于掌握法律信息的法律强者，"网络媒体"以及"大众"中的法律人属于中介角色，而"大众"中的非法律人则属于法律弱者。作为法律网络传播中的"信源"和"信宿"，法律强者和法律弱者之间"知沟"的成因可归纳为以下三点：第一，社会分工导致的阶层分化；第二，法律语言与日常语言的差异；第三，个体需求有别。"知沟"的存在意味着传播主体之间存在信息不对称，而信息不对称会诱发道德风险，导致法律强者滥用其优势地位损害法律弱者的利益，造成法律弱者对法律的信任危机。

（二）传播过程的角色特征

1. 法律强者单向灌输

在社会分工的过程中，社会成员分化出两种角色：法律强者是法律信息的制定者，对法律信息有着绝对的掌控；法律弱者则多为法律信息的接收者，处于被动地位。作为社会治理机构的立法机关、行政机关和司法机关一般而言属于法律强者，而普通民众中的非法律专业人士则属于法律弱者。在理想的情况下，法律信息公有，社会成员对法律有着共同的理解，法律作为规则能够很好地维护社会秩序，保持社会稳定；而在现实中，法律强者和法律弱者之间的信息不对称导致二者对于法律信息的理解存在偏差。

若民主立法缺乏有效途径，法律弱者就仅仅是法律信息规制的对象，法律信息的传播缺乏互动性；最终，法律弱者眼中会充斥着各种难以理解的奇葩案例，造成法律信任危机。"法律者，发达的而非创造的也。"这意味着，法律只有得到社会成员的普遍认可之后，才能真正成为调控社会运行的规则。在现阶段，法律强者往往拥有较多的社会资源，在制定法律信息时考虑更为全面，而法律弱者未能拥有法律强者的视野，因此对于由法律强者"创造的"法律信息往往会难以理解，从而会产生抵触情绪。如此状况下，法律弱者认同"创造的"法律信息必然依赖于有效的法律传播过程。理想状态下，法律传播是一个双向互动的过程，也即法律强者和法律弱者对话的过程：法律弱者的现实诉求激活法律制定，法律强者依据诉求制定相应法律并将法律信息向法律弱者传播，得到法律弱者的反馈后完善法律，而后再重复这一过程，最终实现法律信息的完全公有。但现实中，法律传播仅仅是法律强者的强势说教，法律弱者在普法的过程中沦为接受法律信息的"容器"，失去与法律强者对话的能力，其结果表现为"秋菊的困惑"频频上演。偏离法律弱者所认识的常识、常情、常理的法律信息往往会酿成舆情问题，导致法律强者和法律弱者之间的关系陷入"塔西佗陷阱"。

2. 中介角色列功覆过

在法律网络传播中，扮演中介角色者包括各类网络媒体以及普通民众中的法律专业人士。中介角色将抽象的法律条文转变为视频图片等形象的形式，同时对晦涩的法律条文加以解读，而后呈现给法律弱者，帮助其知晓并理解法律信息，以配合政府工作。在中介角色的监督之下，地方政府的"不作为"和"乱作为"等作风问题得以纠正，然而中介角色在传播法律信息的过程也造成了一些负面影响：其一，中介角色偶尔存在发布法律信息错误的现象。其二，法律传播过程中作为中介角色的自媒体违法的行为也并不少见。其三，中介角色也存在扭曲法律信息的情况。

法律的价值在于保证每个人的平等的自由，而这一价值的实现则有赖于语言技术。"没有多少职业像法律一样关涉语言。"作为调整社会关系的规范，法律条文的表述要求严谨、准确，因此法律语言不得不与日常用语有所区隔。分析哲学之父弗雷格（Frege）将语言分为日常语言和形式语言，其中形式语言逻辑严密但难以直接理解。法律语言即是一种典型的形式语言。有学者曾对公众对立法语言的感受进行过调查，其中"全部能看懂"法律文本的只占 26.88%，公众对法律文本的关注度普遍偏低。法律语言的特殊性使得法律弱者直接解读法律文本存在困难，只能通过中介角色的辅助来了解法律信息。中介角色在法律网络传播中起着"把关人"的作用，法律弱者对于法律信息的理解几乎由中介角色决定。怀特（D. M. White）在其论文《把关人：对新闻选择的个案研究》最早将"把关人"的概念引入传播学中，这一称谓隐喻大众媒介决定着什么事实应该予以报道。报刊、广播、电视等传统大众媒介的"把关人"一般具有较高的新闻伦理素养，而网络媒体的多元化导致"把关人"的控制弱化。当作为法律信息传递的"把关人"放弃职业操守时，法律弱者得到的法律信息必然会面目全非。在法律网络传播过程中，中介角色常常是列功覆过，在搭起法律强者和法律弱者沟通桥梁的同时，也在撕裂法律强者和法律弱者之间的共识。

3. 法律弱者置身事外

最高人民法院第一批依法惩处妨害疫情防控犯罪典型案例中，刘某某编造、故意传播虚假信息案值得玩味。该案中，被告人刘某某在微信上编造其感染新型冠状病毒后前往公共场所并企图通过咳嗽方式向他人传播的虚假信息，发送至其另一微信号，而后将聊天记录截图并通过微信朋友圈、微信群、QQ 群传播，直接覆盖人员共计 2700 余人，并被其他个人微博转发。在新冠肺炎疫情期间，类似"刘某某"的行为不在少数，而看似滑稽可笑的"刘某某"，其实反映着部分民众的"法治局外人"心态。

改革开放以来，我国社会阶层由"两个阶级，一个阶层"朝向多元化方向发展。社会结构的多元化也意味着社会利益的复杂化，不同阶层的个体之间的价值取向出现差异，凝聚社会共识的主流意识形态也在经历着"否定之否定"的过程。社会分工过程中"大众"分化为法律人和非法律人两个对法律信息掌握程度不同的群体，其中法律人的社会经济地位往往较高，对法律信息有着较高的兴趣和关注，而非法律人社会经济地位分布较为复杂，对法律信息的偏好也存在差异。法律人与非法律人的区分在于法律解读能力的差异，而差异最终会导致法律人和非法律人对于法治的态度不同。法律人眼中的法治是一种理想之治，是通过对公民的合理约束而保证每个人的自由和福祉；非法律人往往只能看到法律的约束，看不到法律背后对人的关怀。作为法律弱者的非法律人，即使能够理解法律条文，也难以体悟法律条文背后的精神意蕴。在法律弱者的认知中，法律规则始终属于一种异己之物，只有通过对法律规则的排斥才能实现自身的自由。外在和异己的法律往往不能转化为法律弱者内心认同的社会规则，因而只能借助于国家强制力来推行，而强制力无法覆盖之处，法律即会归于无物。法律网络传播的重点在于帮助法律弱者理解和体悟法律条文及其精神。法律传播的最终成果，是将外在的法律转化为内在的规则，将法律异己的属性祛除，实现法律的社会化，使得法律精神成为社会共同体的精神。

（三）实质机制下的信任危机

法律网络传播的实质机制是中介角色参与下法律强者与法律弱者之间的法律信息传递的过程。法律强者和法律弱者分别是法律信息制造和接收的主要角色，两者掌握的法律信息往往严重不对称，同时对法律信息的解读能力存在着极大的差异。当法律强者和法律弱者之间缺乏信任时，法律强者传递的法律信息很容易被法律弱者拒收，结局就是法律传播失败；即便法律强者和法律弱者之间存在信任关系，法律弱者乐于接收法律信息却限于法律解读能力难以真正理解法律，结果就是法律传播低效，耗时数年的普法活动始终雷声大雨点小即是证明。

既然"创造的"而非"发达的"法律难以直接被解读，而法律传播又必须高效进行下去，由此就使得法律传播必须依赖于中介角色。中介角色属于传递双方沟通的桥梁，若中介角色发挥积极作用，其一方面能够帮助法律强者和法律弱者实现互相信任，另一方面能够与法律弱者合作，实现对法律强者的制衡，扭转法律传播单向灌输的窘境。然而，中介角色造成消极影响，也可能以三种方式摧毁整个传播过程：一是与法律强者勾结，搭建起巨大的法律景观，使得法律弱者处于更为被动的局面，彻底沦为无声的"容器"，权利得不到任何保障；二是煽动法律弱者，利用议程设置的方式将极端事件放大，加剧法律强者与法律弱者之间的矛盾冲突，最终引起二者的彻底对立；三是利欲熏心，放弃其中介角色的职业伦理，一切以自身利益为导向，将自己作为新的"信源"，任意改造扭曲法律信息，导致整个法律网络传播的失控。

因此，经由法律网络传播实现法律社会化之前，必须首先缓和法律强者和法律弱者之间的矛盾，尽可能将二者的特征弱化，降低二者之间固有的"液面差"；其次，要对中介角色进行约束，使其尽可能发挥积极作用，同时减弱其消极影响的破坏力；最后，要对法律信息进行一定程度的调整，保证其在不易失真的情况下为法律弱者所理解。

三、法律网络传播的引导策略

（一）树立信息公有理念

依据功能的不同，法律可以分为压制性法律和恢复性法律。压制性法律由国家垄断制定和解释，因而压制性法律的传播以大众传播为主，传播多体现为强有力的单向灌输；恢复性法律是经国家确认的社会成员之间基于意思自治而形成的规则，此类规则在获得强制力保障之前往往已经是社会成员间的共有知识，因此其传播不倚重于某种具体的形态，传播过程中社会成员的参与和互动程度较高。古代社会中，压制性法律的典型代表为刑法，恢复性法律的典型代表为民法。中华帝国以及欧洲封建时期属于由压制性法律主导的社会，而"大同社会"或"契约社会"下的理想社会即是以恢复性法律为主导的社会。现代社会中，国家是制定法律的主体，压制性法律和恢复性法律几乎不再以整部法典的形式出现，而是分散、混杂于各个法律法规之中，但压制性法律仍侧重于传达国家的权力意志，恢复性法律则侧重于尊重民情民意。

在法律信息由法律强者垄断的情况下，压制性法律和恢复性法律都需要借助法律传播实现社会化，但压制性法律在传播过程中往往遭受较大的阻力，而恢复性法律往往借助于已有的民意基础能够较快地实现社会化。压制性法律主导的社会以机械团结为主，社会处于法制状态，法律被视为国家治理社会的工具；恢复性法律主导的社会则以有机团结为主，社会处于法治状态，法律被视为社会自我调节的产物，是社会成员普遍认可的一种价值观。我国由法制社会走向法治社会的过程，是主导规则从压制性法律转向恢复性法律的过程，这意味着法律正在由社会成员的外在观点转变为内在观点，法律信息不再独属于法律强者，而是为全体社会成员所共有。有机团结的社会中，法律信息成为调节社会肌体运转的"激素"。法治社会的形成意味着法律传播由"计划经济"走向"市场经济"，法律信息不再是法律强者的垄断品，而是一种社会公共品，法律信息由所有社会成员公有，而不是由某一阶层独有。

法律传播是决定法治社会的关键一招，法治社会的建成依赖于法律传播理念的变革。疫情中的法律网络传播过程，暴露出我们现今的法律传播理念仍处于法制社会时期，法律传播仍停留于信息公开，法律传播成为法律强者向法律弱者单向灌输法律信息的过程。笔者认为，法律传播理念应当由信息公开转变为信息公有。通过对压制性法律传播过程的分析可知，信息公开并不意味着信息公有，信息公开仅是信息公有的前提，而信息公有需要法律信息获得社会成员的普遍认同。信息公有的理念要求法律强者制造法律信息时以恢复性法律为主，同时在传播涉及压制性法律的信息时应当尽可能地向法律弱者解释说明其含义以获得法律弱者的内心认同。信息公有的理念树立后，法律强者将不再执着于对法律信息的垄断，不再试图利用信息不对称对法律弱者进行剥削，而是选择主动放弃垄断优势，拥抱法律信息的自由市场，激活法律信息的生成和筛选机制，并将法律传播视为与法律弱者之间的交流互动的过程。在信息公有理念的指引下，法律传播将脱离过去呆板僵硬的单向传播状态，成为一个充满活力的社会互动过程。

（二）善用网络传播媒介

迄今为止，人类的信息传播经历了口头传播、文字传播、印刷传播、电子传播、网络传播阶段，技术创新屡屡成为传播变革的原动力。对于技术与社会之间的相互关系，学界存在着三种不同认识：技术决定论认为，技术是引起社会变革的唯一动因，是人类无法阻挡的社会变革力量；社会建构理论将人视为技术和社会变化的主要推动者，重视社会力量对新技术的影响，同时也关注技术被社会成员接受的过程；社会形成论处于中间立场，认为社会变革属于人和技术共同作用的产物，技术提供的性能以及人类对技术的利用方式共同决定了社会变迁的方向。从历史发展的角度来看，社会形成理论对技术和社会关系的认识较为全面，新技术的出现离不开一定的社会环境，而社会变革是人类利用新技术的结果，技术和社会之间的相互作用推动了历史进程。如同过去的印刷品、广播、电视一样，如今的网络也已被人类"驯化"，指责网络技术的声音越来越小，网络似乎已经普通到不值一提。因此，在法律传播过程中，应当充分发挥人的主体性，着眼于网络技术提供的便利，将新媒体作为传播手段更好地实现法律传播的目的，在主动适应网络媒介的过程中增强对于技术的控制力，万不能过分夸大网络媒介的负面影响，因噎废食，阻碍法律传播的前进道路。

疫情期间居家隔离，加剧了民众对于外界信息的渴求，此时，网络媒体能够及时提供大量信息满足民众需要，并在正反馈过程中进一步扩大自身影响力。网络传播既包括"点对面"的大众传播，也包括"面对面"的人际传播、组织传播和群体传播。"点对面"的传播往往局限于单向传播，"面对面"的传播则重视传播主体之间的互动，具有较强的双向性。网络媒体能够利用其"面对面"的特性实现法律的双向传播，缓和压制性法律在传播过程中需要面对的原生性冲突，同时扩大恢复性法律所依赖的民意基础。哈贝马斯认为，网络"能够创造种种新的联系，在迄今不曾有过的公众领域，建立起文学的、科学的和政治的公共领域"。网络空间虽然与理想的公共空间相去甚远，但无疑是当前最为可能的公共话题交流平台。网络空间允许个体进行公开的意见表达，法律弱者可以在网络传播凝聚共识，形成强有力的反馈意见，对法律强者形成影响。重视网络传播的互动作用，能够将法律强者单向灌输法律信息的过程转变为法律强者与法律弱者双向交流法律信息的过程，减小法律社会化过程中的阻力。法律传播应当主动适应传播媒介的变换，打破传统媒介在法律传播时的局限，充分利用网络媒体的优势来加速法律社会化进程。

技术是一把双刃剑。网络媒体中专业媒体与社会化媒体并存，信息来源更为丰富。大量信息在满足社会成员不同偏好的同时，也会因网络传播中的"议程设置"和"沉默的螺旋"而加剧法律强者与法律弱者之间的认知分歧。法律专业化程度较高，法律弱者自身难以有效鉴别出真实的法律信息。在法律强者垄断法律传播的情况时，如果不能及时提供民众所需的法律信息，就会造成大量的劣质法律信息充斥于网络传播之中。为保证法律网络传播的效果，法律强者应当联合中介角色，通过及时提供大量精准的法律信息实现对劣质信息的驱除。

理想状态下，法律网络传播不是一个法律信息单向灌输的过程，而是法律强者和法律弱者在交流中凝聚共识的过程。在网络媒介得到充分利用的情况下，法律强者和法律弱者可以共有中介角色的功能，实现两个群体的直接沟通和对话，减少二者之间误读的风险。现今法律传播中，中介角色以专业化的主流媒体为主，法律传播依然以"点对面"的单向传播为主导，不符合法律弱者对法律传播"社交化"的期望。因此，中介角色也应当重视自身的"社交化"转型，在保证职业操守的前提下调整法律传播时的"语态"，以便将法律信息更好地传递给法律弱者。此外，由于审查限制，主流媒体容易在一些突发性公共事件中集体失语，此时受限较少的各类社会化媒体往往能够赢得舆论的优先话语权。有鉴于此，法律强者应当主动与网络中具有影响力的"意见领袖"合作，使得法律信息供给主体多元化，以避免主流媒体突然失声时整个社会的法律传播过程受阻。在向法治社会迈进的过程中，法律强者应当以更加开放包容的心态对待网络媒介，扬长避短，在与法律弱者的双向交流中实现法律社会化。

新媒体时代影视演员肖像权分析

杨丹妮 西北政法大学

摘要：影视演员，面对银屏演绎剧中角色，能够吸引较大的粉丝流量，成为商家代言首选。新媒体时代，依据社交媒体，能够拉近演员与用户的距离。用户根据剧中形象结合自己价值观，对演员形象进行想象。部分商家借助社交平台，未经演员本人同意，利用影视演员剧照，从事商业活动，侵犯影视演员的肖像权，引起肖像权纠纷。互联网准入门槛低，商家滥用影视演员照片，易给观众留下刻板印象，影响演员正常生活。对于影视演员肖像权的保护，应结合时代特色，从肖像权构成要件、责任承担方式、法律保护、侵权内容、赔偿标准进行明晰，进行制度构建，完成演员肖像权保护。

关键词：新媒体；肖像权；影视演员；肖像权纠纷；肖像权保护

一、案例介绍

葛优是国内知名演员，曾在《我爱我家》中扮演纪春生，该角色在剧中将身体完全瘫在沙发上，被网友称为"葛优躺"，成为 2016 年网络热词。2016 年 7 月 25 日，艺龙网公司，未经葛优同意，在微博上发布"不经历周一的崩溃，怎知道周五的可贵，为了应对人艰不拆的周一，小艺爆出葛优躺独家教学，即学即躺，包教包会"，并配文多张图片。第一张葛优本人为其他公司代言的照片，其余为《我爱我家》纪春生瘫在沙发上的剧照和艺龙酒店背景照片。微博后附"订酒店"用艺龙的文字。2016 年 12 月 7 日，未经葛优先生同意，发布带有"21 世纪什么最贵？服务。艺龙将继续给消费者带来最舒适的服务和享受，借用葛优老师的一句经典台词：帝王般的享受，就是把脚当脸伺候着。Fighting, fighting！"的致歉微博。葛优认为道歉带有广告宣传，将艺龙网公司告上法庭。

一审法院认为，艺龙网公司的行为构成对葛优肖像权的侵犯，判决艺龙网公司针对未经许可使用原告葛优剧照及照片行为，公开发布致歉声明，置顶 72

小时，三十日内不得删除。被告艺龙网信息技术（北京）有限公司赔偿原告葛优经济损失 7 万元，支付其维权合理支出 5000 元，共计 75000 元。

艺龙网认为其公司已经在网络平台道歉，不应作为判决理由再次道歉。且转发微博数量有限，未形成广泛关注，判赔葛优 75000 元，金额过高，提起上诉。

二审法院认为，艺龙网将微博道歉等同于法院判决赔礼道歉的观点不能成立，道歉应经当事人审核同意后发布，不应带有广告宣传效应，艺龙网应重新对葛优道歉。赔偿作为承担责任的一种方式，能够填补受害人的心理伤害。葛优作为国内知名演员，有一定的影响力，肖像权有一定的商业价值。综合考虑 7 万元处理适当。驳回艺龙网公司的上诉。

二、网络肖像权的概念和界定

肖像权起源于法学与美学，权利与美学在 1900 年前后既不统一又难以区分。在它们有所区别之处，它们并未迷失自我，图片能很好地呈现自身美。在它们共在之处，它们也并未发现自我，没有权利意识，反对他人对自身形象的侵害。随着时代的进步，人们有了权利意识，由罗马法和从意大利源起的有关对自己身体所有权的讨论，以及这一所有权是否延伸到对于身体的图片上。偶像的自有性这一理念，也就是一个美学与法学混合的蒙太奇，偶像自身形象天然地被关注、被利用。

肖像权的定义：肖像权人对自己的肖像想有专有权，肖像权人既可以对自己的肖像权利进行自由处分，又有权禁止他人在未经同意的情况下擅自使用其专有肖像。艺龙网未经葛优同意，将其照片用于商业活动中，侵犯了葛优的肖像权。

侵犯肖像权行为的认定一般应把握如下标准：

（一）演员可识别性判定要求

可识别性理论追求的是肖像与自然人外部形象之间的关联性，应就外部形象呈现之方法、特征、场合、相关文字说明等客观要件加以综合认定。演员因为其自身身份的特殊性，会避免曝光完整面部形象。一般认为，仅凭借照片的半脸、侧影、背影，无法识别演员身份。若发型、服饰明显源于演员，可确定演员身份，追究他人责任。

（二）演员的影视剧角色形象

多数情况下，艺人在影视剧中的角色形象虽然直接代表的是艺人饰演的角色，但是其很难同艺人本人的形象相剥离，北京市第一中级人民法院在涉及知名形象"葛优躺"的"艺龙网信息技术（北京）有限公司与葛优肖像权纠纷上诉案"中，认为剧照涉及影视作品中表演者扮演的剧中人物，当一般社会公众将表演形象与表演者本人真实的相貌特征联系在一起时，易构成肖像内容。

（三）未经同意而使用他人肖像

未经本人同意使用其肖像表明侵权人对他人肖像人格利益的不尊重，其行为破坏了他人肖像的个人专有性和完整性，应当受到制裁。如果经过本人同意而使用其肖像，就不构成侵犯肖像权的行为。在商业活动中，选择明星代言无可厚非，但要经过演员本人同意，使用演员的照片。

（四）侵犯肖像权须是以营利为目的的行为

以营利为目的是指以使用某人的肖像达到招徕顾客、推销商品的目的或直接以肖像制作成为或复制成为商品出售赢利。未经他人同意而以营利为目的的使用他人肖像，既损害了权利人的人格，也损害了权利人因他人利用自己的肖像进行商业行为而获取物质利益的权利，这在法律上是不许可的。

下列情况属于合理使用他人肖像，不构成侵权：

1. 为公益目的而使用他人肖像，例如宣传某人的先进事迹，在报纸、电视台、电影中使用先进人物的照片，可以不征得某人的同意。

2. 新闻报道拍摄照片和影像。

3. 通缉逃犯和罪犯而使用他人肖像。

4. 寻人启事刊登照片等。

侵犯公民肖像权公民可以要求侵权人停止侵权行为、赔礼道歉，支付赔偿金。如果侵权人置之不理，公民可以向法院提起诉讼。

在未经他人允许的情形之下，将他人的照片，或者视频，作为商业用途，若不满足该要件，将不会构成侵害肖像权的行为。根据民事法律规范，对于已经实施了侵权行为的主体，也只需要支付罚金即可。

三、民法典里的肖像权

《中华人民共和国民法典》（以下简称民法典）被称为"社会生活的百科全书"。内容涉及离婚、诉讼、婚姻等方面。2020 年 5 月 28 日，十三届全国人大三次会议表决通过了民法典。2021 年 1 月 1 日起实行。民法通则首次针对肖像权的客体、内容、财产利益及合理使用等进行了明确。

民法典第 109 条，自然人的人身自由、人格尊严受法律保护。肖像权与人格权联系，民法典之前未对肖像权进行细分，做出独立解释，而是将肖像权归为人格权的范畴内。

民法典第 1018 条第 2 款首次将"肖像"定义为"通过影像、雕塑、绘画等方式在一定载体上所反映的特定自然人可以被识别的外部形象"。

民法典第 990 条，人格权是民事主体享有的生命权、身体权、健康权、姓名权、名称权、肖像权、名誉权、荣誉权、隐私权等权利。一般认为，肖像权是人格权的一部分，应该受到保护。

除前款规定的人格权外，自然人享有基于人身自由、人格尊严产生的其他人格权益。

人格权受到侵害的，受害人有权依照本法和其他法律的规定请求行为人承担民事责任。依据前款规定提出的停止侵害、排除妨碍、消除危险、消除影响、恢复名誉请求权，不适用诉讼时效的规定。

综上，民法典对肖像权的保护做了明确阐释，将肖像权与人格权相结合使用，对演员进行法律保护。熟悉法律条文能够指导公众在实践过程中的应用，保障公民的"有法可依与有法必依"。

四、新媒体时代侵犯肖像权的特征

新媒体时代，侵犯肖像权的特征包括侵犯数量众多、追逐流量效应、时间周期短、形式多样的特点。

（一）数量众多

侵犯影视演员肖像权的特征包括商业侵犯与情感侵犯，数量众多。影视演员自带流量，成为商家的目标。近几年，许多明星都经历过侵犯肖像权的情况。商家未经本人同意就私自将照片在网上传。影视演员由于时间、工作等原因，放弃维权，滋生侵犯肖像权事件再次发生，造成恶性循环。由于法律程序复杂，维权成本高，网络侵权现象泛滥。

（二）追逐流量

侵犯影视演员肖像权特征体现为流量性。流量性具体包含侵犯对象的流量性与侵犯内容的流量性。侵犯对象的流量性是指影视演员个体。影视演员自身就是意见领袖，能够产生流量效应。意见领袖效应包括行为效应与认同效应。商业公司瞄准影视演员的流量价值，利用影视演员虚假宣传、夸张宣传，以达到自身产品的商业利益。商业公司，注重流量的产出，与影视演员对簿公堂，能够吸人眼球，取得宣传效果。侵犯内容的流量性是指借助影视演员在事件内容上进行炒作。内容的流量性一般包括事件的戏剧性与内容的夸张性。事件的戏剧性能够调动公众的注意力，易出现舆论反转。无论舆论如何反转，商家都能够利用流量实现个体的经济利益。内容的夸张性，具体指标题党的行为与深度伪造的结果。标题党多出自自媒体。自媒体低成本传播，将内容的严肃性变为捕风捉影的娱乐性。公众一方面诟病自媒体的行为，一方面在好奇心的驱使下，贡献个体数据。从葛优案可以看出，艺龙网的道歉声明，带有广告宣传性质。道歉是形式，宣传是本质。因此，二审法院认为，艺龙网应重新进行道歉。这类事件，一定程度上都能够提升公司的知名度，产生利润，却对影视演员造成不利影响。

（三）时间周期短

侵犯影视演员肖像权的特征体现为事件周期短。互联网打破传播媒体传播信息的垄断权，实现 UGC、PGC、MGC 联合生产新闻。公众生活在情境政治的环境下，注意力被碎片化信息分割。当事件出现在公众视野中，首先能够引起公众的好奇与注意。其次，由于信息的时效性、杂乱性，往往上一事件还未解决，新的事件又占据公众的记忆。公共事件在信息更迭中，周期性被公众所淡忘。后真相时代，公众只注重情感的宣泄，忽略客观事实。葛优剧照得以流传，迎合受众戏谑、娱乐的情感。网络意见领袖观点各异，受众记忆有限、理解有限。加之选择性接触自己感兴趣的内容，选择性做出自己的理解判断、选择性存档记忆，随着时间的推移，日渐模糊。侵犯演员的肖像权对演员造成的伤害，周期短，具有重复性。对演员自身的伤害需要时间淡化。

影视演员维权需要耗费成本。影视演员由于自身的忙碌性以及工作的特殊性，不愿将精力耗费在维权过程中。被侵害者与被侵害内容被迫遗忘，造成侵犯影视演员肖像权的现象恶性循环，循环周期都处于相对较短的状态。

（四）形式多样

侵犯影视演员肖像权的特征体现为形式多样。商家利用演员剧照，通过 PS、PR 等技术手段，篡改人物形象，娱乐公众。篡改形式有漫画、照片、视频的方式，丑化人物形象。漫画是一种具有强烈的讽刺性或幽默感的绘画，与真人相联系，形成漫改。漫改一方面生动形象，能够促进表达。另一方面，恶搞式处理给演员带来情境式的伤害，侵犯演员人格权。Z 群体又称 Z 世代群体，是指伴随网络成长的新一代年轻人。"Z 群体"以网络热点词汇圈层化传播。网络热点词汇具有一定的新奇性与跨界性，能够阻碍圈层间的沟通，形成特殊群体特殊传播的现象。"Z 群体"，能够灵活利用互联网技术实现信息的传播成为追星的新生力量。信息传播不仅局限于一般文字图片，还会添加修饰，以达到信息的传播效果。影视演员侵犯肖像权的现象在"Z 群体"中存在，具有一定的形式性。

五、法律背景下的肖像权保护

网络空间不是法外之地，肖像权保护不是一纸空文。肖像权与人格权密不可分，演员肖像权保护在互联网时代尤为重要，从司法实践与法律建议两方面探讨肖像权的保护，保护影视演员个体的权利。

（一）司法实践中的保护

司法实践保护是指在具体法律实施过程中对于影视演员群体的保护。从现实角度出发，影视演员出现在大众荧屏上，已然让渡出个体的权利。因此，在司法实践中需要保护影视演员不愿让渡的个体权利。对于肖像权的民法保护模式，在司法实践中，我国出现两种观点。一种是将肖像权归为人格权的一部分，承认肖像带来的经济利益，进行经济保护；一种是财产权保护，肖像权是一种无形的财产，不能归结为知识产权。从葛优案可以看出，对葛优自身从商业角度考量，对艺龙网进行经济惩罚，属于采用人格保护模式对肖像权商业利用进行保护。

司法实践保护体现在司法的公正性。司法的公正性不仅体现在法律条文中，还体现在法律实践过程中。对于葛优被侵权的案件，判决艺龙网有限公司赔偿 7 万余元。当伤害与损失挂钩，法院判决一方面要体现对于受害者的保护，另一方面要做到适度原则。此案件中引起网民争议的是艺龙网有限公司的赔偿数额。根据罪行对应原则，判决应与侵犯程度以及伤害程度相对应。最终，法院判除艺龙网有限公司的赔偿合理合法。从单一案件中可以窥视出司法实践的公正性与公开性。

（二）肖像保护的法律措施

我国法律遵循的是传统的大陆法系。首先要对肖像权做一个完整阐释。肖像权中的肖像不应仅局限于面部的确认，还应拓展范围，有明确标识。包括发型、配件、服饰等考量，识别演员身份。对于商家以商业利益为目的的侵犯影视演员肖像权的案件，可以扩展"以营利为目的"的范围。肖像权把以营利为目的作为判定的要件无可厚非，但也应关注非营利的范围。从对演员构成伤害角度出发进行考量，将营利与非营利结合，拓展肖像权的适用范围。

肖像赔偿认定应完善。从既往法律中可以看出，我国《民通意见》第 150 条对此做出了规定。根据该项规定，赔偿责任的大小可根据侵权人的过错程度、侵权行为的具体情节、后果和影响确定。未来，法律的完善方面需要加入非营利要素的考量。相应的赔偿要素也应随着现实条件的改变而变更。线上、线下综合判定对于肖像权人的伤害。肖像被使用的数量、范围、用途以及发布和传播侵权肖像内容的平台本身的影响力、受关注度等应作为侵权行为造成后果和影响的具体体现。

六、互联网背景下的道德保护

智能媒体的背景下，德治与法治相互促进，共同发展。肖像权的侵犯，在互联网背景下，变得频繁化、复杂化、多样化。互联网平台劣币驱逐良币现象严重，肖像权保护需要平台、公众、商业方面的自律，实现对于影视演员肖像权的保护。

（一）平台方面：机器初审，人工复审

新媒体时代，侵犯肖像权的案例都发生在社交平台上。社交媒体依托网状传播，传播速度快，能够产生裂变效果，对受害人带来网络暴力。短视频的流行，为深度伪造提供了广阔空间，形成网络"信息茧房"，造成网络巴尔干现象，加剧侵犯肖像权事件的发生。对于"信息茧房"造成侵犯影视演员肖像权的现象，20世纪30年代施拉姆创立传播学以来，中国在学习借鉴的过程中难免存在偏差。认知上存在偏差，"信息茧房"概念在美国语境、两党政争的语境中提出，比喻受众只关注自己选择的内容，如同作茧自缚的蚕，尚未形成理论，且存在质疑。在态度中缺少实证主义的严谨性，缺少质疑的勇气。信息茧房效应在国外质疑研究文献相当丰富，在国内全盘接受或望文生义的概念化研究多。使用中存在偏差，"信息茧房"被当作理论，多用于对算法技术持批判观点时的依据，忽略算法发展的实际情况。信息茧房效应早在互联网出现以前一直存在，是海量信息差异化的必然结果。在Web2.0技术背景下，算法实现优化，协助用户解决信息过载问题。同时，横向上引入内容分发方式，包括搜索、热点、关注等；纵向上拓宽内容题材，设立搜索区、要闻区等，打破圈层固化，避免群体极化现象的出现。

为了防止技术异化产生公民个体权利异化，平台应利用好大数据、算法推荐等技术，进行机器审核。过滤掉敏感文字和音视频，提高审核的效率。人工复审，人工对信息内容再次进行把关，对涉及恶搞、商业、影视演员的内容，着重审核。快手、抖音设置内容审核岗。要求全天候审核，保证内容质量。平台与MCN公司达成合作，将影视演员的保护权利交由公司联合保护，减少侵犯影视演员肖像权现象的发生，维护网络空间正常的传播秩序。社交媒体开通辟谣程序，在谣言传播过程中消除不确定因素，实现针对用户的精准辟谣。在谣言外爆前，政府应利用大数据监测舆情，避免出现群体行动。公众应提高媒介素养，不信谣不传谣。单一的个例研究，将宏观与微观结合，给我们带来新的视角。研究对底层概念没有明确界定，尚不能形成规律，还需探索。

（二）公众方面：发挥监督作用

公众是信息的享有者，也是商业信息的归宿。我国网民数量多，分布广泛。根据中国互联网络信息中心（CNNIC）第47次发布的《中国互联网络发展状况统计报告》，中国网民数量达到9.89亿，为监督商家非法营利提供了环境。

网民在提高自我认知的同时，可以监督侵犯影视演员商业现象，发挥舆论监督的作用。艺龙网未经葛优先生同意发布致歉声明，并带有广告宣传字眼。发布后，网友评论，认为其带有宣传性质。法院最终不承认艺龙网的致歉声明。影视演员可以利用粉丝文化，激发粉丝保护演员的热情，保护公众人物的肖像权不受侵害。但粉丝应保持理性，拒绝互相攻讦，将感情变为网络暴力，对他人造成网络伤害，承担民事责任。

归根结底，公众需要提高自身的媒介素养，不随意侵犯影视演员的肖像权。不随意篡改图片、视频等内容，形成良性传播。公众的自律的提高，代表国家综合素质的提升，能够形成公民名片，对于国际传播有利。公众需要理性发言形成理性舆论，避免触碰法律与道德的底线，避免增加自身的污点，实现公众对于影视演员的良性保护。

（三）商家方面：遵守商业规则

商家追逐利润无可厚非，采取手段应合规合法。通过合法途径选择演员代言。培养本公司的 KOL，利用直播带货平台，实现利润最大化。商家应重视法律的学习，避免给自己带来民事赔偿，得不偿失。发挥商业协会的作用，对非法营利者进行道德谴责。机器人的"拟人度"越来越高，不仅在智能上向人接近，在情感上也模仿人。一定程度上能够充当人的陪伴者，安慰人的情绪。近年来，技术用于医疗、交通等方面，便利人们生活，存在技术被操控的可能，出现社交机器人介入政治议题、基因编辑事件等，后果令人担忧。新事物的出现，伴随着优势与弊端、利益与权力的角逐，商家应该找到技术的边界，将伦理问题思考在内，成立技术监测中心，从源头上做好把关，共同构建技术治理体系，将技术服务于人类生活。技术能够便利公众的生活，也会造成技术暗箱，出卖影视演员个体权利，实现商业的自我营利。

技术暗箱能够俘获政府、公众、商家，造成三者的相互联系与相互对立。

商家方面需要形成商业约束，避免技术服务于商业，而忽略影视演员自身的权利。政府部门出台相关政策，监管商家的商业行为，实现道德与行政的双重制约。商家非法营利一方面获得短暂的经济报酬。长远发展存在一定的问题。正如艺龙网有限公司被判罚的案件，挑战底线思维，就会受到相应的惩罚。

在全世界范围内，"人格权高于财产权"是各国法律公认的原则。肖像权是人格权的一部分，在新时代的背景下，探讨技术与人的关系时，应将法律思维和互联网思维结合。关注影视演员肖像权的问题的同时，还应注意每个人的肖像权理应受到尊重和保护。公民个体肖像权的保护能够推动影视演员肖像权的保护，促进整体国民素质的提升与网络空间平稳的运行。

参考文献：

[1] 岳业鹏. 剧照中的肖像权保护 [N]. 检察日报，2019-04-17 (007).

[2] 黄薇. 中华人民共和国民法典释义（下）[M]. 法律出版社，2020.

[3] 中共中央网络安全和信息化委员会办公室，中华人民共和国国家互联网信息办公室. 中国互联网发展状况统计报告 [R]. 北京：中国互联网信息中心，2021：17.

[4] 张红. "以营利为目的"与肖像权侵权责任认定：以案例为基础的实证研究 [J]. 比较法研究，2012 (3)：63-76.

[5] 什么是肖像权？[J]. 中外玩具制造，2005 (12).

[6] 张莉. 人格权法中的"特殊主体"及其权益的特殊保护 [J]. 清华法学，2013 (2)：66-70.

[7] 何勇海. 影视剧要增强肖像权保护意识 [N]. 团结报，2018-05-19 (006).

[8] 谢雨玫. 民法典中的肖像权保护面面观 [N]. 中国艺术报，2020-08-12 (005).

[9] 胡立彪. 请尊重名人肖像权 [N]. 中国质量报，2020-04-13 (002).

[10] 任惠颖. 网上侵害公众人物肖像权亟待遏制 [N]. 经济参考报，2020-09-22 (008).

直播带货中的法律问题

姜琳琳　中国传媒大学

摘要： 新冠肺炎疫情发生后，在居家常态影响下，直播带货等一批在线经济集中爆发，不仅有利于促进社会经济秩序恢复，而且在扶贫、推动乡村振兴和吸纳就业方面发挥了重要作用。与此同时不能忽视的是，消费者对直播带货的吐槽也频频出现。本文从直播带货现象历史观察入手，结合疫情期间消费者反映的热点案例，具体分析其中存在的虚假宣传、数据造假、售后维权和公务人员带货风险等法律问题，并通过对规制现状的梳理提出规制建议。

关键词： 直播带货；现象观察；法律问题；规制思考

一、直播带货现象观察

（一）直播带货生态分析

1. 电视购物

视频带货在十几年前就红透中国，直播带货的前身可追溯到电视购物时代。1992年，广东珠江频道推出中国大陆第一个电视购物节目；1996年，北京BTV开通中国大陆首个电视购物专业频道；1998年，全国数百家电视台开通电视购物节目，从业公司超1000家；2005年，某学习机产品通过电视购物推广一年营业额达25亿元，市场上顶尖的几家电视购物公司因年营业额高达数十亿元而成功上市。但此后电视购物发生了许多假货风波，发展态势渐趋"凉凉"，2007年，国内80%电视购物公司亏损，2017年时全国获得电视购物经营许可的单位只剩34家。①

电视购物生存困境：一是互动机制欠缺，主持人单向推荐模式下，消费者被动接受商品信息，难以表达动态需求；二是引流能力较弱，电视购物栏目/频道主持人的人格魅力不突出，加上内容形式固化，使消费者产生疲劳厌倦感；

---

① 商务部：《2017年中国电视购物业发展报告》，2018年6月29日。

三是虚假宣传严重，存在夸大其词、价格虚高、质量堪忧等问题，电视购物的信用度被消耗殆尽；四是电视平台式微，有线电视在家庭中的收视份额呈降低趋势，越来越多人使用智能电视或选择互联网平台观看电视节目。

2. 直播带货

2016 年，淘宝直播上线，定位为"消费类直播"；2018 年，淘宝直播平台带货超 1000 亿；2019 年，在"618、双 11"等节点，网红主播持续打破交易纪录，直播带货进入快车道，直播电商市场规模达 4338 亿元，这一年被称为直播带货元年；2020 年，在疫情防控特殊背景下，直播带货迎来新一轮发展契机。

直播带货综合了网红经济、导购经济和电商经济的长处，生态优势体现为：一是强化双向交流，媒体去中心化，依靠互联网即可随时随地传播，通过直播平台、评论区等实时了解受众意愿，甚至实现"一对一服务"；二是打造主播 IP，带货主播已成为极具辨识性的人设，在维持粉丝黏性、形成口碑效应和引发裂变传播方面作用显著；三是品类丰富，万物可带，最大限度满足各消费层次需求；四是价格优势大，在先进生产方式和现代化供应链的支持下，直播带货进一步突出价格优势；五是有创造需求能力，利用大数据技术完善用户画像，精准定位市场，产生"创造需求，无中生有"的效果。

电视购物与直播带货本质上都是"视频+卖货"形式，前者日渐黄昏，后者方兴未艾。直播带货也要谨防重蹈电视购物覆辙，毕竟虚假宣传、售后维权等问题在电视购物时代就存在，在直播带货时代更有过之而无不及。电视购物和直播带货都曾因一口"不粘锅"出事：2007 年 3 月 26 日，电视购物产品"锅王胡师傅"被央视曝光不仅达不到无油烟和不粘效果，反而含有剧毒，售价高达599 元，实际成本只有 50 元左右。

3. 疫情期间直播带货

疫情期间，直播带货发挥了经济效益和社会效益双重作用：一是商业行为。在因疫而变的日子里，直播带货活跃了市场，成交额数字亮眼，成为众多商家自救法宝，不仅拓展了交易渠道和范围，缩短了商家与消费者的距离，同时提供了大量的直接或间接就业机会，为疫情下的中国经济带来动力与活力。二是公益行为。为助力疫情后经济复苏、打赢脱贫攻坚收官战和全面建成小康社会，直播带货以公益形式频频亮相，成为支援湖北武汉、支援全国贫困地区的强大公益力量。自 2020 年 4 月 1 日起，央视新闻联合各大电商平台、生活服务平台和社交平台，联合数十个知名品牌，启动"谢谢你为湖北拼单"大型公益活动。在疫情冲击下，一场场公益带货掀起"云援鄂"热潮，一场场浩浩荡荡的"爱心接力"由网红、明星、企业、政府官员等相继完成，一个个消费者守在自家屏幕前完成了"买它买它买它"式的举手之劳公益。

（二）直播带货属性分析

1. 直播带货可认定为商业广告

《中华人民共和国广告法》第二条规定"商品经营者或者服务提供者通过一定媒介和形式直接或者间接地介绍自己所推销的商品或者服务的商业广告活动，适用本法"。《互联网广告管理暂行办法》第三条规定"互联网广告，指通过网站、网页、互联网应用程序等互联网媒介，以文字、图片、音频、视频或者其他形式，直接或者间接地推销商品或者服务的商业广告"。

直播带货中，主播通过网络直播平台以音视频、图文等形式对商品或服务进行展示、介绍、推销，凭借自身流量和影响力在短时间内带动产品销量，该行为属于商业广告活动，应依法受到《中华人民共和国广告法》和《互联网广告管理暂行办法》的调整及约束。需要指出的是，根据《互联网广告管理暂行办法》第三条第二款第（四）项规定，法律、法规和规章规定经营者向消费者提供的信息不应当认定为广告，即直播中主播对商品价格、产地、生产者、用途、性能、规格、等级、主要成分、生产日期、有效期限、检验合格证明、使用方法说明书、售后服务等有关情况进行客观介绍的，不应认定为广告。主播为了推销商品进行诱导性宣传的内容，认定为广告。

2. 带货主播可认定为广告代言人

《中华人民共和国广告法》第二条规定"本法所称广告代言人，是指广告主以外的，在广告中以自己的名义或者形象对商品、服务作推荐、证明的自然人、法人或者其他组织"。虽然直播带货中各类主播均未宣称自己为推销的商品或服务的代言人，但根据"实质重于形式"原则，无论在合同中是否有约定，无论推广形式为长期还是短期，只要符合上述法条条件即可认定为"广告代言人"。执法实践中，已有监管部门对于直播活动中推销产品的相关人员作出"广告代言人"的认定。①《中华人民共和国广告法》第三十八条规定"广告代言人不得为其未使用的商品或未接受过的服务作推荐、证明"。需要指出的是，传统广告代言人一般都要履行"排他性"条约，即屏蔽市场同类竞品，比如不能同时为两款手机做代言，而直播带货中的广告代言人一般没有"排他性"义务，不少

---

① 沪监管徐处字〔2020〕第 042018002392 号《行政处罚决定书》。该案中，上海市徐汇区市场监督管理局认为，该案中广告主通过直播活动对处方药进行宣传，不仅违反《中华人民共和国广告法》第十五条第十二款的处方药药品广告发布要求，同时也构成《中华人民共和国广告法》第十六条第一款第（四）项禁止的"利用广告代言人作推荐、证明"的违法行为。

主播在同一天直播中相继推荐不同品牌的面膜。

除广告代言人外，《中华人民共和国广告法》第二条中还提到广告主、广告经营者、广告发布者三种身份。直播带货中因主播角色不同，除被认定为广告代言人外，还可能涉及其他法律身份。当主播为自营店铺"自主带货"（包括网店老板、高管、工作人员带货）时属于职务行为，可认定为经营者和广告主。当主播"受托带货"（即接受不同品牌方委托，对商品和服务进行推介，抽取一定比例佣金）时，往往要在直播页面发布商品链接，若为独立运营自主决定发布内容的个人账号，可认定为广告发布者；若存在自主设计口播内容、广告语的情形，可认定为广告经营者。根据《中华人民共和国广告法》第五十六条规定，当涉及虚假广告时，广告经营者、广告发布者、广告代言人要与广告主承担连带责任。

3. 直播平台的法律责任

直播带货在为商家、主播带来不菲收入的同时，也为直播平台吸纳了更多流量，创造了巨大收益，平台价值不断攀升。直播带货平台分为不同类型：有传统电商平台开辟直播领域的（如淘宝直播、京东直播），也有短视频平台开辟电商领域的（如抖音、快手、斗鱼、虎牙 TV），还有短视频平台直连电商平台的（开通账户跳转链接，为跨平台合作模式），这些平台也需要承担相应的责任。

根据《中华人民共和国电子商务法》第三十八条规定和《中华人民共和国消费者权益保护法》第四十四条规定，第三方平台责任主要归纳为：获取相关许可和备案资质；对主播和用户的身份、信用情况进行审核；对平台信息及时公示；对直播内容进行监督和审查；完善协议公约与用户隐私保护；负有对产品的监督责任和对消费者的保护责任。

二、直播带货中的法律问题

直播带货中存在的法律问题有些是传统电商问题在直播带货时代的延续，其表现形式更加直观，后果更为严重，还有一些是直播带货时代出现的新现象。

（一）虚假宣传

主播对商品或服务进行宣传时，往往掺杂具有主观性、夸张性的个人情感。

1. 使用极限词

《中华人民共和国广告法》第九条规定"广告不得使用'国家级''最高级''最佳'等用语"。2020 年 3 月 13 日，某主持人直播带货向粉丝推荐羊肚菌涉嫌违法上了热搜。该主持人称："你会吃到最新鲜的羊肚菌，补身体绝对是滋补最好的，它可以增强抵抗力、益肠菌、助消化、补脑提神、补肾壮阳，给老人吃非常好，年轻人吃也可以，小朋友吃也可以，全都没有问题。"在此段直播中，她使用了"最""最好""绝对"表述，违反了《中华人民共和国广告法》第九条。2020年4月1日，罗永浩首场抖音直播带货中将根据产品说明翻译而来的绝对化用语和"销量NO.1"的说法画上了"删除线"，这种打擦边球的方式，仍存在误导消费者的嫌疑，同样违反《中华人民共和国广告法》第九条。

2. 涉及疾病预防治疗

《中华人民共和国食品安全法》第七十三条规定"食品广告的内容应当真实合法，不得含有虚假内容，不得涉及疾病预防、治疗功能"。在2020年3月13日某主持人直播话术中，使用了"羊肚菌增强抵抗力，益肠菌、助消化、补脑提神、补肾壮阳"等用语，容易误导消费者羊肚菌有治病功能，违反了《中华人民共和国食品安全法》第七十三条。一位前歌手直播时推荐某果蔬纤维素，向大家保证"碱化体质"可以"远离癌症，远离疾病"，同样违反此项规定。

3. 价格欺诈

《中华人民共和国价格法》第十四条规定"经营者不得利用虚假的或者使人误解的价格手段，诱骗消费者或者其他经营者与其进行交易"。一些顶流主播的核心力在于与品牌商议价后能拿到"全网最低价"，以此带动商品走量，但网友发现很多所谓的"全场最低价"并不真实，比如罗某直播间售价2448元的"全网最低价"录音笔，其他平台只要2398元，而售价279元的"全网最低价"的一款台灯，其他平台上只要269元。

还有一些主播虚构原价，强调原价与折扣价之间的幅度，直播中商品原价一般指商品上市之日原厂售价（即出场标价），而依据《禁止价格欺诈行为的规定》《关于〈禁止价格欺诈行为的规定〉有关条款解释意见的通知》等规定，原价是指经营者在本次促销活动前七日内在本交易场所成交、有交易票据的最低交易价格；如果前七日内没有交易，以本次促销活动前最后一次交易价格作为原价。当主播打出虚假的"全网最低价""史上最低价"的招牌或者使用"虚构原价""虚假优惠折价"等方式吸引消费者购买时，违反了《中华人民共和国价格法》相关规定。

另有一些主播联合商家"演戏卖货"，上演"吵架"剧情：主播要求商家降价，商家委屈卖惨，主播态度强硬要求改价，卖家豪气妥协。在"套路卖"的促使下，消费者误以为价格特别优惠争相冲动消费。

（二）数据造假

数据造假，又称数据灌水。粉丝量、观看数、互动数、销售额，这些衡量一场直播带货效果的重要数据，实则有虚，极大误导了真实消费者的购买行为，涉嫌违法问题。《中华人民共和国反不正当竞争法》第八条和《中华人民共和国电子商务法》第十七条、第三十九条、第八十一条均规定了不得使用虚假的销售状况和用户评价，不得进行虚假交易，应保障用户的知情权和选择权。

1. 粉丝量、观看数、互动数造假

直播带货中数据造假成批量化、规模化发展，卖家靠刷量获取店铺销量，提高收入，主播靠刷量标榜人气，提高广告费。据央视财经报道，记者以暗访形式在一聊天群刷量人员处购买了数据造假服务：2 万观看量+15 个真人互动，只需 53 元。据 21 世纪经济报报道，QQ 上多个商家均可提供点赞、转发、评论、分享等直播相关数据服务，以其中一家为例：1 万播放量只需 5 元，50 人在直播间观看一整天只需 15 元，量大还有优惠。一款号称"80% 短视频营销人都在用的云控系统"在宣传中介绍，可"一键启动 400 抖音号，批量点赞评论，快速上热门圈粉引流，一个人管理几百台云手机"。

2. 销售额造假

直播带货交易量是衡量主播带货能力的重要指标，带货成绩可观的头部主播确实存在，但仅是少数，一些明星担任主播涉足带货圈并不顺利，往往依靠数据注水来赢得合作。据娱乐新闻报道，某明星 12 场直播中，场均总销售额为144.1 万元，场均总 PV（单页点阅率）171 万。这些好看的数据背后的现实是：带货茶具单价 200 元左右，在线观看人数近 90 万，而一场直播下来销售额还不到 2000 元。宣传与现实对比强烈。还有一些主播团队以商家预付的带货定金为本钱在直播期间购买刷单，助推"完美销量"假象，待商家满意支付尾款后立刻安排退货，这在某种程度上属于"骗局"，涉嫌违法。销售额的计算方式也缺乏科学性，比如一元秒杀的商品按原价计算销售额，打五折的商品按原价计算成交额，浏览人数当成观看人数，有些 MCN 机构公布的销量比实际高出 10 倍以上。

3. 不正当信用评价

指利用交易成功后获得的信用评价机会，篡改洗白或恶意抹黑对产品的评价，误导其他有购买意愿的消费者。一类是商家主导，方式包括"好评刷单、好评返现、差评骚扰"等，点开商品链接，一水全五星好评，评论文字模板化严重；另一类是用户主导，主要以恶意评价为表现形式。这些传统电商即存在的法律问题延续到了直播带货中来。

（三）售后维权

直播带货量大，产生的商品质量、货品破损、发货延迟、退换货退款等售后问题较多。

1. 商品质量问题

根据《中华人民共和国产品质量法》第五十八条、第五十九条，《中华人民共和国消费者权益保护法》《中华人民共和国食品安全法》第一百四十八条规定，对商品质量作出保证的需要承担相应责任。

主播扮演的角色相当于广告代言人，但与传统广告代言人的排他性（不得使用和推荐其他类似产品）不同，主播甚至会在同一天或在某段时间推荐多达十余个牌子的面膜和化妆品，主播个人缺乏时间、精力和能力对带货的商品和服务进行审查和试用，使得推销的商品和服务良莠不齐。有些主播基于经济利益考虑，有意销售三无产品。

2. 售后维权问题

一是维权成本问题。一些消费者因为维权程序烦琐、维权成本较高不得已放弃维权。比如，消费者赵某反映"直播时主播介绍大衣为皮毛一体，收货后却发现是复合的皮毛两体，维权时平台称若提供鉴定证书则可假一赔十，但因其所在城市没有皮毛鉴定机构，维权不得不被搁置"。还有一些消费者听从销售者诱导，脱离直播平台从微信私下交易，给后续维权带来麻烦，根据相关案例审理结果可知，消费者与主播通过微信转账交易，双方建立买卖合同，此时与平台不存在买卖关系，平台无责。

二是维权找谁问题。很多消费者在个人权益受损时往往不知"找谁"，陷入"三不管"境地，对各主体责任义务认知的不确定性，进一步增加了维权难度。2020 年 6 月 16 日，北京市消费者协会发布的《直播带货消费调查报告》显示，有 62.46% 的受访者选择找平台维权，46.32% 的受访者选择找销售商家维权，只有 29.82% 的受访者选择找主播维权。

可找商家。消费者通过直播间下单，与商家建立买卖合同关系。根据《合同法》第一百零七条规定，遇产品质量问题，消费者可向商家主张要求继续履行、采取补救措施或者赔偿损失等合同违约责任。如消费者因产品质量问题受损，可向商家主张赔偿损失、消除妨碍、消除危险等侵权责任。关于赔偿额度，法律规定有"三倍"和"十倍"原则。根据合同相对性原则以及《中华人民共和国电子商务法》《中华人民共和国消费者权益保护法》《中华人民共和国产品质量法》的相关规定，直播带货过程中产生的商品质量、货物破损、发货迟延、退换货等售后责任，主要应由实际销售商品的网店承担。

可找主播。主播有事前对广告内容进行审核和事后提供商家信息的义务。根据《中华人民共和国广告法》第五十六条规定，若主播不能提供商家真实名称、地址和有效联系方式，有先行赔偿责任；若主播宣传的虚假广告关系消费者生命健康，应与商家承担连带责任；若明知或应知虚假广告仍作推荐，应与卖家承担连带责任。

可找平台。根据《中华人民共和国消费者权益保护法》第四十四条规定，如网络交易平台不能提供销售者或服务者的真实名称、地址和有效联系方式，消费者可向平台要求赔偿。平台明知或应知商家侵害消费者合法权益而未采取必要措施的，与商家承担连带责任。平台对经营者未尽到资质资格审核义务，或对消费者未尽到安全保障义务的，还可能承担责令限期改正、罚款、责令停业整顿等行政责任。

（四）公务人员带货风险

为推进疫后经济复苏，许多政府公务人员离开办公室走进直播间，以政府公权力和公信力为背书推介本地企业、特色品牌。一些"县长""市长"为地方产品带货，起到了立竿见影的销售效果，得到多方好评。但在具体实践中，公务人员带货也需要尽到法律责任，规避法律风险，让直播带货真正惠及地方经济发展，惠及千万群众。

1. 违纪风险

《〈中国共产党党员领导干部廉洁从政若干准则〉实施办法》第十四条第一款规定"不得参与有偿中介活动"。《中国共产党纪律处分条例》第九十四条规定"违反有关规定从事营利活动，将受到党纪处分"。《中华人民共和国公务员法》第五十九条第十六项规定"违反有关规定从事或者参与营利性活动，在企业或者其他营利性组织中兼任职务属于违法违纪的禁止性行为"。

一般而言，公务人员直播带货是无偿的，不收取商家钱财，应认定为公益行为、职务行为、政务活动，是政府职能下沉的创新之举。但直播带货本身是营利性活动，如与相关企业存在利益输送，则是最大雷区。大部分直播活动中还有用户打赏环节，即用户可向主播赠送能转化为现金的"虚拟礼物"，另有些地方为使带货数据好看，强制干部职工下单，使得直播带货变味，成为形式主义的新表现。这些都会增加公务人员的违纪风险。

2. 违反竞争中性原则风险

2019 年 4 月，中共中央办公厅、国务院办公厅印发的《关于促进中小企业健康发展的指导意见》中提出"按照竞争中性原则打造公平便捷营商环境"。竞争中性姓公，意指公平、公正。竞争中性原则的要义在于政府采取的所有行动，对国企与其他企业之间的市场竞争影响都是中性的，不偏不倚。

公务人员带货不可能穷尽当地所有品牌，甚至所有特色品牌。"县长""市长"等只给某些特定商家企业带货，有违反竞争中性原则的风险。因此，公务人员直播带货中应不限于某一品牌、某一商家，而是应宽泛介绍本地产品的整体情况，注意宣传平衡。

3. 违反《中华人民共和国广告法》风险

《中华人民共和国广告法》第九条规定"广告不得使用或者变相使用国家机关、国家机关工作人员的名义或者形象；不得使用'国家级''最高级''最佳'等用语"。《中华人民共和国广告法》第二条规定"广告代言人是指广告主以外，在广告中以自己的名义或者形象对商品、服务作推荐、证明的自然人、法人或者其他组织"。

首先，有观点认为，《中华人民共和国广告法》第九条规制的是企业利用国家机关和国家工作人员的名义和形象做广告的行为，而官员带货具有公益性，不是商业行为，不适用此条。但也应注意，公务人员带货应由政府组织，与电商平台合作，公务人员不可参与由电商平台单方举办的带货活动，切勿让消费者产生带货商品与公务人员存在特定关系的误解，或者直播带货结束后很长一段时间，带货商家仍打着公务人员的旗号进行商品销售，更不可让公务人员形象出现在商品包装和广告宣传册中。

其次，有些广告文案或广告标题中直言，某某领导干部为其产品"代言"，及易产生官员被认定为"广告代言人"的风险。《中华人民共和国广告法》第三十八条规定"广告代言人在广告中对商品、服务作推荐、证明，应当依据事实，符合本法和有关法律、行政法规规定，并不得为其未使用过的商品或者未接受过的服务作推荐、证明"。因此，公务人员带货，也需要充分了解产品质量、价格、性能、用途、产地等信息，审查有关资质材料，客观评价推荐商品，避免产生虚假宣传问题。

再次，公务人员直播带货应进一步规范语言表达，切勿因使用"最高级"等绝对化用语等违反《中华人民共和国广告法》。对可能危及人身财产安全的产品应及时告知消费者并采取措施防止危害发生。推荐食品类产品时不得涉及疾病预防、治疗功能。禁止带货药品、医疗器械、保健食品。

最后，由于公务人员在直播带货中的法律身份模糊，目前尚未有相关案例，涉及违规如何追责有待法律法规进一步明确。

除了以上分析的四个主要法律问题外，直播带货中还存在着其他法律风险：

知识产权问题。主播使用非自带背景音乐属于以营利为目的使用音乐，如不取得相应著作权人的许可，可能涉及侵权。

个人信息隐私数据保护问题。网购可能涉及消费者个人信息隐私数据的泄露，如被贩卖使用，可能涉及相应的民事及刑事责任。

税务合规问题。带货主播遍布全国各地，收入可观，构成复杂，比如销售佣金、打赏收入、广告收入、线下商演收入等，纳税情况并不明朗。

三、直播带货的法律规制

如对上述法律问题放任不理，不仅会伤害消费者的权益，还会间接影响这一线上新业态的未来发展走势。与直播带货发展的火爆业态相比，规制相关参与主体行为的立法建设明显滞后，且所涉法律规范内容庞杂、问题散乱、跨越性大、缺乏体系，加之监管部门权责不明，权力交叉和监管空白现象普遍存在，法律实践应用性差。疫情期间，直播带货加速步入监管时代，国家广播电视总局、国家市场监督管理总局、中国广告协会、中国商业联合会等密集出台一系列监管规范。

1. 解决好"谁先谁后"的治理问题

当直播带货出现乱象，市场治理、行业治理、政府治理，谁先出手，谁后出手，什么情况下由谁发挥治理作用？首先，直播带货本身是市场行为，市场治理可以运用优胜劣汰等机制解决问题。比如，当一些团队发现销售三无产品赚钱的路子不可持续、专业头部主播盈利丰厚时，也会不自觉向专业团队靠拢。其次，行业协会是参与企业共同意志的体现，可以共同商讨对违规主播进行封禁，对负面清单进行管理，形成行业规范，自我行业净化。最后，在市场失灵、行业无力的情况下，尤其在涉及危害公共利益、国家利益时，由政府发挥兜底作用进行强制治理。在市场、行业、政府三治加持下，对直播带货存在的问题进行规制。

2. 进一步完善相关法律法规

2018 年修正的《中华人民共和国广告法》主要在于规制传统广告形式，直播带货中的营销方式很难适用。目前，直播带货现象长期存在并有全民参与的趋势，建议相关部门先出台管理办法，积累相关经验，再适时修改《中华人民共和国广告法》、修订《互联网广告管理暂行办法》等，为监管部门执法和消费者维权提供坚实有力的法律保障。在出台法律法规时，应充分考虑直播带货现象繁杂，主播类型多，直播平台类型也多的现实情况，明确不同类型主播平台承担的责任义务。

参考文献：

［1］李佳伦．直播电商中的"带货网红"主体定位与法律责任［J］．中国市场监管研究，2020，（05）：16-18.

［2］吕来明．"直播带货"当事人的法律地位与监管机制完善建议［J］．中国市场监管研究，2020，（05）：18-20.

［3］王文华．网红"直播带货"的法律规制探析［J］．中国市场监管研究，2020，（05）：29-32.

［4］王永生．海淀试行"沙盒监管"机制，直播带货监管有章可循［J］．中关村，2020，（05）：83.

［5］姚志伟．领导干部直播带货的法律风险及防范［N］．中国市场监管报，2020，（06）：11（003）.

第三章

智能传播中技术的角色、影响及应用

区块链赋能新闻业与被遗忘权的抑制

王云生　西北政法大学

摘要：区块链技术最早被应用于比特币交易，本质上是一个拥有"去中心化"的分布式账本数据库，其快速发展突破货币领域，在大数据、通信、教育等领域均有应用，目前已进入区块链 3.0 时代。当该技术适用于新闻业时，可以有效防止虚假新闻的产生，并重塑新闻生产与分发环节，具有可观的经济效益和社会效益。数字时代，用户数据痕迹及数据被窃取引发的侵权问题，与用户数据自主权之间存在冲突。区块链技术特性如不可篡改性会抑制用户"被遗忘权"的权利主张，与被遗忘权之间产生对冲。技术使用和权利主张的主体始终是人，技术进步的终极目的是增权予人，秉持技术向善的理念才能在被遗忘权与区块链技术之间寻求平衡，使区块链技术在科学可控的条件下为新闻业的融合改革提供助力。

关键词：区块链；被遗忘权；不可篡改性；融合新闻

一、引言

2020 年 2 月 5 日中央一号文件出台，对依托现有资源建设农业农村大数据中心作出指示。其中，区块链位列人工智能之前，彰显国家对区块链这一新兴技术的重视。区块链技术正不断扩展着应用领域，新闻业在融合改革进程中也积极探索该技术可能带来推动内容生产与分发变革的动力，分阶段、谨慎地投入使用，先行经验已经提供许多成功经验，当然也不能忽视其全面应用还存在的障碍和可能带来的对用户被遗忘权的抑制。

被遗忘权是围绕用户数据频繁被窃取的现实问题而提出的，该权利最早可追溯至1995年的欧盟，伴随数字时代媒体收集用户的历史数据而引发的侵犯隐私案件频发，对于该项权利的立法进度目前仍很缓慢。

国内学者主要是通过区块链自身技术特点来展望其在新闻领域发展前景的。张收鹏围绕媒体信源认证与内容审核、数字版权保护与数字资产管理等话题探讨区块链技术如何改变现有媒体生产与运作模式。李泰安认为未来区块链将不仅助力于版权保护，在打击假新闻、信息脱媒、个人信息保护、舆情分析等领域都将产生重大影响，其形成的合力将重塑网络舆论环境。针对"后真相"带来的负面效应，喻国明与冯菲提出基于区块链技术，人们的信息传播与接收最终形成"分散—聚合"模式，通过这种模式可以了解真相，形成共识。董媛媛与赵广宇从内容塑造、虚假防治以及信息把关三个面向探讨了区块链重塑新闻真实的路径。总体来看，对新闻业使用区块链技术大多持乐观态度，认为区块链的引入能有效改善目前频发的媒介失范乱象。

对于被遗忘权的研究多数从法学角度进行分析。李媛认为如果赋予权利主体一项广义的被遗忘权，需要克服权利实现中面临的巨大障碍，现阶段将被遗忘权写入法律，并不能达到期望的效果。胡洁同样认为被遗忘权的制度构建并不是很完善，相关体系也不能积极引导现实操作。宋伟锋将区块链与被遗忘权联系起来研究，从区块链技术视角出发，厘定隐私权与被遗忘权的区别，消解对两种民事权益保护的困境，辩证取舍区块链技术去中心化及不可篡改下的功能。

学界对区块链和被遗忘权的研究均有所涉猎，但将两者联系起来的研究较少，分析区块链技术特点与被遗忘权之间存在的冲突的研究尚显不足。区块链步入3.0时代，将区块链技术全方位引入新闻业生产流程，推动媒体融合变革效率和速度，必须正视两者客观存在的矛盾，从区块链技术特性和被遗忘权的构成入手，聚焦矛盾产生的可能、原因及类型，并尝试给出可参考的建议，才能推动区块链技术全面适用于新闻业。

（一）区块链3.0时代的到来

区块链作为一种全新的信息生产模式，最初被应用于数字货币领域，由于其自身技术特点与数字时代众多产业发展所需的技术模板相符，应用范围逐步拓宽至各个领域，呈现出全新的应用场景。

1. 从1.0向3.0的过渡

区块链最早由自称日裔美国人的化名学者中本聪在2008年11月1日发表的一篇名为《比特币：一种点对点式的电子现金系统》的文章中正式提出，发明了影响至今的数字加密货币，即比特币。随后比特币从理论转向实践，2009年序号为0的创世区块与序号为1的区块的连接，标志着区块链的诞生。

根据《中国区块链发展2019白皮书》对区块链的定义，区块链是一种基于共识机制的，由多方共同维护，分布式存储记账的技术。区块链技术架构中没有中心服务器，所有区块链计算设备都是无须建立信任关系的对等节点，某一时间段内所有信息交互数据，经过加密保存到一个数据区块，生成特定的哈希值并用于链接到下一区块，同时进行校验。以采用集体验证和维护的方式建立了一个可靠的数据库，要删除数据需要修改所有经历信息交互节点的数据，理论上是无法实现的。由此，其最突出的特性即是去中心化，可追溯性与不可篡改性。这些特性与数字时代行业发展所需底层技术相契合，区块链逐渐实现从数字货币领域的"破圈"。

区块链技术的发展历程大体分为三个时期。首先，被称作区块链1.0的是在货币转移、支付系统等虚拟货币数字市场的应用，最为典型的实例即比特币。比特币是一种P2P形式的虚拟加密数字货币，其去中心化的支付系统在网络支付中被网民青睐，被认为是未来货币的主体。其次，区块链2.0在虚拟货币的基础上进一步拓展至金融领域，例如在金融市场基础设施建设方面，张苑认为，区块链的去中心化特点可以在减少金融资产流动成本的基础上保障资产安全。此外，在票据市场，P2P网络借贷等具体金融领域都可以有效解决金融垄断以及资产保障问题。最后，随着区块链技术在金融领域凸显的优势，区块链正式迈入3.0时代，在原有基础上将该技术延伸拓展至更宽广的应用市场，渗透到人类生活的各方面，实现基于信任机制的全世界范围内的信息共享，如会计、计算机等领域。对于新闻领域，国外已有基于区块链技术设计的新闻平台。知名的区块链媒体公司Civil基于共识机制，即新闻内容需要各个节点的共同认知才能发布，将事实核查置于整个新闻业务流程的核心，旨在为公众和新闻工作者建立一个自治的新闻市场，而区块链将解决媒体以及公众面临的虚假新闻和广告干扰的难题，未来基于区块链技术打造的新闻市场具备成为主流新闻发布平台的潜力。

2. 区块链在国内新闻业的应用

区块链在金融领域已有一定规模的应用，但对于区块链3.0囊括的其他领域来说，这仍然是一项新兴技术，现阶段应用范围比较局限。国内新闻业主要是将其应用至数字版权保护领域。在传统数字资产保护领域，有着确权难、维权难、用权难的三大难题。根据"谁先创作、谁先申请，谁就拥有著作权"的原则，通过区块链技术为作品加盖时间戳，使用UTC（世界同一时间），证明原创作品的创作发布时间，同时确保存证时间的权威性和可靠性。因此一旦出现侵犯版权的现象，可以迅速通过区块链查找侵权源头，解决数字版权保护的三大难题。

除维护新闻版权之外，国内对于区块链在新闻业的其他环节的应用更多持观望态度，究其原因，一是因为新闻业经过几十年的摸索，已有一套较为成熟的现代化生产体系。虽然区块链能够解决众多媒介乱象，但会彻底打破目前的业界范式，大范围的投入使用可能会使新闻业与用户难以适应，引发对新技术的恐惧和抗议。二是区块链技术最初主要是为金融领域设计，如何在保留技术特性的同时顺利移植到新闻业以减少技术可能带来的问题，同时降低应用成本也是业界面临的一项挑战。

（二）区块链对新闻业的重塑

区块链3.0的到来体现了其广阔的应用场景。从新闻业的视角看，区块链技术的引入将带来业界革新。目前学界主要是依据区块链的核心特性即去中心化、可追溯性以及不可篡改性来展望这项技术对新闻生态环境的影响。

1. 去中心化实现真正赋权

彭兰认为用户在互联网的塑造下，成为节点化、媒介化、赛博格化的人。节点化是指用户在传播网络中并非是旁观者，而是在信息的流通过程中担任节点，节点之间建立紧密的联系。互联网弱化了大众传播时代媒体在传播网络担任中心的角色，每个用户都拥有发声的权利。但这种去中心化并不彻底，社交媒体平台仍然存在KOL这样的中心节点，用户在流通信息时依旧会受到中心节点的制约，区块链技术通过将每个用户变为传播中心，从而实现真正的去中心化。区块链技术采取分布式计算与数据储存方式，整个系统的运行和维护是通过所有节点共同完成的，没有强制控制中心。每个用户都是新闻的发布者、传播者和接受者，同时权威媒体的指导性作用可能被消解。

2. 可追溯性维护新闻版权

用户在互联网中以数据生存代替实名制生存，身份的匿名保护了个人隐私，但追查真实身份的难度加大，提供了类似洗稿、抄袭等新闻侵权行为的生存"间隙"。同时侵权的新闻经过互联网的各个节点的分散传播，追溯源头需要耗费大量的人力成本，社会影响较小的侵权事件难以立案调查。区块链系统通过区块数据结构存储了创世区块后的所有历史数据，这种长链式结构相比互联网传播中的网状结构，追查源头的效率更高，链上的任意一条数据都可以从这条长链中追溯本源。链式结构也决定了信息的传播模式不是分散的，而是递进的，某一节点发布新闻后会告知其他节点，并通过数据区块进行传递，如果随后有节点发布相似信息同样会被公告，由于存在先后次序，新闻侵权的主体将被快速辨认，从而维护个体或组织的新闻版权。

3. 不可篡改性遏制虚假信息

虚假新闻难以根治，除了新闻从业人员的把关不严、惩戒成本过低等原因，造假主体可随时删除虚假新闻，导致认证造假主体困难也是主要成因之一。区块链运用密码学原理加密数据，采用时间戳进行时间标记，采用共识机制使区块链的数据不可篡改，这一特性在遏制虚假新闻的产生与可追溯性结合。链上节点发布的虚假新闻被识别后，该节点无法自行删除数据进行信息发布主体的辩解，通过对历史数据的追溯，可以在短时间内找到造假主体并追责。另外，信息添加至区块链后，会被链上所有节点共同记录，高度透明的区块链技术也可能被不法之人利用，盗取用户节点的历史数据信息用作商业算法分析或其他个人用途。由于不可篡改性的存在，用户节点无法自行删除数据，这会带来新的矛盾：数字时代用户的新权利——被遗忘权的保护难题。

二、被遗忘权：数字时代的"新生儿"

（一）被遗忘权的提出

被遗忘权，又被称作"数字遗忘权"，指数据主体可以在数据控制者没有合法理由掌握信息的情况下，要求其永久删除该主体的个人数据的权利。最早关于"数据删除"的法律规定起源于欧美，欧盟在1995年出台了《欧洲个人数据保护令》，首次提出"被遗忘权"这一概念。2012年，欧盟《一般数据保护条例》（GDPR）草案出台，对"被遗忘权和删除权"做出规定。2018年，在冈萨雷斯案的推动下，通过了《保护个人信息权益以及促进个人信息自由流通条例草案》，确立了被遗忘权。

美国倡导的言论自由，提出坚持每个公民享有知情权，被遗忘权与这一价值观存在部分冲突，因此在为被遗忘权立法的问题上有所保守，仅为未成年人的信息保护出台了相关法案。2013年，美国加州的第568号法案规定，未成年人可以在各大社交媒体上消除自己之前的上网痕迹。

相较于欧美国家，我国现阶段法律并没有明确提出"被遗忘权"概念，但在2016年全国人大常委会通过并经国家主席令颁布的《网络安全法》中将被遗忘权的精神体现至被正式确认的"删除权"，而中国的《网络安全法》中出现的"删除权"并不等同于被遗忘权，其核心含义是"作为国家网络信息安全中的一个组成部分而设立的，而整体制度设计的重点在于保障网络信息传播秩序的稳定"。

（二）被遗忘权的现实应用领域

随着用户数据隐私被侵犯的现象频发，"被遗忘权"的概念逐渐被引入国内外的司法判决中。

1. 冈萨雷斯案：被遗忘权的第一案

1998年，西班牙人冈萨雷斯因拖欠保险费用被迫拍卖房产，相关拍卖信息被《先锋报》刊载；2010年，冈萨雷斯在已经偿清欠款的情况下，通过谷歌搜索引擎发现其姓名仍然与欠债关联在一起。冈萨雷斯随即要求《先锋报》与谷歌公司撤除相关信息；2014年，欧盟法院审结此案，保留《先锋报》的报道内容，支持冈萨雷斯对谷歌公司的诉求。虽然在案件审理期间，被遗忘权尚未被立法，但该案判决的依据与数字时代被遗忘权的内涵基本一致。谷歌公司在没有合法理由掌握信息的情况下，擅自引用冈萨雷斯的历史信息，给当事人的工作、生活带来困扰，因此权利主体拥有永久删除其个人数据的权利，冈萨雷斯案推动了被遗忘权在欧洲的立法进程。

2. 任某诉百度案：权利界定的模糊

我国对于被遗忘权这一数字时代"新权利"的立法进度，相比欧美发达国家较为缓慢。我国宣判关于被遗忘权的案例截至目前仅有一例，即"任某诉百度案"。2015年，任某向北京市海淀区法院提起诉讼，称其在百度搜索引擎查找自己的名字后，相关搜索页面中会关联之前工作单位的信息，任某认为该信息的存在会致使其名誉受损，影响就业，要求行使被遗忘权并赔偿精神损失。被遗忘权与个人隐私挂钩，但同时具有个人信息的支配和自主决定的组分。该案中由于我国现行法律对被遗忘权的从属问题，即应属于隐私权亦或是个人信息权仍存在争议，因此并未对被遗忘权进行权利划分，法官缺乏判罚依据，只能从人格利益的角度出发，认为任某并不具有正当性和受法律保护的必要性，驳回诉讼请求。立法进程的阻碍使部分学者对被遗忘权存在的必要性存疑，但随着数字时代媒体利用大数据技术挖掘用户历史数据并将这些数据贩卖至广告商或制作虚假新闻的现象越发频繁，用户更需要被赋予自行删除数据信息的权利并依赖法律保护自身的被遗忘权。

3. 被遗忘权的现行保护路径

被遗忘权未被立法并不意味着无法通过其他手段进行保护，现阶段可以从平台、用户、技术三个方面保护用户的被遗忘权。

平台方面，窃取用户隐私数据时需要跨平台的数据共享才能精准定位用户的个人信息。因此可以利用平台间数据迁移的技术壁垒来使用户画像在其他平台的刻画模糊，从而降低挖掘用户隐私数据的准确性，但这种方法寄希望于平台的技术漏洞，低估了其技术研发能力，保护能力较低。

用户方面，类似任某起诉百度维护自身权利也是一种保护路径。尽管被遗忘权尚未立法，但依然可以从人格利益的角度出发进行主张。同时用户通过媒体表达自身主张能引发社会舆论的关注，降低维权成本，甚至能推动被遗忘权的立法进程，保护能力强于平台方面。

技术方面，可以依据被遗忘权的核心精神，在用户端不受影响的情况下，强制平台方在服务器终端写入定期遗忘的程序指令，到达既定期限就从服务器内部抹除用户的所有历史数据信息。技术的硬性规定能够减少人为因素带来的影响，其保护能力较强，但仍然存在篡改代码来获取隐私数据的风险。

（三）被遗忘权与新闻业融合发展的关系

融合发展涵盖技术融合、内容融合、形态融合以及产业融合多个维度，其核心在于吸引更多的人。融合发展的推动力是技术进步，个人参与度更强会带来更多数据生产，跨平台数据的共享会带来不同平台同一主体数据的拼接，这种拼接会导致个人画像精准化与数据痕迹的长久保存，特别是云端存储能力不断扩大，就会使得用户数据不断面临泄露风险，而且和其他金融数据比对，会带来财产和人身安全隐患。

1. 数据归属和自主权带来主体权利意识的觉醒

以门户网站为代表的 Web1.0 时期，用户的数据生产是被动的，例如注册网站必须提交的个人信息。以社交平台为代表的 Web2.0 时期，用户的数据生产是主动的，其中就涉及用户的日常生活等隐私信息。Web2.0 向万物互联的 Web3.0 转化的时期，主动与被动的界限消弭，无论用户发布何种类型的数据都将构成个体在互联网中的重要痕迹，记忆成为常态。数据仍然归属于用户，但处理个人数据的自主权却被媒体侵犯，遗忘成为例外。通过获取用户的各种数据，媒体打造了监控用户的"全景监狱"，正是在这一背景下，以隐私权、被遗忘权为代表的用户的主体权利意识觉醒，呼吁被遗忘权的正式立法。

2. 被遗忘权的落实规范新闻生产

社交媒体平台作为用户发布数据信息的主阵地，设计时建立了用户删除历史数据信息的机制。不过这种机制是一种"伪机制"，用户的数据信息仍然会残留在社交媒体的服务器终端，由于缺乏法律层面的明确判罚规定，给了媒体利用法律漏洞为自己窃取用户隐私的违规行为辩护的机会，侵权案件无法被遏制。被遗忘权的立法不仅能保护用户权利，更能约束数字时代鱼龙混杂的新闻业，重归市场理性。

3. 用户的新闻消费实践和权利主张推动立法

被遗忘权的立法困境除了与隐私权以及个人信息权的归属争议外，相关案例的贫乏导致司法机关缺乏足够的重视也是重要原因。纵观牵涉被遗忘权的司法案件可以发现，无论是欧洲的"冈萨雷斯案"还是中国的"任某诉百度案"，常与各类媒体挂钩。媒体在未经数据主体的允许下，将用户隐私制作成新闻，放置在互联网空间供他人围观。随着智能技术的更新迭代与新闻业的市场竞争加剧，能够预见用户因历史数据信息被窃取导致的司法案件将呈增长态势，被遗忘权的立法进度也会因案例库的进一步丰富而加快，最终界清与其他权利的归属问题，正式纳入法律条例。

被遗忘权与新闻业之间的融合发展关系驱使着这项数字时代用户的新权利将被赋予法律效力，同时区块链的技术优势也预示着这项足以改变新闻业的新兴技术必然会使用至实际新闻生产过程中。然而区块链的三大技术特性都将与被遗忘权产生对冲，最为直接的即是不可篡改性与被遗忘权的核心概念——用户拥有自行删除历史数据信息的权利之间的矛盾。

三、矛盾产生：区块链与被遗忘权的对冲

以区块链作为新闻生产平台的技术架构基础，用户将在弱连接的关系模式下交流对新闻的见解，形成以新闻生产为核心，以建构人际关系网为辅的独属于新闻业的社交媒体平台，用户遗留的个人数据信息可能因区块链的不可篡改而被盗取隐私，侵犯被遗忘权。区块链与被遗忘权之间最为直观的矛盾是不可篡改性与被遗忘权的概念冲突，但矛盾不仅局限于此，两者之间产生的对冲可以从三个角度来分析。

（一）技术矛盾

从区块链技术角度看，区块链根据应用范围分类可以具体分为公有链、联盟链以及私有链。联盟链是公司或组织之间达成联盟的模式，记录与维护数据的权利掌握在联盟公司成员手上。私有链不对外开放，主要应用于金融机构、政府部门等。这两类区块链出于适用场景的考虑，需要赋予少数节点管控整条区块链数据的权利以防止数据错误引发的社会风险，因此去中心化并非主要目的。

新闻作为大众产业，特别是在互联网重塑整个新闻业后，众包式新闻以及

分布式新闻的新闻生产模式都越发凸显"大众"的重要性，让每个用户都成为新闻生产的中心，从而实现去中心化，能够避免因单一个体的主观臆断影响新闻的客观公正，是未来新闻业的发展方向。公有链的任何节点都向用户开放，去中心化程度也是最高的，因此公有链是新闻业的最佳选择。

然而区块链的设计初衷是为虚拟货币交易服务，在交易过程中，数据的随意修改删除可能引发诈骗等信任危机事件，区块链也就失去了其设计的意义，即保证货币交易时的透明与公正。不可篡改性使得当某个用户节点发布了涉及个人隐私相关的数据信息，将永久被记录在数据区块中，而高度的去中心化意味着修改数据信息只能寄托于修改链上所有节点的数据信息，需要耗费大量成本，不具有现实操作意义。新闻业即使尝试删除用户的数据信息，也难以通过技术手段实现，区块链的盲目运用将使其自身的不可篡改性与用户的被遗忘权产生对冲。除此之外，公有链中每个用户都可以下载链上的完整数据信息，由于用户的被遗忘权无法得到保障，可能形成以贩卖用户隐私数据至新闻业来谋利的灰色产业链。

（二）新闻生产矛盾

新闻生产中的"五 W"需要媒体挖掘亲历新闻的用户的数据信息才能向公众呈现完整的事实脉络。

技术是动态的而非静止的。在尽量减少风险前提下，可以设计区块链内容和底层网络。以区块链作为标注，增加时间戳，从而保障其流程设计，达到增加评价需求，实现保护个人被遗忘权和隐私权。在公有链节点设置给予信息主体自主删除权，或者对信息记录链模块进行信息加密处理。虽然这种方法尚未大规模采用，但可以预见现有区块链的不可篡改性可能在未来通过技术手段由绝对变为相对。

由此围绕新闻还原客观真实，区块链与被遗忘权形成对冲，如图 1。新闻生产过程中用户的历史数据信息即 5W 必然会被媒体采用，并通过新闻的动态报道不断还原客观真实。技术的发展使不可篡改性并非绝对，从而使区块链能被新闻业所用的同时保障用户的被遗忘权。随着隐私侵权问题频发，用户可能出于保护自身的目的拒绝在区块链中保留一切涉及个人的数据信息，除非得到用户本人允许，否则媒体无法从技术上获取用户隐私数据。媒体失去了亲历新闻现场的用户的历史数据信息，新闻还原客观真实的效果将大打折扣。这将无法实现区块链原本在新闻业中美好的构图愿景，而客观事实难以还原还将引发后真相现象，真相的地位进一步式微。

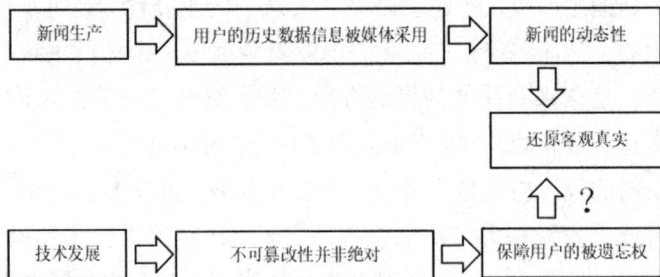

图1　新闻生产矛盾示意图

（三）法律矛盾

从法律审判角度看，除了被遗忘权与隐私权和个人信息权的归属争议外，在推进被遗忘权的立法进程中，区块链对于被遗忘权主客体的界定问题同样需要引起重视。

主体界定层面，现有社交媒体平台如微博，通过官方认证即可获悉微博账号的身份，而区块链的去中心化特点使得在链上没有权利中心，每个用户节点都以匿名的形式独立活动。一旦发生新闻侵权现象，无法迅速识别被侵权节点是个人还是媒介组织，在立案侦查中需要耗费一定的时间辨析主体。同时行使被遗忘权的主体可能不仅是用户个体，媒介组织也面临因无法删除历史数据被竞争对手窃取用作商业用途的问题，被遗忘权的主体针对自然人还是公司组织都需要明确界定。

客体界定层面，技术面临的共同争议是当某项技术被用于侵犯人类权益时，这项技术本身是否被认定为侵权客体。例如，当算法技术窃取用户隐私，惩治相关科技公司的同时，算法技术本身是否需要进行处罚存疑。同样，由于区块链基于统一的协议进行运转，区块链技术本身成为权力中心，将其引入新闻业所引发的侵犯被遗忘权案件，除了追责客体对象外，在法律条例的制定中是否需要将区块链技术划入客体范围内是有待商榷的问题。

四、破解矛盾的进路

身处人工智能时代，技术渗透至新闻业不可避免。未来各种新兴技术会放置在新闻业面前，区块链与被遗忘权的矛盾也会演变为另一种形式的对冲，具体来看，破解技术与个体权利之间的矛盾应从技术、新闻生产与法律三个维度入手。

（一）技术维度：秉持技术向善原则

生命政治学与技术政治学是构成当代政治哲学的两大前沿学脉，"生命治理"是生命政治的构成性内核。数字时代当社交信息、指纹甚至人脸都被纳入数据算法中，每个用户个体的数据就被赋予了唯一性，一旦这些涉及个人隐私的数据被盗，就可能危及财产以及生命安全。因此从这一角度看，个人数据信息并非只是符号代码，而是数字时代用户的"第二种生命"。

技术政治学认为，以指数级速度升级迭代的智能技术已深层次地介入人类共同体的构型中，推动其走向赛博格化。人工智能使媒介不仅成为麦克卢汉所说的"人的延伸"，人类本身也在以媒介形态生存。另外，迈向赛博格化的人类面临技术是否是"潘多拉的盒子"的问题，特别是由技术引发的算法囚徒与数据假象现象，技术是引领人类通向生命的自由还是将人类囚禁于技术的牢笼，是技术政治学与生命政治学需要面对的问题。

实际上，不仅是当代的智能技术，自人类诞生以来，每项技术都伴随着对生命伦理的冲击。新石器时代磨制工艺打造了便于人类生活的制碗工具，但同时石斧等武器的打磨造成了人类之间生存权利的侵犯；第二次工业革命发明了电力，但技术强权国家却利用其进行侵略殖民。区块链技术与被遗忘权之间的矛盾同样站在天平的两端。区块链能够革新整个新闻业的生产模式，解决现阶段存在的媒介乱象，而被遗忘权作为数字时代保护用户隐私不被侵犯的重要权利，漠视权利的构建无异于谋害"生命"。正如保罗·莱文森指出"一切技术都是刀子的翻版"，技术本身是中立的，纵观人类技术发展的历史，技术推动人类前进时必然坚守向"善"，即人类对美好生活向往的领域应用，引发纠纷时必然趋向于"恶"，即侵犯个体的基本权利。人类始终是技术的主体，引导区块链在新闻业的正向应用，尊重用户的个体权利是解决技术所带来的矛盾的真正要义。

（二）新闻生产维度：液态的新闻真实带来液态的数据记忆

马克思曾提出"报刊的有机运动"，认为通过多家报刊对同一事件的连续报道就可以还原事件的全部面貌。这一观点与如今的"液态新闻"有共通之处，实现新闻真实需要媒体对新闻事件进行不断挖掘。区块链技术的动态发展可能使不可篡改性并非绝对，使媒体难以搜寻用户已经删除的信息，然而用户公开的数据记忆仍然是存在的。通过对用户信息的持续关注和梳理，还原客观真实可以从液态的新闻真实过渡到液态的数据记忆来实现，虽然可能要耗费大量时间成本，但确实为一种最可行的方式。

（三）法律维度：明确主体对象

无论未来机器是否会具备一定的主体性地位，"基于人的尊严性，人只能作为主体而存在，任何时候都不能成为客体与工具，这是现代法治必须坚守的基本价值立场"。每项新技术的应用都给予了人类新的权利，例如互联网使公众拥有了发言权，人工智能赋予用户信息的选择权，区块链作为一项新兴技术，理应实现增权予人而非减权。特别是在数字时代用户的隐私被频繁侵犯的情况下，用户的被遗忘权更需要得到保障，在不可篡改性未被改变之前，法律的强制约束力是保障用户权利的有效方式。在区块链的运行系统中，平台负有自动留痕、提醒、监督、定期删除和保护数据的责任，如果摒弃这种责任，则需要司法系统的介入来进行监管处罚。尽管现阶段我国对于被遗忘权的立法与否存在争议，导致类似案件只能从人格利益的角度进行判决，但随着司法体系的不断完善，需要明确被遗忘权的权利主体始终是用户，只有围绕用户的正当利益构建相应的法律条例，才能使用户在区块链系统乃至整个数字空间行使自身的被遗忘权。

区块链 3.0 阶段对新闻业是巨大的机遇，将重塑整个新闻生产环节，彻底打破用户与媒体之间的壁垒。无论是技术层面还是新闻流程，保护用户的合法权益应是首要目的，在此基础上探索技术与法治的平衡，才能在人工智能时代人与技术双向影响及相互建构中，使技术得以"善"用。

参考文献：

[1] ［美］施拉姆，［美］波特，著.传播学概论［M］.新华出版社，1984.

[2] 杜声宇.聚合型平台的挑战与应对［J］.电子知识产权，2014（08）：1.

[3] 耿倩.从今日头条侵权事件看新闻作品著作权的维护［J］.新闻研究导刊，2018，9（13）：64-65.

[4] 吴汉东.著作权合理使用制度研究［M］.中国政法大学出版社，1996.

[5] 孔祥俊.反不正当竞争法新论［M］.人民法院出版社，2001.

[6] ［美］凯斯·桑斯坦.信息乌托邦——众人如何生产知识［M］.法律出版社，2008.

[7] ［美］尼尔·波兹曼.娱乐至死［M］.广西师范大学出版社，2004.

[8] ［德］马克思，［德］恩格斯.马克思恩格斯全集［M］.人民出版社，1958.

[9] 吴飞，田野.新闻专业主义2.0：理念重构［J］.国际新闻界，2015，37（07）：6-25.

[10] 梁宝林.聚合类新闻客户端今日头条的智能化发展研究［D］.湖南大学，2018.

[11] 喻国明，侯伟鹏，程雪梅．个性化新闻推送对新闻业务链的重塑[J]．新闻记者，2017 (03)：9-13.

[12] 彭兰．变革与挑战：智能化技术对传媒业的影响 [J]．信息安全研究，2019，5 (11)：966-974.

[13] 彭兰．智能时代的新内容革命 [J]．国际新闻界，2018，40 (06)：88-109.

[14] 尼尔·波兹曼，何道宽译．技术垄断：文化向技术投降 [J]．科学中国人，2019 (11)：80.

网络购物直播中人工智能
虚拟主播的知识产权问题研究

郭　宝　厦门大学

摘要：疫情之下，网络购物直播迅猛发展，推动着业态的快速迭代，各类玩法、营销、模式层出不穷，人工智能虚拟主播亦在其列。而新生业态与之相随的是一系列的新问题与新挑战。具体到网络购物直播中人工智能虚拟主播的知识产权法律问题，则可盘点出表演者权、IP 著作权、专利权、数据权利等四大旨向的重点领域。与此相对应的尚可在各领域范围内运用"弱人工智能—强人工智能"二分法的方式，将上述域内问题进行"现在—未来"的双时域研究。本文尽可能在《中华人民共和国民法典》新时代中对此类新现象与新挑战，做到有的放矢。其间蕴含些许中国知识产权法发展之导向。

关键词：网络购物直播；人工智能；虚拟主播；知识产权

法律一向以"规范已然，预防未然"为基准，但在飞速发展变革的新时代，法律，尤其是如我国法典化的成文法，滞后性的特征一而再、再而三地被凸显。正因如此，我国法律人一贯极具危机意识，对未来的不确定性报以极大的审慎态度。哪怕已对未来抱有岌岌可危的危机意识，现实总会回击——还是将危机看得太小、太轻。知识产权法律经历了从工业革命到知识革命的不同时期，始终关注科学技术的发展，深刻地表现了制度创新本质和知识创新功能，其法律变迁的历史就是人类社会创新发展的过程。当下知识经济时代就是知识产权时代，科学技术发展需要新的观念突破、新的理论建构、新的制度设计。现代知识产权法律的重大变革，即是回应新知识、新技术带来的挑战。① 魔幻的 2020年，再一次倒逼着现代知识产权法律去变革与回应，网络购物直播中的人工智能虚拟主播或许只是其中或小或轻的一个，但亦能以小见大，一窥究竟。

---

① 吴汉东：《中国知识产权法律变迁的基本面向》，载《中国社会科学》2018 年第 8 期。

一、问题诞生：网络购物直播中人工智能虚拟主播出现

（一）网络购物直播于疫情期间的火爆

起先被无数人诟病为泡沫经济的网络购物直播，在 2020 年异军突起，早已是视之为其前身的"电视购物"望尘莫及的体量与热度。而且，在这短短的疫情宅家的几个月中，各大网络购物直播平台与海量网络购物直播主播中已基本形成了三足鼎立之势。网络购物直播的"马太定律"业已呈现：渠道、流量等各类资源向头部主播集中，其余主播的生存则越发艰难。网络购物主播中，只有两种主播：头部主播、其他主播。但是，随着网红直播电商模式的快速发展以及网红直播模式准入门槛低，网络直播迅速吸引了大量的人员，进而也造成了当前网红直播电商模式的问题，如过度营销、虚假宣传等。① 任何事物野蛮生长的初期，繁荣与荆棘总是并生的。遇到问题，解决问题，而且要运用合理合法的手段去施加影响，这才是正确对待在 2020 年第一季度就破 400 万场的网络购物直播的应然姿态。诚然，直播带货在今后的发展还会面临各种新问题、新矛盾，但出现问题和矛盾都不可怕，只要坚持用法律和制度保驾护航，始终运行在健康有序的发展轨道上，那么前景仍是一片光明，未来不可限量。②

（二）网络购物直播中人工智能虚拟主播的出现

市场这只看不见的手，总能牵引出一个又一个不大不小但接踵而至的创新与革命。网络购物直播的火热，反映出市场热情，更映射着现有网络购物直播中的供需不匹配——网络购物直播前一中一后三阶段投入的大量精力使得没有任何一个主播可以全天候地工作，甚至超过 5 小时的直播都已经在网络购物直播界称得上是一次"马拉松"了，而观众的观看时间分配的不确定与头部主播的巨大吸引力及用户黏性，使得这一矛盾在网络购物直播如火如荼发展的当今日趋凸显。正因如此，在网络直播这片试验田中，人工智能虚拟主播闪亮登场：2020 年 4 月 21 日，一名淘宝头部主播与虚拟偶像一道直播。虽然期间偶有故障，但仍为直播间带来了另一番的和风细雨。根据相关数据统计，同期 5 月份的单日在线观看数据总榜单第二名的自然人主播为 233 万。从这一对比可知，人工智能虚拟主播的数据着实令人眼前一亮。

"阳光底下无新事。"人工智能主播在我国最早出现的领域就是传媒行业，

---

① 余娟娟：《新媒体营销背景下的网红直播电商模式探析》，载《电子商务》2020 年第 5 期。

② 胡蔚：《直播带货有规矩才有未来》，载《人民法院报》2020 年 6 月 12 日，第 2 版。

而且还是传统新闻媒体龙头新华社"推波助澜"：随着高速移动互联网时代的到来，加之人工智能和媒体深度融合，AI 赋能媒体已是大势所趋。2019 年 2 月 19 日，新华社发布了全新升级的站立式 AI 合成主播，并推出全球首个 AI 合成女主播，这是在此前推出 AI 男主播基础上，再一次站在了融媒体传播时代的前沿。① 网络购物直播天然带有的传媒属性，更是让其具备"前车之师"的借鉴。既然传统如斯的新闻传播行业都踊跃尝试人工智能主播这一路径，那新鲜奔涌的网络购物直播这一"后浪"更是不会掉队。网络购物直播中人工智能虚拟主播固然有其客观发展的优势与客观成长条件。在获得万众瞩目的光环时，对其发展的局限和前景需要更加清醒的认知。如何使 AI 合成主播与传媒业更好地相融相生，使受众接受其常态化播报是接下来一段时间面临且需要尽快解决的问题。② 曾几何时摆在人工智能新闻主播面前的难题，又成为网络购物直播中人工智能主播的"达摩克利斯之剑"。洛天依完成人工智能虚拟主播首秀之后，乐正绫、初音未来、努努等虚拟偶像也都开始涉足电商带货领域。人工智能在直播这一场域碰撞出新火花的同时，也激起知识产权的千层浪。

二、问题回应：网络购物直播中人工智能虚拟主播知识产权问题研究

在进一步深入具体知识产权相关领域问题之前，必须坚持"人工智能二分法"的认识视角，即弱人工智能和强人工智能。简言之，弱人工智能就是如今人工智能发展的现实水平，在社会分工中更多地充任人类的一种智能辅助手段，也被业界戏谑为"人工智障"，仅系一种现代化高级工具而已；强人工智能是指理想化下真正的人工智能，即人工智能技术发展的目的地，如各类科幻电影中呈现出的一幕幕天马行空之假想图景，强人工智能大可独当一面，替代人类某些简单重复的工作，甚至大有取人类而代之的危机。"未来已来，只是不均匀地分布在当下。"笔者观之，后者是完全可能与可行的，更是大势所趋。这一过程很可能是一种渐进式发展的对调——如今的弱人工智能当道，逐渐演化为强人工智能占据多数。所以，本文在下述问题展开时，将贯彻这一二分法的分析框架，绝非杞人忧天，而是不可不察之态。这也较为吻合知识产权法本身的法律价值定位与初衷：知识产权法与创新联系在一起。知识产权法源于创新而生，

---

① 姜春媛：《智媒时代，新技术如何为新闻报道赋能——新华社 AI 合成主播在新媒体报道中的运用效果分析》，载《传媒评论》2019 年第 7 期。
② 张标、徐春娟：《智媒时代 AI 合成主播的局限与前景》，载《青年记者》2020 年 5 月中期。

是为财产权制度革新的产物；基于创新而变，当以激励知识创新为价值目标。①

（一）网络购物直播中人工智能虚拟主播之表演者权问题研究

界定表演者应从表演行为（情景条件一）、表演对象（情景条件二）和表演主体（主体资格）三个构成要件加以分析和判断。② 先来看，从弱人工智能角度出发，这似乎是一个不成立的问题，三大构成要件中无一符合，尤其是表演对象和表演主体统统不具备成立条件，因为这近似于一种播放或展映的载体，比之于"打开电视看电影"的存在。充其量沾到了一些"机械表演"的味道，但基于自身权利构成要件的极度缺失与严重瑕疵，至少在弱人工智能这一层次上，表演者权无从谈起。

然而，当视域切换到强人工智能状态，问题回归到人工智能由"机器"向"人"的主体身份之转变，假若强人工智能在未来法律中获得了民事主体的地位资格，则表演者权搭建的表演对象与表演主体二要件即得满足之可能。网络购物直播元素的多元，载歌载舞对真人主播固然是即兴挑战，但对人工智能主播则仅仅是程序设定，而这样一场堪称"声光电大秀"的网络购物直播，不失为一种表演行为。况且表演行为本身内含机械表演这一成分，也就是强人工智能最低级的、仅根据程序设定而为的表演尚属表演行为，遑论强人工智能潜在的变化与随机性。同时还应注意到在现存假设条件下，人工智能最大的优势即在于稳定性与可复制性，而这一前提与表演者权表演者个性与独创性的假定背道而驰，若抛弃优势而与自然人硬拼创造性，这是否又与人工智能技术研发的初心南辕北辙。可技术发展前景的不确定性，又引人不得不继续深思此类问题：人工智能主播在网络购物直播的演出与人工智能歌手在演唱会现场的演出是否同质？人工智能个性的多样性是否能与自然人的多样性处于同一量级？

类似的事情实有可资借鉴之先例：伴随着网络游戏产业的快速发展，网络游戏经营模式不断推陈出新，目前最为吸引人的经营模式为网络游戏直播模式。从司法实践来看，因网络游戏直播而引发的著作权侵权纠纷，主要集中在电子竞技游戏领域里的直播。③ 莫要前车之鉴在前，却又"再赴黄泉"。

（二）网络购物直播中人工智能虚拟主播之著作权问题研究

因表演者权在网络购物直播中人工智能虚拟主播这一问题上具有独特且代

---

① 吴汉东：《知识产权法的制度创新本质与知识创新目标》，载《法学研究》2014年第3期。

② 熊文聪：《论著作权法中的"表演"与"表演者"》，载《法商研究》2016年第6期。

③ 祝建军：《网络游戏直播的著作权问题研究》，载《知识产权》2017年第1期。

表性的一面，故在上节分述之。剩余著作权相关问题尚存。

其一，类综艺节目的版权。决定这一情形的前提正在于网络购物直播的飞速发展之下，大量资本涌入，使得网络购物直播的各类软硬件条件飙升——机位花样百出，"长枪短炮"的摄像头层出不穷，观众已然可以在直播间内享受到360度 VR 观影的快感。原先在传统媒体"寒潮"新一轮"下岗潮"中的导演等各类工种，又在网络购物直播中完成下岗再就业，网络购物直播在高精端设备和搭配专业化人士的双重条件下，渐起综艺化之新潮。人工智能时代下的新大文娱板块正在网络购物直播这一新的疆域上，披荆斩棘，开疆拓土。

在现今弱人工智能的话语体系中，网络购物直播拥有更趋近于流程化与格式化的倾向，在经过多次市场检验后，势必会形成自己的开场、模式、配乐、冲突制造等一整套的固定版式，进而在市场经济中更会受到争先效仿，而模式的开创者势必会带来与此相关的类综艺节目的版权问题。而人工智能虚拟主播仅扮演着这一整套固定版式的其中一环而已，因此眼下网络购物直播类综艺节目的潜在版权之争，较多地停留在固定版式的开发者上，而与人工智能基本无涉，人工智能虚拟主播在其中更多地被视为一种简单且固定的环节。若代入强人工智能，人工智能不同于自然人的强复制性与稳定性，并不会对之前所述类综艺节目的版权形成与出现造成影响，所带来的连锁反应更可能体现在这一版式的创新与迭代的几何倍增速。所以由强人工智能主播主导的类综艺节目的网络购物直播版权所有者是无法躺在其上，安然入睡的，因为在其身后有着千军万马在追赶。与此同时，作为现代高新科技发展产物的人工智能，已经摆脱了预设程序和算法的束缚，从辅助人类进行创造的配角转化为能够独立创造的主角，其创造出来的作品已经满足了著作权法"独创性"的要求，不再是一种机械的延伸，而已经完全能够基于模仿人的智力活动并发挥了一定程度的类似于自然人的主观能动性。[1] 设想如今网络购物直播中主播的强势地位与绝对话语权继续成立，那在强人工智能时代的人工智能虚拟主播完全有可能摆脱"环节"的身份，而成为该网络购物直播综艺节目的版权所有者。又存有进一步深入探讨人工智能民商事主体与交易关系的想象空间。

其二，IP 著作权。以现有的弱人工智能现实来说，已出现的虚拟主播均早已是二次元时代的人气偶像，而要再打造人工智能主播的"李佳琦"们，从现有数据来看，势必会大幅丧失人工智能主播先天带有的流量红利，总体而言弊

---

[1] 马忠法、彭亚媛、张驰：《与人工智能相关的主要知识产权法律问题》，载《武陵学刊》2019 年第 1 期。

大于利。即在弱人工智能时代下，网络购物直播中的人工智能虚拟主播注定要继续沿用现有的二次元人气偶像，甚至突破次元，使用一些颇具名气的虚拟人物（如金庸武侠小说中的各类大侠）。聚焦于现实中二次元偶像出任人工智能虚拟主播这一现状，相关 IP 的著作权问题首当其冲。这类偶像大多都是开源性质的，用户如果想进行非商业性的娱乐性使用，譬如利用相关模型或形象制作搞笑视频，则可免费使用，一旦涉及商业盈利，尤其网络购物直播尚处于暴利期，就必须要向版权方支付费用。当前市场尚处于 IP 争夺和孵化的阶段，分别忙于建立自己的人气 IP 矩阵，暂无激烈明显的法律纠纷与利益摩擦。反观如今娱乐圈文学作品改编"IP 热"的出现，在某种程度上有助于促进我国文化艺术事业的繁荣，尤其会激励众多的网络写手创作出更多的作品。但资本的跟风同样也会促使作品出现同质化，促使许多寻求捷径的写手不惜抄袭他人作品以尽快换取市场青睐。对于寻求"IP"的资本而言，如果缺乏知识产权意识，不做事先的著作权调查和评估，存在极大的法律风险。① 作为新娱乐消费赛道上的网络购物直播中的人工智能虚拟主播的 IP 战场，注定也将是狼烟四起。问题再一步延伸至强人工智能主播时代，固有的 IP 依旧会保持"经典永流传"姿态或起或伏的发展。而时间线一旦被拉长，原本带有的流量红利就被大幅削弱。强人工智能主播依靠其自身高稳定性、长工作时间等特性，持之以恒地演化发展，尚存有形成大"IP"之可能。如同现在娱乐圈文学作品 IP 改编的一个新动议：不再将文学创作当作一种个人的"独创"行为，而是隶属于某个文学传统和创作群落的实践活动，并在这个特定的文学生态系统中探索平衡各方利益和需求的方法。② 人工智能主播自身成为大 IP 的过程就是一个群体与系统性工程。这场人工智能主播的"IP"之火，足可洞穿时空与技术隧道，变化的是样态，不变的是核心利益与诉求。

（三）网络购物直播中人工智能虚拟主播之专利权问题研究

以目前弱人工智能发展状态下的人工智能虚拟主播，其可专利部分实是甚少。目之所及，皆系基于现有技术与算法的些微改变，这一点可从现阶段的建模成本不高与类似人工智能虚拟主播批量涌现可知。与现行专利制度有所牵连的也仅存有外观设计专利制度，技术含量较低。一旦切换至强人工智能状态下的虚拟主播，此方面的专利权问题拥有更高层级的可探讨空间：一方面，这种

---

① 李阁霞：《"IP 热"背后的著作权法保护》，载《中国国情国力》2017 年第 6 期。
② 杨玲：《IP 时代的著作权、抄袭与独创性》，载《广西师范学院学报（哲学社会科学版）》2018 年第 6 期。

强人工智能虚拟主播的发明势必将引发专利权归属问题，在愈演愈烈的知识经济与数字信息赛道上，会是一个"永流传，恒久远"的问题。具体而言，现代文明极端重视科技发明创造的投入，突破性发明专利再难由个人单打独斗所开创。在集体与机构的发明创造之下，首创者似乎会是一个比"微积分"由谁发明更难解的题目。科技成为第一生产力的21世纪，重大发明创造更交织进国家利益与国际竞争等重大非技术因素。类似强人工智能的划时代重大发明创造的专利问题将会成为国际性难题，令全球的法学家们投入大量物力财力去研究。另一方面，人工智能生成发明的专利权问题亦浮出水面。一个强人工智能时代的虚拟主播未尝不可为一名发明家，基于人工智能不必休闲娱乐甚至休息的前提假设下，网络购物直播甚至可以是其众多职业中的一个，兼职发明创造仍存有不小的可能性。机器已由传统意义上的装置、设备逐步发展为具有自主创新能力的人工智能，其不再仅仅是专利法的保护客体和技术研发的辅助工具，更是演变为能够在没有人类控制与干预的情况下进行自主创造的研发"主体"。① 对于这一可预见性"闯入"的主体，可从"可专利主题进行有限扩张"与"人工智能生成发明专利排除领域"一正一反两方面入手对专利法进行适当调度与安排，同时巧妙地运用发明人与专利权人这一二元主体结构。可以简单易行地作出一种专利法制度的雏形安排——人工智能的发明人身份有两种类型：在独立生成发明中，人工智能可以视为单一发明人；在智能机器和自然人的共同发明中，人工智能可以具有"共同发明人"身份。②

（四）网络购物直播中人工智能虚拟主播之数据权利问题研究

数据权利严格意义上划分并非单纯的知识产权问题。其间牵涉的关系之广、利益之丰、意义之大，使得《民法典》都不得不就此类问题在"人格权编"加设专条（第1034条、第1035条与第1038条）规定。显见我国对于数据权利的保护采用人格化路径。数据的人格化是指将公民的数据权利置于人格权的框架内予以保护，其目的是将同公民隐私和尊严有关的个人信息视作保护公民人格权的重要组成部分。③ 对个人信息的保护是实在的，但有过密过慎之嫌，尤其是数据系人工智能的三大核心能力之一。人工智能技术，包括人工智能虚拟主播的成长与再发展都脱离不开大数据的喂养。大数据的"大"含有数量之大，更

① 刘鑫：《人工智能生成技术方案的专利法规制——理论争议、实践难题与法律对策》，载《法律科学（西北政法大学学报）》2019年第5期。

② 吴汉东：《人工智能生成发明的专利法之问》，载《当代法学》2019年第4期。

③ 周一帆：《论数据保护的两种思路：人格化和财产化——兼论个人基本权利和数据商业价值的平衡》，载《科学·经济·社会》2019年第4期。

多的是指维度之多，这一切的基础都要构建于数据收集之上。笔者所言，不是绝对地排除对信息与数据的保护，而是吻合于知识产权法的立法意图：推进生产力与科技的创新。以算法规制实现数据权利指的是，以算法为中心建立数据交易管制规则、违法数据禁易规制、打破"数据壁垒"的责任规制，通过这些规则的设置为合法的数据行为勾勒出边界。数据制造者对合法的数据，即可享有数据财产权。这一方案即可解决适用既有规范无法周全的问题，亦可解决数据信息权利难以构建的困境。① 这一中心理论恰又契合"个人信息知识产权化保护"：公开加收益。建构一个类似专利许可制度的个人信息许可制度，个人可以选择公开自己愿意公开的个人信息部分，而信息使用者在进行商业性利用时支付相应费用与报酬。成立与商标局、专利局类似的政府中立机构，统一管理个人信息，统一规范个人信息市场。综其所述，数据权利问题很大也很深，远超知识产权法涵射范围，但又与知识产权法密不可分，知识产权法视角的引入，及其与民法保护视域的融合，或许是基于本文网络购物直播中的人工智能虚拟主播议题所能引发的有关数据权利问题的再一嬗变。网络购物直播中的人工智能虚拟主播只是其中的一味药引，愈加汹涌的未来法律难题未及深思，已扑面而来。

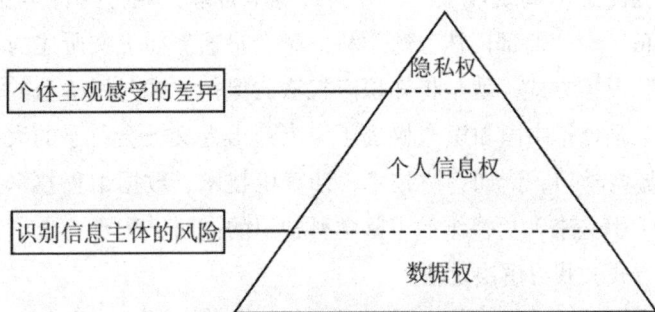

图　信息之上的权利层次性与保护体系②

三、问题破壁：中国知识产权法现代化发展展望

经过上文不一而足的层层递进式分析。文章最后，笔者希冀借此间问题破壁而出，由网络购物直播中人工智能虚拟主播的相应知识产权法问题管中窥豹，略谈中国知识产权法现代化发展的展望。

---

① 韩旭至：《数据确权的困境及破解之道》，载《东方法学》2020 年第 1 期。
② 彭诚信、杨思益：《论数据、信息与隐私的权利层次与体系建构》，载《西北工业大学学报（社会科学版）》2020 年第 2 期。

（一）中国知识产权法的宗旨与目标不变

新技术的日新月异为现行各类法律均提出不小的挑战，本以技术为导向的知识产权法越发如是。但只要守住中国知识产权法的"初心"，就能在新时代中完成中国知识产权法被赋予的"使命"。知识产权立法宗旨，在于保护创造者的合法权益，促进知识产品的广泛传播。这种二元法律价值目标，是以权利保障的激励机制为基础，以利益平衡的调节机制为手段来实现的。① 知识产品在知识经济的现今隐隐有"脱虚向实"之感，价值比重在整体国民经济比重中不断加码，且有附加值高、迭代速度快等特点，更像是对"修法乃终身大事"的中国知识产权法发起了总攻的冲锋号。万变不离其宗，中国知识产权法只需守好"权利保障"与"激励机制"这两座大门，在社会主义核心价值观的统一衡量下，不断创新与调整利益平衡的调节手段，中国知识产权法的未来发展依旧能如"万金油"般，在类如人工智能等各式前沿问题上游刃有余。在后疫情时代与新《中华人民共和国民法典》时期，仍旧为科技的发展保驾护航！

（二）中国知识产权法的泛化与现代化

问题与挑战从不会自动分门别类地按照部门法标准逐一对应产生，中国知识产权法也应注意"高筑墙"——夯实自身学科理论规范与科学基础的同时，注重"广积粮"——跨部门法、跨学科的融会贯通。如上文所述的"个人信息保护知产化"保护方式，就是将知识产权法的保护方式与民法上的信息、数据权利保护相互融合。中国知识产权法还应当跨出人文社会科学的大门，向理工科学加以借鉴与学习，诸如算法技术、计算机技术、数据编程技术等。中国知识产权法在"引进来"更多维的丰富学科知识的同时，还要"走出去"借以知识产权法的方式去找寻解决之法。

中国知识产权法泛化正是中国知识产权法现代化的又一面相。未来社会是属于科技的新时代，同样也是充满风险的社会。就法律制度建设而言，如果总是基于技术及其效应的充分显现，以此形成以技术事实为基础的社会规范，那么法律制度的滞后现象将会十分严重，最终导致技术法律对技术"匡正"的失效和无力。② 中国知识产权法的现代化注定着眼于理念与体系方面：价值多元且以安全为首要。中国知识产权法应适应时下价值多元社会的要求，兼容并包，

① 吴汉东：《新时代中国知识产权制度建设的思想纲领和行动指南——试论习近平关于知识产权的重要论述》，载《法律科学（西北政法大学学报）》2019 年第 4 期。

② 吴汉东：《人工智能时代的制度安排与法律规制》，载《法律科学（西北政法大学学报）》2017 年第 5 期。

但一切仍应以安全为首要价值追求，因为生存权仍系个人立足社会之根本；伦理导向的利益平衡调节机制，法律与道德这一对关系相爱相杀，在未来社会人心向善的本性仍存，法律的善恶不可妄自揣测，伦理对利益的对冲势必会成为中国知识产权法未来发展的一大倚靠；加强技术与法律融合的风险预估与控制机制，法律的滞后性不应被时代的车轮轰轰碾过，而应该令技术与法律相互接纳，更好地将统一化的法律与个性化的技术一同运作，尽力将风险扼杀于摇篮之中。

（三）中国知识产权法的国际化与本土化

中国知识产权法未来的发展依旧存有国际化与本土化双轨并行的发展路径。对于中国而言，对知识产权进行法律移植并本土改造，是一个长期的历史演变、理性沉淀和制度经验累积的过程。在国际背景、时代情景与本土场景交织的时空条件下，科学技术和经济发展的不充分、不平衡的基本国情，决定了中国知识产权法律变迁有着自己的思想理论认识。[1] 中国知识产权法既因知识产权法保护领域天生带有的国际化、一体化倾向，而积极签订国际条约并承担大国责任而履约，不断地对本国国内法进行改造，以期更加适配与契合整体国际知识产权条约；又鉴于我国自身这一"世界上最大的发展中国家"的固有国情，在权利属性认知、法律价值塑造、立法目标调整、国际立场选择等方面又有着中国道路与中国方案。总之，中国知识产权法的未来发展仍将会在这一重叠又分离的双轨之上滚滚向前。

总而言之，中国知识产权法的未来发展依旧沿袭着固有的宗旨与目标，在国际化与本土化双轨路径下，不断地外扩泛化，驶向现代化的未来航路。

---

① 吴汉东：《中国知识产权制度发展：法律、政策和文化》，载《中国发明与专利》2018 年第 8 期。

大数据时代下疫情防控场景中的个人信息泄露风险

——兼谈民法保护路径

何美婕　华东政法大学

摘要：新冠肺炎疫情以来，以大数据为基础的人工智能等高新技术在疫情防控中发挥了重要的价值。本研究针对疫情防控中政府、社会机构及部分商业企业收集数据后对个人信息泄露的风险进行分析。基于当前民法保护路径上个人信息民法属性定位模糊、动态概念理解缺位和外延扩展范围界限不明的现状，提出构建个人信息民法保护路径需先清楚"知情—同意"的人伦困境和了解个人信息"可识别化"的现实拘囿。最后联系最新公布的《中华人民共和国个人信息保护法（草案）》刍议疫情场景下个人信息民法保护的或然路径：找准个人信息保护利益平衡点、明确个人信息侵权民事责任、联动协调完善个人信息保护法律体系、推动和提升信息行业自治能力。

关键词：疫情防控；信息收集；个人信息保护；民法保护

一、引言

新冠肺炎疫情的狙击"战疫"是对我国行政治理体系和治理能力的严峻考验。各地政府在"战疫"之中，多通过移动运营商对手机号码进行个人定位，通过网络服务提供商对手机应用软件使用用户的信息进行收集，以确认中高风险地区人群及感染者或疑似感染者的活动轨迹，为进一步的流行病学调查和相应防控措施启动提供依据和保障。在对数据的收集过程中，政府、社会机构及部分商业企业可能会产生数据泄露的情况。在疫情防控统合全社会力量共同防止疫情扩散的背景下，对于疑似人群的相关信息收集如轨迹追踪，一般而言都是由政府统领收集有关数据，并对数据的后续使用进行把控。但从现实性、高效性和可操作性出发，政府对数据的收集和分析使用相对于社会机构和商业企业而言，会更显劣势。因为社会机构和商业企业均有相应的互联网服务应用软件，它们的使用用户基数大、用户使用频率高。故而在疫情防控时，政府多会授权社会机构和商业企业对其使用用户的信息进行收集并分析、整合上报政府，以此形成政企联合的疫情防控的统一战线。

大量的个人信息在经政府授权的社会机构和商业企业手中时，由于相关工作人员职业道德素质参差不齐、对系统操作生疏等可能就会造成相关中高风险地区人员的信息泄露。而这种情况在现实中已发生多起。贵州省天柱县公安局网警在日常网络巡查时，收到网民反映其个人隐私信息遭到泄露之情况。经查，系天柱县某社区计生工作人员为餍足其好友的好奇心，将疫情工作排查的相关人员信息电子表格经微信转发给好友，好友再转发扩散，致使部分疫区返回天柱县人员正常生活受到干扰，造成不良社会影响。① 针对这种情况，2020 年 2 月 4 日，中央网络安全和信息化委员会办公室发布《关于做好个人信息保护利用大数据支撑联防联控工作的通知》，其第 3 条明确规定，因为疫情防控而收集到的与被收集者有关的年龄、身份证号码等有关的个人信息，不得用于除疫情防控外的其他用途，且未经被收集者同意不得公开。但脱敏处理的除外。②

如上所述，大数据、人工智能等技术已经被大量应用于疫情防控场景之中，且对疫情防控措施的开展产生了如虎添翼的效果，大大减少了流行病学调查等防控措施开展的时间，能最大限度地借助高科技手段准确高效地找出重点人群。值得注意的是，个人信息在疫情期间有泄露的情况，且较为严重。

二、疫情防控场景中信息收集对个人隐私泄露的风险

在大数据时代，必须清楚认识个人数据与个人信息的关系③。个人信息其实是由个人数据所组成的，但并不是所有的个人数据都可称为个人信息。有的学者认为，在经过对个人数据的收集和分析处理，并且具有了一定效用价值的，才可称为个人信息。④ 在对个人数据进行深入挖掘，即收集、储存、分析、应用

---

① 《公安部网安局发布疫情期间泄露个人信息案例》，载《澎湃新闻》2020 年 2 月 15 日，https：//www.thepaper.cn/newsDetail_forward_6014530。

② 《关于做好个人信息保护利用大数据支撑联防联控工作的通知》，载中国政府网，2020 年 2 月 4 日，http://www.gov.cn/xinwen/2020-02/10/content_5476711.htm。

③ 此处并不讨论个人数据权与个人信息权之关系，因学界对是否将这二者进行区分、如何进行法律属性的界定、如何在合法性框架内规制具有较大争议。详见周斯佳：《个人数据权与个人信息权关系的厘清》，载《华东政法大学学报》2020 年第 2 期；陈敬根、朱昕苑：《论个人数据的法律保护》，载《学习与实践》2020 年第 6 期；魏远山：《我国数据权演进历程回顾与趋势展望》，载《图书馆论坛》2020 年 9 月 16 日。

④ 王春辉：《GDPR 个人数据与〈网络安全法〉个人信息权之比较》，载《中国信息安全》2018 年第 7 期，第 41—44 页。

的过程中，经手机构和个人都有可能从中获取各类个人信息，这些信息可以分类为"私密个人信息"与"一般个人信息"，① 其中"私密个人信息"又为个人敏感信息，大多涉及患者个人隐私。基于民法典在"人格权编"第六章提及的"隐私权和个人信息保护"的有关表述及我国将个人信息与个人数据概念的混同使用现状，本文在此将使用"个人信息"作为讨论切入点，以契合社会惯习与我国法规。

在应用人工智能技术至疫情防控之中时，我们不可忽略一个重要的前提，即人工智能是基于算法而建立的具有深度学习功能的技术科学。换句话说，人工智能是一门具有基于算法的深度学习功能的技术科学，而深度学习是智能的最重要特征，它必须依靠大量数据作为支撑。在人工智能与数据的螺旋式上升发展关系之中，海量的数据不仅为人工智能的深度学习夯实基础，且人工智能在不断的数据更新及分析之中也得以完善，最终形成"智能"。人工智能技术在医疗领域的使用，除了当前最为热门的感染者轨迹追踪并分析，还有在病症研判中利用人工智能技术的专家系统②精确分析和诊断患者病情；依靠数字技术进行健康管理、新药研制、建立医疗大数据体系等。人工智能的实际应用不可避免地会接触大量的患者个人医疗数据，这些数据在经过分析处理后可能会具有财产价值属性，可以被利用、共享和买卖。在肯定大数据便利人类、提升工作效率的同时，是否也要考虑个人隐私保护与社会最大限度福利、数据发展需求此消彼长的制衡关系以及应如何纾解二者的紧张以寻求二者协同发展的最大公约数。

5G时代的快速到来提升了移动设备网络连接的即时、开放、随时、高效的特性，这使得使用人工智能技术而收集到的大量数据面临着管控困难的问题。大数据的收集是建立医疗数据库、提升传染病防控质量和效率的基础前提，而数据泄露又是数据收集必然发生的情况。第一层面是可能的数据单纯性泄露。这一般会涉及患者个人基本医疗情形泄露导致的各类骚扰，如孕妇个人信息的泄露，就有可能产生孕产妇和婴幼儿产品推销、软件精准推送、精准诈骗等情况。第二层面是可能的对泄露数据的深度使用。这已不是单纯地利用信息，而是基于所得医疗数据对患者的下一步行为进行预测和判断。这意味着恶意使用

---

① 该分类是根据《中华人民共和国民法典》第 1034 条第 3 款"个人信息中的私密信息，适用有关隐私权的规定；没有规定的，适用有关个人信息保护的规定"而建构。

② 人工智能专家系统作为人工智能的应用领域之一，是指内部含有大量的某个领域专家水平的知识与经验，能够利用人类专家的知识和解决问题的方法来处理该领域问题的智能程序系统。

人可以破坏数据、篡改受害者的医疗记录，就可能会导致不知个人医疗数据已泄露的患者因某病到医院紧急手术时，因医疗数据被篡改，医生看到患者已做过类似手术，出于谨慎和安全考虑，医生定会重新详细检查，这就可能会贻误患者的诊治。更糟糕的可能是恶意修改血型、过敏药品史等，这会对病人的生命健康造成重大威胁。

以上，对于大数据时代下疫情防控场景中面临的个人信息泄露风险，应如何平衡个人利益和公共福祉（即公共卫生安全）；在利用人工智能对数据进行深度挖掘分析的时候，可通过程序开发者对人工智能技术设置相应的"隐私红线"以防止数据泄露，但开发者应如何确定"红线"界限，并找寻医疗信息利用与私密信息保护的平衡点；当前民法保护手段是否完善，如何找寻民法保护更为周全的可能路径；等等。本研究以期通过讨论以上问题，谋求利益冲突的平衡点，在发展数据技术的同时保护公民个人基本权利。

三、疫情防控场景中个人信息保护民法路径和缺陷

（一）隐私与个人信息的法律关系厘清

要讨论大数据时代个人信息保护，就要先厘清"个人数据"与"个人信息"。如前文所述，在大数据时代，个人数据与个人信息的概念逐渐趋同，特别是在中国，较少区分个人数据与个人信息。在法律层面关于个人数据与个人信息的区分，并不像文学上词语解释一样严格，而多将二者概念混同。如欧盟《通用数据保护条例》第4条第1款，就将"个人数据"确定为任何已识别或可识别的自然人（"数据主体"）相关的信息。因此，我们自然也不必拘泥于二者法律上的概念划分。

隐私权这一概念最早在1890年《哈佛法律评论》中由沃伦和布兰代斯首次提出。随后美国通过1965年的"Griswold v. Connecticut案件"确立了宪法上的隐私权，1977年联邦最高法院通过"Whalen v. Roe案"确立了宪法上的信息隐私权（Informational Privacy），承认了宪法上的隐私权包括信息隐私和自决隐私，将宪法上的隐私权进行了扩充。我国的隐私权保护并不像美国通过宪法层面予以保护，而是将其视为一种民事权利，通过民法进行保护。我国民法关于人格权的保护采取的是穷尽式列举，《中华人民共和国民法典》第990条将隐私权作为人格权的一种，与姓名权、肖像权等公民基本权利并列。可知我国隐私权所保护的只是自然人的隐私和私人生活安宁这种具体人格权益，而不像美国一样将隐私权进行扩充，采用大范畴、总包含的规制范式。

个人信息不是隐私。① 基于我国法律上隐私权内涵与外延的性质，我国隐私权和个人信息权益保护具有紧密但仍有边际的关系。隐私与个人信息保护的客体是重叠却不重复的，自然人私生活不受打扰的安宁及私密空间、私密活动、私密信息与能识别至特定自然人的个人信息是存在显著区别的。私密活动、私密空间没有被信息化处理，如只是偷窥而没有偷拍（即采取物理手段将隐私内容以信息化的形式予以表现），这个单纯的偷窥行为并没有侵犯个人信息，而是侵犯了个人隐私。根据民法典第 1034 条第 3 款"个人信息中的私密信息，适用有关隐私权的规定；没有规定的，适用有关个人信息保护的规定"，可知我国现行法将个人信息分为私密信息（隐私信息）与其他个人信息（不涉及隐私的个人信息），而私密信息与其他个人信息之间是可相互转化的。转化情形之一是"自我的公开"，法律没有强制人们不得放弃自己的权利，故而某些属于私密的信息经过权利人自我公开的行为后，将会转化为其他个人信息。转化情形之二是使用场景的变化，使得某些本不涉及隐私的个人信息，在某些情况下又会属于隐私信息②，如新冠肺炎疫情下公民的类似感冒症状的就诊情况，一般而言，鼻塞、发烧、咳嗽、流鼻涕都是常发且不会引起个人社会形象及地位受影响和歧视的正常感冒病症，但是在加大疫情防控背景下，这些"其他信息"就可能转化为公民的隐私信息，而这些信息被经手机构或人员泄露后，就有可能侵害个人生活安宁的法益。③

（二）个人信息保护的民法现状

我国宪法第 38 条保护公民人格尊严、第 39 条保护公民住宅不受侵犯、第 40 条保护公民的通信自由和通信秘密自由，这三条是我国公民个人信息保护的宪法渊源和宪法依据。且在最新民法典"隐私权和个人信息保护"章节中，对个人信息的内涵和外延、个人信息处理的基本原则、个人信息权利人权利、信息处理者的义务等基本问题进行了规定。民法典关于隐私权和个人信息保护的规定，是在基本法层面铸造个人信息保护法律框架的底层基石。其实，2017 年的《中华人民共和国网络安全法》第四章"网络信息安全"就对个人信息保护有了部门法上的先行规定，主要指出了网络运营商对于所收集的用户个人信息

---

① 杨延超：《机器人法》，法律出版社 2019 年版，第 159 页。

② 这种根据不同场景同一信息会具有"角色转变"的情况，是关于个人信息具有动态性概念理解缺失的问题，可见下文论述。

③ 类似事件报道可见，《武汉返乡人员信息遭泄露，被误认作新冠肺炎确诊人员》，载《澎湃新闻》2020 年 1 月 27 日，http：//m. thepaper. cn/yidian_ promDetail. jsp? contid = 5644452& from = yidian。

具有妥善保管、切实保密的义务，并且应当按照一定的原则对收集到的信息进行处理，以及与用户个人信息相关的禁止性规定及救济措施。民法典中的个人信息概念，其实是对网络安全法中个人信息概念的延续，即个人信息是能识别特定自然人身份的信息。

此外，《中华人民共和国个人信息保护法》的起草也纳入了全国人大常委会的立法规划。2020 年 10 月 13 日，十三届全国人大常委会第二十二次会议初次对《中华人民共和国个人信息保护法（草案）》（下文称《草案》）进行审议。10 月 21 日，《草案》全文公布，基于新冠肺炎疫情产生的个人信息不当使用问题，《草案》第 13 条第 4 款特别将"应对突发公共卫生事件或者紧急情况下保护自然人的生命健康"，作为处理个人信息的合法情形之一。当然，这种处理不能脱离数据的基本处理原则。在个人信息保护法规体系相对不完备的情况下，个人信息保护法的出台将能给予数据时代个人信息保护问题以各方面明确的答复，个人信息保护规制体系也必定会更为完善。

（三）个人信息保护的民法路径的缺陷

第一，个人信息在民法上属性定位模糊。要想通过法律途径保护某项权益，首先需要明确其基本法律属性。在关于个人信息究竟是赋予其法律层面的权利属性，即用个人信息权来进行规制保护，还是将其视为法益，通过间接的、其他的法律进行规制保护，对此学界的争议较大。主张个人信息为民事权利的观点认为，民法典中虽未直接出现"个人信息权"，但因为将个人信息保护放置在"人格权编"中，而其中条文皆是对自然人作为民事主体所享有权利的宣示性规定，故而应当将个人信息做确权认定。最新公布的《草案》也是对个人信息民事权利说主张强有力的配套性立法支撑。主张个人信息为民事权益的观点认为，民法典中并没有使用"个人信息权"的表述，就是对个人信息是否构成自然人权利存在疑问的折中式表达。不可否认的是，虽然没有具体定位"个人信息"为权利，但民法中确认了个人信息作为法益进行保护，民法典中"隐私权与个人信息"之表述即为最明显的依据。

第二，个人信息动态概念的理解缺位。个人信息的特质中最关键的是信息可识别性，即个人信息具有能够单独或者与其他信息结合识别特定自然人身份或者反映特定自然人活动情况的性质。[①] 值得注意的是，这种"可识别"应当在何种情况中、何种场景下、何种人群中进行不同概念类别的认定，是较为模糊的。齐爱荣的文章《识别与再识别：个人信息的概念界定与立法选择》早有

---

① 出自《民法典》第 1034 条之表述。

提及个人信息概念界定中"场景性与动态性"的问题——个人信息不会像物体一样具有稳定性，拥有数据的主体、使用的场景、数据保存的期限、技术的发展都会不断给个人信息的概念提出新的挑战。[①] 信息 A 可能在场景 A 中是不可以单独识别出信息主体的，但将信息 A 放置在场景 B 中时，信息 A 就变性为可单独识别至具体个人的信息。个人信息动态概念的理解缺位，特别是对于民法典中个人信息保护相关法规在司法实践中的应用，将会带来较大的困难。尽管法官可以积极发挥自由裁量的权利，对相关案子中的"个人信息""可识别信息"以及"与其他信息结合后可识别至个人"的"其他信息"有一个合法合理的解释，但这可能也只是某个场景下的具体阐述，而不是针对整个法规层面的原则性、总领性解释。

第三，个人信息外延扩展范围界限不明。对于个人信息保护的法条表述为与"其他信息结合识别"，因为"其他信息"说法之提出，故而个人信息外延得到了拓展。当某条信息 A 并不能具体识别出个人的时候，如与其他信息 B 相结合，则可能精准识别出信息主体。对于"其他信息"如何理解，"其他信息"是否在另一个侧面也是个人信息？或者其可有包含能单独识别到信息主体的个人信息？这些关于个人信息的外延扩展范围界限不清的问题都有待厘清。当然，法律不是面面俱到的，也不可能存在没有漏洞的法律——可能是立法时故意留下的漏洞，也有可能是拘囿于法律的滞后性。那么在亟须对个人信息泄露进行法律规制的疫情防控背景下，我们是否可对于个人信息进行一个法律原则上的确定？毕竟比起具体的法律条文，原则更具有普适性和时代适应性，可操作性更强，也更能应对不断发展变化的数据收集技术。

四、疫情防控场景中个人信息保护的民法路径构建

（一）疫情防控场景中个人信息民法保护路径的现实前提

第一，"知情—同意"（Notice and Consent）的人伦窘境。"知情—同意"作为医疗关系中的基本伦理准则之一，主要指医生在为患者做出诊断和提出治疗方案后，必须向患者提供相应真实且充分的医疗信息，给予患者及其监护人（一般为家属）一定的接受或拒绝诊疗的权利，在经过患者真实、自愿、明确的承诺后，方可开展诊治。"同意"是赋予权利及规避法律风险的绝佳路径。将患者的"知情—同意"原则延伸到疫情防控场景下个人信息保护的法律层面，信

[①] 齐爱荣、张哲：《识别与再识别：个人信息的概念界定与立法选择》，载《重庆大学学报（社会科学版）》2018 年第 2 期，第 125—126 页。

息主体当然具有拒绝个人信息被收集的权利。因为疫情，社会对中高风险地区人员及疑似感染或感染群体或多或少抱有疏远、警惕、防备的态度，对于这些群体内部的人员而言，个人数据收集可能造成其社会形象、关系、地位的损害，而这些都是他们选择点击"不同意收集"的最主要原因。在面对这种人类本性中对自我社会地位的本能保护，其实社会很难过多苛责他们的"不同意"。

"知情—同意"的另一侧面是数据收集者的告知义务。但因为人工智能所做决策是根据深度学习算法进行的，即使是程序员也无法对其结果进行控制，故而大数据决策背后可能没有逻辑可言。严格要求数据收集者履行告知义务并且增加其义务范围，可能会陷入"透明度悖论"：不可能在给数据对象完整信息的同时，以一种可以理解的方式告知他，因为大数据实在是太复杂了。[①]

值得注意的是，在10月13日全国人大常委会法工委《中华人民共和国个人信息保护法（草案）》说明[②]中，法工委表示草案确立了以"告知—同意"为核心的个人信息处理系列规则，考虑到经济社会生活的复杂性和个人信息处理的不同情况，草案还对个人信息的合法处理情形做了详细规定。[③]

第二，个人信息可识别化的理性考量。在个人信息具有可识别性要素的基础上，可将其分为直接可识别信息、间接可识别信息、去识别化信息、非个人信息。直接可识别信息可直接适用个人信息保护相关法规予以规制，非个人信息当然地不受个人信息相关法律的保护。而间接可识别信息与去识别化信息是较难进行区别的。信息的"可识别性"高度依赖于场景类型，针对治理新冠肺炎中具有典型意义（一般为危重病人）的患者可能会被当作案例放置在论文、期刊、会议甚至新闻之中。通常而言，典型病例的列举都不会是可识别信息，

---

① Solon Barocas and Helen Nissenbaum, "Big Data" s End Run Around Anonymity and Consent'in Julia Lane and others (eds), Privacy, Big Data , and the Public Good: Frameworks for Engagement (1 edition, Cambridge University Press 2014), 转引自玛农·奥斯特芬：《数据的边界：隐私与个人数据保护》，曹博译，上海人民出版社2020年版，第147页。

② 刘华东：《处理个人信息应事先告知并取得同意》，载《光明日报》2020年10月14日第2版。

③ 具体规定在《草案》第二章"个人信息处理规则"第一节"一般规定"，即第13条至第28条之中。

但对于该领域内的医学研究者而言，该罕见病例却能被他们立即识别至具体患者。[①] 另外，因为数据价值的本质在于流通，数据的使用也是不断地与其他数据相结合的过程，并在日积月累中形成的数据集。[②] 这种数据与数据、数据与数据集的不断组合，将可能出现在包含个人信息的数据集中放置已去识别化的信息，就能产生间接识别性的情况。基于以上分析，"可识别性"应当以宽泛的概念予以考量，并取决于对付出和回报的需求量级多少才能到达"合理性"的标准。

其实，"去识别化"作为个人信息保护的有效技术手段之一，在促进数据流通、发展数据经济中可以发挥较大作用。但是"去识别化"当前也面临着不知要"去识别化"到何种程度才能真正达到"不能识别至个人"的可能。正如前文所说，已经去识别化的信息在经过不断地结合后，仍有可能具有间接识别性，而只要数据基数足够地大，通过非个人信息、去识别化信息识别至自然人主体并非难事。

（二）疫情防控场景中个人信息民法保护的或然路径

第一，找准个人信息保护的利益平衡点。在处理公民个人信息的过程中，个人利益与其他利益往往龃龉颇多。及于疫情的语境之中，就是个人利益与社会公共利益之摩擦。在一般情况下，隐私权作为可克减性权利，是可以基于社会福祉而进行相对限制的，如对公众人物、政府公职人员等特殊群体的隐私权克减，但绝不能因为社会福祉之需求就任意侵犯个人隐私权益。医疗大数据在被收集的过程中，往往是大范围、广撒网地将所有人群纳入信息收集范围，"家长式政府"力图将监控具体到社会个人。其中所收集的信息是否具有不收集就会对社会卫生公共安全造成紧迫且不可调和不可逆转的威胁，答案是否定的。在新冠肺炎疫情肆虐的情况下，加大对社会人群的监控固然重要，但是否应当根据比例原则、公平原则合理确定收集个人信息的范围，点明因疫情所收集的个人信息的后续处理方式，是十分重要的。《民法典》已很明确将隐私作为人的基本权利进行保护，而权利背后的本质是人的尊严神圣不可侵犯。故而在动态

---

① 我国司法案件中，有一例未成年人监护人代未成年人起诉报社涉嫌侵犯名誉权的案子。原告认为被告报社在报道该未成年人未婚怀孕生子的事件时，涉嫌泄露未成年人个人隐私，造成名誉权侵犯。一审法院认为，虽然报社采取了相关的措施对未成年人姓名、家庭住址等进行隐匿，但对于未成年人的邻居、朋友等较为熟悉的人而言，报道内经过处理的信息是可以识别至具体个人的，故法院判决支持原告名誉权损害诉求。但在二审（发回重审）中，二审法院改判认为被告报道并未侵犯个人隐私，不予支持原告诉求。案件来源于上海市静安区人民法院（2002）静民一（民）重字第3288号判决书。

② 高富平：《数据流通理论：数据资源权利配置的基础》，载《中外法学》2019年第6期，第1407—1408页。

视域下即使偶有行政法、社会法与隐私权的冲突，在隐私权如何合理退让中还是需要基于民法上关于个人信息处理的原则进行判断的，即基于合法、正当、必要原则对利益进行权衡。

当然，做好个人信息保护与其他利益的冲突和协调是相对较难的，这不是"毕其功于一役"的战斗，笔者认为在处理利益协调问题的时候，立法万不可求"全"，而是要及时对新出现的问题快速反应、积极回应，出现一个冲突，解决一个冲突。

第二，明确个人信息侵权的民事责任。民法典关于个人信息保护的相关条文中，只规定了个人信息的定义、处理原则和条件、免责事由、信息主体权利、信息处理者安全保障义务和国家机关及工作人员的保密义务，并未对侵犯个人信息的行为有较为清楚的责任分配和明示救济方式。根据《中华人民共和国侵权责任法》"谁损害、谁担责、谁赔偿"的一般责任认定原则，违反个人信息处理规定的个人或机构都应当对其侵害行为承担相应的责任。需要注意的是，根据前文所论述的"个人信息概念的可识别性转化和动态场景转变"，对个人信息侵权的责任认定将会较为困难，特别是基于数据的流动性和多维性，损害赔偿认定将会十分困难。这就需要通过专门领域立法来对此进行完善。

近期《草案》在提交全国人大初次审议后已对全文进行公示，其中第七章"法律责任"对个人信息处理活动中个人权利和处理者义务进行了设置，明确了相应的责任主体和责任范围，对于获取个人信息的机构最高可处以 5000 万元以下或上一年度营业额 5% 以下的罚款。① 值得注意的是，此类规定是否在责任主体上过于注重对信息收集主体的规制，这种偏重是否会不利于市场主体的健康发展和市场活力激活。及于惩罚范围的规定，《草案》只笼统规定最高额处罚，其中的处罚层级仍较为模糊。对于个人信息侵权的民事处罚中，应当明确不同情形中的不同处罚，可依照危害认定中的"一般""严重""特别严重"或者情节认定中的"数额较大""数额巨大""数额特别巨大"等进行明确划分。对最新立法中释放出来的明确个人信息侵权责任分配和损害救济的信号，是否能给当前模糊的个人信息侵权责任认定带来曙光，及于司法实践中法官会如何进行裁量和适用，是值得观望和期待的。

第三，联动协调完善个人信息保护法律体系。《个人信息保护法（草案）》

---

① 罗亦丹：《个人信息保护法草案"看齐"欧盟 最高处罚年营业额 5%》，载《新京报》2020 年 10 月 14 日，http://www.bjnews.com.cn/finance/2020/10/14/777572.html? from=groupmessage&isappinstalled=0。

的初次审议定是完善个人信息保护法律体系的重要里程碑，但是因为距离法律的正式出台仍需较长的一段时间及个人信息具有多领域、多维度的特性，即使具有个人信息保护专门性立法，也仍旧需要与其他法律相结合，持续搭建内部相协同的个人信息保护法律体系。其中一定要注意个人信息保护与刑法、行政法、民事法的结合，保证刑事责任、行政责任和民事责任三者的协调衔接，确保三者在隐私权和个人信息保护中的统一。法学体系专门化的进路是法律体系合理性与统一化的建立，及于疫情防控场景中的个人信息保护问题，较多情况下个人数据是经由政府机关或政府授权的社会机构进行收集并储存的，而因为《草案》出台前行政责任系相对缺位的，故难免会导致刑事责任的越位①。

有的学者曾指出，立法干预未必一定是最有效的方法，在某些情况下，推行行政措施也可以达到保障个人资料隐私的效果。②《草案》的出台给予个人信息保护以行政法层面的支撑，而在立法中注重对行政法规或部门规章的授权，也是保障法律稳定和回应问题的重要方法。故此，为了不影响个人信息保护法律体系的搭建，发生法律短板效应③，应当要协调刑法、行政法与民事法的个人信息保护，由民法对人工智能时代个人信息保护的权利义务进行合法性补充和应允性规定，由行政法和刑法的禁止性规定给予违法惩治，设置法律红线。

第四，推动和提升信息行业自治能力。在大数据时代，单纯依靠国家对个人信息保护法律体系的构建是不能切实保护个人信息安全的。宏观层面的政策需要微观层面的落实。只有调动与个人信息处理有关的组织和个人积极参与到个人信息保护之中，密切联合形成居中层面的个人信息保护规范体系，才是对大数据时代发展新要求的正确回应。相较于国家对个人信息保护兜底性的立法设置，行业自治能在事前预防、行为指引、意识提高、规范接受方面发挥更大作用。通过行业内部订立信息使用合理性规则，形成默示的"村八分"④ 共识，

---

① 不仅是行政法上具有缺失，有的学者认为刑法上也具有一定的缺憾。《刑法修正案（九）》设置关于侵犯公民个人信息罪，通过对犯罪主体以及侵犯个人信息行为的范围的扩张起到了进一步对公民个人隐私的保护。但由于刑法并未以公民的隐私权作为独立保护的客体，当前对个人隐私保护的刑法路径依然附属于其他法益的保护，亟待增设关于隐私权保护的专有罪名。详见闫立、吴何奇：《重大疫情治理中人工智能的价值属性与隐私风险——兼谈隐私保护的刑法路径》，载《南京师大学报（社会科学版）》2020 年第 2 期，第 41 页。

② 郭瑜：《个人数据保护法研究》，北京大学出版社 2012 年版，第 233 页。

③ 短板效应又称木桶效应，是指一只水桶能装多少水取决于它最短的那块木板。即构成组织的各个部分往往是优劣不齐，而劣势部分往往决定整个组织的水平。

④ "村八分"为日本村落内对破坏成规和秩序者进行消极制裁行为的俗称，本质是联合排挤。

对于违反共识的组织和个人采取排斥驱逐、业内隔离的态度，这样在社会和行业道德压力的驱使下，将有效减少对个人信息的侵害。

五、结语

疫情防控中基于大数据和深度学习算法的技术发挥着巨大作用，其价值属性不言而喻，但同时也要注意到在个人信息收集中的隐私泄露风险。个人信息保护与个人信息收集之间存在着张力，本质是公民基本权利和社会公共福祉的冲突。政府、社会机构和部分商业企业在基于疫情防控，保护社会卫生公共安全的利益下，亦应当重视公民的基本权利保护，在仔细斟酌两种利益后，审慎做出决定。《草案》的公示，将会给大数据时代的个人信息保护提供专门性法律层面的参照，这有利于未来数据经济、数据应用的发展，同时也是国家在法律层面对技术规制需求的回应。技术发展与技术规范的相互制衡此消彼长，技术可以改变生活，而规范又告诉技术如何改变生活，我们应抱着期待且理性的态度观望二者的博弈。

参考文献：

[1] 高富平.数据流通理论：数据资源权利配置的基础 [J]．中外法学，2019 (6)：1405-1424.

[2] 林爱珺、蔡牧.大数据中的隐私流动与个人信息保护 [J]．现代传播，2020 (4)：79-83.

[3] 周斯佳.个人数据权与个人信息权关系的厘清 [J]．华东政法大学学报，2020 (2)：88-97.

[4] 程啸.论我国民法典中个人信息权益的性质 [J]．政治与法律，2020 (8)：2-14.

[5] 张新宝.《民法总则》个人信息保护条文研究论 [J]．中外法学，2019 (1)：54-75.

[6] 周汉华.个人信息保护的法律定位 [J]．法商研究，2020 (3)：44-56.

[7] 郭瑜.个人数据保护法研究 [M]．北京：北京大学出版社，2012.

[8] 杨延超.机器人法 [M]．北京：法律出版社，2019.

[9] [日] 松井茂记.互联网法治 [M]．马燕青，周英，译.北京：法律出版社，2019.

[10] [瑞士] 约万·库尔巴里贾.互联网治理（第七版） [M]．鲁传颖，

惠志斌，刘越，译．北京：清华大学出版社，2019.

［11］［荷］玛农·奥斯特芬．数据的边界：隐私与个人数据保护［M］．曹博，译．上海：上海人民出版社，2020.

［12］［德］托马斯·威施迈耶，［德］蒂莫·拉德马赫．韩旭志，陈吉栋，校．人工智能与法律的对话2［M］．李辉，等译．上海：上海人民出版社，2020.

［13］［英］凯伦·杨，［英］马丁·洛奇．驯服算法：数字歧视与算法规制［M］．林少伟，唐林垚，译．上海：上海人民出版社，2020.

大数据时代被遗忘权与信息传播的冲突及平衡

张欣妍　西安外国语大学

摘要：互联网的发展使信息得以长久储存，大数据强大的挖掘、整合能力使碎片化信息成为识别特定人的拼图，个人信息如何加以保护成为亟待解决的问题。本文通过分析被遗忘权与信息传播之间的冲突，立足于当前我国相关立法、司法现状，尝试探讨在化解两者冲突时我国现有法律的可行之处以及尚需完善之处。

关键词：大数据；被遗忘权；信息传播；《民法典》

大数据时代，用户的每一个行为都会在互联网中留下数据印记，而这些印记往往是永久储存，难以彻底清除。随着公众信息保护意识的不断增强，人们越来越希望可以掌握互联网中的个人信息，而不是被动地任由信息处理者控制权利，因此被遗忘权的提出在一定程度上捍卫了公众对于个人信息的控制，为信息时代的个人信息保护提供制度支撑。但是，在为满足信息自由流动、公众知情权等方面，行使被遗忘权时会产生些许冲突，因此真正实现被遗忘权通常较为困难。为此，我国在立法和司法两方面都做出努力，试图在行使被遗忘权与保障信息自由流动之间寻找平衡。

一、何为被遗忘权？

被遗忘权的提出由来已久，特别是在欧洲法律理论体系中已经持续数年，直至"冈萨雷斯诉谷歌案"才使被遗忘权成为欧洲统一的法律概念。被遗忘权在 2016 年欧盟议会通过的《一般数据保护条例》以"删除权（被遗忘权）"的形式提出，其含义是当数据主体依法撤销同意或者数据处理者不再有合法理由继续处理数据时，数据主体有请求删除数据的权利。作为一项法定权利的被遗忘权，其核心内涵是公众有控制自己的相关信息是否发布、何时发布以及依法撤销的权利，而不是被动地任由信息处理者掌控。因此，"如果一个人不再希望他的个人信息被信息控制者掌握，而且如果没有保存这些信息的正当理由，这些信息应该被删除"。个人对于信息自决的核心在于对信息享有删除的权利，因此，被遗忘权也被称为"删除权"。

在数字时代，互联网信息的无限复制传播和难以彻底清除使得个人隐私面临巨大威胁。被遗忘权正是在互联网高速发展而传统记忆与遗忘规律被打破时产生的，强调信息主体对信息具有自决权，允许数据主体删除有关自身的不恰当的、过时的信息。大数据时代传播方式、传播渠道多样化使信息自由流动已成为必然趋势，那么行使被遗忘权与信息传播之间又存在哪些冲突？

二、被遗忘权与信息传播的冲突

大数据时代，人们在互联网中留下的信息可以被即时追踪、永久保存；而被遗忘权却强调的是"对信息的自决"，数据主体可以"在适当的时候"删除个人数据。因此，被遗忘权与信息传播之间存在一定冲突，主要体现在信息真实性遭遇质疑、言论自由受阻以及公众人物权利是否受限三个方面。

（一）信息真实性与公众信任

信息在传播过程中的完整性是确保其真实性的重要因素之一，然而被遗忘权强调信息主体对信息具有自决权，允许数据主体删除网络中有关自身不恰当的、过时的信息。这些信息在现在来看或许已经过时，不再具备一定价值，但是当有新事件出现时，那些之前被认为过时、没有价值的信息很有可能成为关键数据，重新被启用。因此，"被遗忘权"的实行会在一定程度上造成关键信息被删除，信息的不完整会使信息本身的真实性遭遇挑战，这对于信息采集者和信息接收者而言都是极为不利的，不仅会造成信息价值严重缩水，甚至会导致公众对于信息真实性的质疑，引发信任危机。例如，某上市公司删除多条源自微博、微信公众号、贴吧等平台涉及企业过去的负面信息，这些被删除的信息的确已经成为过去，但却对现在的消费者判断企业是否值得投资至关重要，这些关键信息的删除不但会影响投资人的准确判断，更会使民众对企业之后发布的信息产生怀疑。

（二）新闻还自由吗？

被遗忘权在欧洲各国蓬勃发展，但在崇尚自由的互联网大国——美国似乎遭到冷遇。2010 年末，加州大学伯克利分校的一名橄榄球队运动员的父亲哈维·普尔茨（Harvey Purtz）向法院提出诉讼，希望《加州人民日报》总编辑删除网络中关于其儿子克里斯·普尔茨的负面信息报道。然而法院并未支持哈维·普尔茨的相关诉讼请求，法官认为哈维·普尔茨的主张与新闻媒体的言论自由是相互冲突的。美国《宪法第一修正案》赋予言论自由极高的地位，美国最高法院认为，只要某一信息是合法取得的，国家就不能通过法律限制媒体传播该信息，即使传播该信息会造成涉案对象的尴尬。美国法学者罗伯特·拉尔森认为，被遗忘权和言论自由的价值背道而驰，被遗忘权"剥夺了潜在的说话者决定说什么和想什么的能力，也剥夺了潜在的听众形成他们的观点和想法所需要的信息"。

新闻媒体的使命就是向公众提供真实客观的信息，然而被遗忘权会在一定程度上造成言论审查，新闻从业者为规避潜在的新闻侵权风险就会束手束脚，以模糊、浅显的话语报道事件，不敢对事件进行深入挖掘，这就无形中限制了新闻自由流动以及公众知情权。

（三）公众人物的权利让渡

公众人物的概念起源于美国，是由"公共官员"演变而来。虽然在我国法律条文中并未出现"公众人物"的相关说法，但明确规定了"自然人的个人信息受法律保护"，如 2009 年刑法、2013 年消费者权益保护法、2017 年网络安全法等法律法规都对个人信息保护加以规定。但在探讨当自然人是公众人事物时，其所享有的被遗忘权与普通民众是否是无差别权利时产生了不小的争议。王利明教授认为，出于维护社会公共利益、满足公众兴趣和保障公众知情权的考虑，不应赋予公众人物以被遗忘权。但也有学者认为不应当依据身份来判断其是否享有被遗忘权，而应当从不同的价值位阶和信息披露的必要性来加以综合考虑，如涉及公共利益之时且确有必要的情况下，担任政府职务的信息主体之被遗忘权应当受到限制。法律在赋予公众个人信息应予以保护的同时，也赋予公众知情权，因此，特殊群体尤其是承担一定社会责任的公众人物的相关信息在一定程度上是需要公开的，但其信息的公开程度则要权衡公众利益与私人利益性质。当公众利益需求相比于私人利益性质需求更胜一筹时，公众人物的某些个人信息则在公开报道范围内，此时在行使被遗忘权时理应受到一定限制。例如，我国《政府信息公开条例》第 19 条规定对于涉及规范公共利益、必须得到公众广泛认可或需要公众参与决策的政府信息，行政机关需要主动公开。由于官员是行政权力的行使者，因此在不涉及政府职权、公众利益的情况下，政府官员的个人住宅、家庭生活等个人信息应当受到法律保护，但若存在违纪违法时，其相应的财产信息、个人生活等应当在一定程度上被公开。

三、如何平衡被遗忘权与信息传播的冲突

近几年，我国关于被遗忘权的探讨颇多，由于受国外理论基础和实操经验的影响，虽然我国法律条文并没有明确对"被遗忘权"的相关规定，但在相关法律条文和具体司法审判中对个人信息保护和隐私权加以规定，以调整公众知情权和个人信息或个人隐私权保护的平衡。

（一）有限司法经验亟须制度支撑

被遗忘权首次出现在我国司法判例中是 2015 年"任甲玉诉百度案"，但人民法院并未支持原告关于被遗忘权的有关诉求。法院最终裁定，首先认可任甲玉曾经从事"陶氏教育"的相关工作经历属于个人信息，肯定了其有主张保护个人信息不受侵害的权利。其次，法院认为虽然该段工作经历属于个人信息范畴，由于任甲玉依然从事企业管理教育相关工作，这部分信息是其职业生涯的重要组成部分，也是之后从事教育工作时可供客户或学生评判职业资历的重要依据，公众对其应该享有知悉的权利，因此保留该段工作经历是有客观必要性的。最后，由于我国现行法律中并没有"被遗忘权"的法律规定，只是在国外有关法律以及司法判例中有所体现，但其并不能成为我国司法审判的法律引援，因此法院并未支持原告提出的"被遗忘权"的诉讼请求，然而法院对"被遗忘权"作为非类型化的人格权予以肯定，并且提出了"非类型化权利涵盖利益""利益正当性""保护必要性"三大裁判依据。

"任甲玉诉百度案"作为被遗忘权案例在我国司法审判中的首次出现，虽然法院并未支持原告的被遗忘权请求，但却提出了关于裁定个人信息保护的三点主张，这表明我国司法机关在个人信息保护上给予重点关注，但也应该意识到确立被遗忘权逐渐成为现实需要，我国立法机关应当对被遗忘权的权利属性和保护准则给予统一界定。

（二）民法典的突破与展望

大数据时代，隐私的边界被不断扩大。传统隐私权侧重于保护非公开的、私密的个人信息；而被遗忘权则侧重于保护公开或半公开的个人信息，隐私权与被遗忘权既有交集也有区分，此时法律制度的介入就显得尤为关键了。20 世纪 90 年代以来，我国法律法规在保护个人隐私和个人信息方面做出了不少努力。1986 年，《民法通则》的出台虽然对人身权给予规定，但对隐私权却尚未明确规定。1993 年，《解答》在名誉权之下对隐私权加以规定。2001 年，最高人民法院《关于确定民事侵权精神损害赔偿责任若干问题的解释》中虽然没有

明确使用"隐私权"一词，但隐私权已经被视为一项独立权利，这是我国隐私权法的一个重要突破。2005 年，《治安管理处罚法》将隐私权置于行政保护法之下。2005 年，修改后的《中华人民共和国妇女权益保障法》第一次正式使用"隐私权"概念。2009 年，《中华人民共和国侵权责任法》正式将隐私权规定为一项受法律保护的民事权益。随着互联网的发展，个人信息保护成为日益突出的问题，我国相应法律制度也在与时俱进。2012 年出台的《全国人大常委会关于加强网络信息保护的决定》第 8 条规定，当公众隐私受到网络侵害时，个人有删除相关信息的权利。2017 年施行的《中华人民共和国网络安全法》第 43 条规定，当网络运营者违反相关法律法规收集、使用用户信息时，用户有权要求网络运营者删除其个人信息。虽然以上的相关法律条文都对个人信息保护给予了关注，但对于发生侵权行为后的民事救济措施并未有明确规定。

2020 年通过的《中华人民共和国民法典》对隐私权和个人信息保护作出更进一步解释。如第 1034 条界定个人信息时，不同于网络安全法中的"识别自然人个人身份的各种信息"，民法典使用了"识别特定自然人的各种信息"为判断方式，更加符合大数据时代网络特征。第 1035 条规定在处理个人信息时应当"遵循合法、正当、必要原则，不得过度处理"，同时还附加了处理个人信息需征得同意、公开处理、明示、合法四个条件。民法典从信息主体和信息处理主体两方面出发，划分二者的权利义务。第 1037 条规定数据主体具有查阅复制、更正、删除个人信息的权利，第 1038 条规定信息处理者负有保障信息安全的义务。通过列举两者的具体权利、义务，划分信息主体与信息处理者双方的权益边界，既在一定程度上维护了信息主体的合法权益，也适当保护信息处理者的利益。此外，第 1033 条还对侵权行为加以规定，该项条款从实际生活出发，针对如今以电话推销、垃圾邮件、视频偷拍、买卖信息等方式的侵权行为给予关注。此外，民法典还对侵权行为发生之后的救济措施加以明确规定，如第 995 条规定发生侵权行为时，受害人有权要求侵权人提供相应的解决措施，包括停止侵害、赔礼道歉等方式。

民法典不仅对隐私权和个人信息保护作出更明确的解释并提供相应救济措施，也对平衡被遗忘权与信息传播冲突提供依据。如第 999 条规定"为公共利益实施新闻报道、舆论监督等行为的，可以合理使用民事主体的姓名、名称、肖像、个人信息等"。随着公众保护个人隐私意识的不断提升，言论自由受到一定程度的束缚，该项条款的出台赋予了信息传播者在维护公共利益前提下的信息报道、评论，尽可能保护信息的自由流动。

民法典更为细致地对隐私权和个人信息保护作出解释，但其中仍有存在争议的部分。比如，民法典在界定个人信息时并没有对私密信息和非私密信息进行列举规定，那么对于私密信息的界定在未来具体的司法审判中就尤为重要。本文认为私密信息是个人不愿被外界知晓且与公众利益无关的私人生活的各种信息，那么个人信息中所包含的家庭住址、健康信息、行踪信息、身份证件号码、婚姻信息、财产信息、特长爱好、信件日记等信息都可以归为私密信息。出于对正常的日常社交生活的考虑，自然人的姓名、性别、相貌等信息应当属于非私密信息，但值得注意的是，私密信息并不总是私密的，在特定的情况下也可以转变为非私密信息。例如，警方在抓捕犯罪嫌疑人时，其行踪信息就不再是私密信息，而是与公众利益相关的非私密信息。因此，在界定私密信息时，首先应当基于法律条文的相关规定加以判断，在没有规定时，可以从以下两点考虑：第一，为满足信息的自由流动，该信息是否为必需信息，越为必要信息越不属于私密信息。第二，该信息的披露是否最大限度维护了公众利益，越与公众利益关联密切的信息越是非私密信息。界定私密信息与非私密信息意义在于明确被遗忘权的适用范围，传统隐私权强调对非公开的、私密的个人信息保护，而被遗忘权强调对公开或半公开的个人信息保护，因此，被遗忘权与隐私权之间既有相似之处也有区分，那么何时适用被遗忘权，何时适用隐私权就需要加以斟酌。

四、结语

大数据时代，信息传播的速度、范围都到达了前所未有的地步，同时信息彻底清除也难以实现。传播科技的迅速发展使个人信息保护成为日渐突出的问题，被遗忘权逐渐进入公众视野。目前，我国还没有将被遗忘权明确为一项法定权利，但在相关法律中已经有了与被遗忘权类似的"删除权"的体现，出于对我国立法现状以及现实环境的考虑，不少学者认为应当出台专门的个人信息保护法，但对于是否此时引入被遗忘权以及被遗忘权是否应当作为一项独立于隐私权的法定权利仍是学者的探讨之处。

数据竞争下公共数据使用行为存在的问题

——以蚂蚁金服诉企查查案为例

徐 靖 西北政法大学

摘要： 在数据经济的时代，数据成为新的生产要素，公共数据中也蕴藏着经济价值。许多经营者发现其中的商业价值，不断地抢夺公共数据资源，赢得竞争力。公共数据的开放共享和公共数据的商业化有利于数据行业的进步和社会经济的发展，但是公共数据在公开共享和商业化的同时，对于维护原始数据主体、数据提供者、数据消费者的合法权益也不能忽视，公共数据的竞争中也要符合商业道德，合理合法。但是在实际中对公共数据的使用行为存在许多问题，不正当竞争纠纷频发。本文以浙江蚂蚁小微金融服务集团股份有限公司、重庆市蚂蚁小微小额贷款有限公司诉苏州朗动网络科技有限公司不正当竞争纠纷一案为例，对此案件的不正当竞争进行案例分析，探讨数据竞争下公共数据使用行为产生的问题，同时在商业模式下如何合法有度地使用公共数据也值得讨论。

关键词： 不正当竞争；公共数据；反不正当竞争法；数据开放；数据安全

一、案件回顾

在 2019 年 5 月 5 日、6 日，朗动公司旗下的企查查通过站内信息通过"雷达监测"的监控日记和邮件等方式，向付费 VIP 用户发布和推送了蚂蚁金服旗下蚂蚁微贷开始清算的有关消息，当时一则中国网络小贷"一哥"开始清算的消息轰动业内，引起了媒体的广泛关注，因清算事件引发的新闻和分析报道有上千余条。在 5 月 5 日当天，蚂蚁金服就对此事件紧急发布澄清消息，朗动公司发布和推送的监控信息和事实不符，2019 年 5 月 5 日并无新增清算成员的信息，蚂蚁微贷公司经营状况良好。5 月 6 日，蚂蚁金服就以不正当竞争和商业诋毁为由将企查查告上杭州互联网法庭，6 月 21 日，杭州互联网法院作出诉前行为保全裁定，要求朗动公司停止散布与蚂蚁微贷有关的清算信息，并对其推送行为予以澄清。但是争论并未停止，主要的争论在于朗动公司是否存在不正当竞争行为，在 7 月 2 日，朗动公司在其官方微博和微信上发表《企查查关于媒体报道中提及"雷达监控，推送信息存在疑义"的说明》，其认为企查查的信息数据与信息源头一致，并不构成不正当竞争。该说明发出之后，又引起了媒体的广泛报道。

2020 年 4 月 29 日，杭州互联网法院就本案例做出判决，认定朗动公司在企查查上发布、推送有关蚂蚁微贷清算的误导性信息构成不正当竞争，判令朗动公司赔偿蚂蚁金服、蚂蚁微贷经济损失及合理费用 60 万元，并为其消除影响，驳回蚂蚁金服和蚂蚁微贷的其他诉讼请求。值得关注的是，该判决确立公共数据使用基本原则及合法使用边界，为公共数据的使用更加规则化，更加方便今后有关公共数据的司法判定。

在企查查这个案件中，我们可以看到本案件的主要争议在于企查查是否构成不正当竞争。这是在大数据生态系统中，公共数据使用者与数据原始主体之间因数据使用质量引发的纠纷，涉及大数据商业模式下公共数据使用行为的正当性问题。在现如今的数字社会中，数据即生产力，对于大数据的抓取和推送成为一种新兴商业模式，蕴含着巨大的经济潜能，但是如何有法有度地利用数据，并没有明确的说明，特别是对公共数据的使用，如何把控公共数据和其他数据的边界，同时不伤害其他数据相关者的权益，我国司法并没有做出明确的解释。

我国的大数据行业正处于起步阶段，相关的技术和规范还不完善成熟，对于公共数据的使用就会出现许多问题，一些企业就会钻法律的漏洞，但正因为我国的大数据行业处于起步阶段，对于此类数据纠纷案件，要谨慎处理，张弛有度，要促进大数据行业的良性发展。如在本案例的判决中，法院认为需要给大数据产业发展创造适度的张力，创造足够宽松的发展空间，因此在侵权赔偿责任的承担上不宜为其施加过重的责任，故使用不正当竞争法的相关规定做出判决。

二、不正当竞争行为的违法认定

（一）不正当竞争的法律适用问题

在企查查案件中，蚂蚁微贷公司提出朗动公司的商业诋毁行为，根据反不正当竞争法第十一条的规定，朗动公司并不存在商业诋毁行为。反不正当竞争法第十一条规定，经营者不得编造、传播虚假信息或者误导性消息，损害竞争对手的商业信誉、商品声誉。违反此项规定即是商业诋毁行为，但是在本案例中，朗动公司作为一家从事企业征信信息服务的互联网征信机构，向用户发布和推送征信信息是其基本的服务内容，对于清算信息的抓取和发布，并非单独针对蚂蚁微贷公司，朗动公司不存在对蚂蚁金服和蚂蚁微贷的主观故意伤害，以增强自身竞争优势的行为，因此不存在商业诋毁行为。

"根据反不正当竞争法的第二条规定，经营者在生产经营活动中，应当遵循自愿、平等、公正、诚信等原则，遵守法律和商业道德。"适用第二条的前提是对某一不正当竞争行为无法根据反不正当竞争法第二章规定的具体竞争行为进行法律评价。在企查查的案件中，本案件涉及的是在大数据环境，公共数据的使用者和数据原始主体有关使用数据质量的纠纷，涉及大数据商业模式下公共数据使用的正当性行为，并非反不正当竞争法第二章规定的具体竞争行为，同时对于朗动公司的行为损害了蚂蚁金服和蚂蚁微贷的竞争权益，可以依据反不正当竞争法第二条进行处理。

（二）构成不正当竞争的法条依据

根据反不正当竞争法第二条规定，判断被诉行为是否构成不正当竞争，可以原告是否享有反不正当竞争法所保护的权益，被诉行为客观上是否具有不正当性、主观上是否具有过错，双方当事人是否属于竞争关系以及被诉行为是否给原告造成损害五个方面为依据。

1. 是否具有反不正当竞争法所保护的权益的判断依据

蚂蚁微贷和朗动公司同处于企查查平台构建的大数据生态系统中，并且朗动公司所发布的虽然是公共数据，但是对于公共数据的使用，不得损害个人数据和企业数据的权益，特别是原始数据主体的权益，而朗动公司发布和推送的有关蚂蚁微贷的清算信息，损害了蚂蚁金服和蚂蚁微贷作为原始数据主体的权益。同时，企查查所发布和推送的蚂蚁微贷的清算信息，并没有对数据的质量和时效性进行筛选和把关，对蚂蚁微贷和蚂蚁金服带来了消极影响，损害了其商誉权和经济利益。所以蚂蚁金服和蚂蚁微贷享有反不正当竞争法所保护的权益。

2. 被诉行为客观上是否具有正当性的判断依据

根据《征信管理条例》规定，征信机构应当采取合理措施，保障其提供信息的准确性。2019年5月5日、6日，企查查发布的蚂蚁微贷的清算信息和蚂蚁微贷当时的客观信息存在差异，企查查发布的消息并不准确，朗动公司的行为违反了征信业法定义务和大数据行业规则。所以蚂蚁微贷所诉行为在客观上具有正当性。

3. 主观上是否具有过错的判断依据

判断主观上是否具有过错的依据，需要从主体身份的特点和所附注意义务、行为过程的审慎程度和合理性等要素进行判断。作为企查查一家数据征信企业，朗动公司作为数据使用者的注意义务是考量其是否具有主观过错的主要依据，从数据的时效性、推送的机制设置以及校对机制设置这三个基本方面来说，朗动公司具有更高的注意义务。朗动公司的一系列做法，没有及时纠正蚂蚁微贷的清算信息，造成蚂蚁金服和蚂蚁微贷的负面影响，也没有及时做出挽救措施。所以朗动公司在主观上具有明显的过错。

4. 双方是否存在竞争关系的判断依据

反不正当竞争法规定的竞争关系主要包括两种：直接竞争关系和间接竞争关系。不同于传统的商业模式，在互联网时代中，即使企业双方没有直接的竞争关系，但实际上也会存在破坏对方竞争优势的竞争关系。企查查发布的蚂蚁微贷清算消息连带损害了蚂蚁金服整体竞争优势和商业利益。虽然企查查抓取的是国家企业信用公司系统的公共数据，但它对于数据的后续使用决定了朗动公司与蚂蚁微贷在竞争利益损害上有因果关系。所以蚂蚁金服和蚂蚁微贷与朗动公司存在竞争关系。

5. 被诉行为是否给原告造成损害行为的判断依据

企查查发布蚂蚁微贷清算的误导性消息的行为，引起了媒体的广泛关注，而且朗动公司随后发表的声明也没有澄清作用，给蚂蚁金服和蚂蚁微贷的商誉带来了持续性的不良影响。

（三）民事责任的判定

根据反不正当竞争法的相关规定，不正当竞争行为的实施主体应当承担停止侵害、赔偿损失、消除影响等民事责任。

我国大数据行业正在起步阶段，为了给大数据征信行业创造宽松的发展空间，故不宜对朗动公司在侵权赔偿责任上进行过重地苛责。

从停止侵害、赔偿损失、消除影响这三方面来看，企查查已经删除蚂蚁微贷清算的误导性消息，而且蚂蚁金服和蚂蚁微贷也没有进一步证据表明朗动公司的不正当竞争行为仍处于持续状态中，故朗动公司不存在承担停止侵害的民事责任。

根据反不正当竞争法第十七条规定，经营者违反本法规定，给他人造成损害的，应当依法承担民事责任。赔偿金额的考量要综合多方面因素，包括两原告的市场知名度和影响力、侵权行为发生的范围、侵权所造成的影响及侵权人的主观过错、两原告为制止侵权所支付的合理费用等。

企查查发布蚂蚁微贷清算的误导性消息的行为，引起了媒体的广泛关注报道，给蚂蚁金服和蚂蚁微贷带来了消极影响，引起了相关用户的误解，影响了其商誉。故朗动公司应在公众平台上发布声明，消除对蚂蚁金服和蚂蚁微贷的消极影响。

三、数据竞争下公共数据使用存在的问题

在数据经济的背景下，数据成为新的生产要素，数据存在不同类型，按照主体来分，主要分为个人数据、公共数据和企业数据，这三种数据类型之间存在着不同差异，不同类型数据权益要求也不同，在使用中要注意这三者的区别，注意保护各类数据的权益，在对公共数据的使用中要注意区分于其他类型的数据，不得侵害其他类型数据的权益，但在如今数据商业化的进程当中，为了能够抢夺数据资源，赢得竞争力，在对公共数据的使用中，模糊了三种数据的界限，乱用和滥用公共数据，存在许多不正当竞争，纠纷频发，损害了三种类型数据主体的权益，在司法判决中，也存在许多的困难，数据竞争产业呈乱象频发的态势，不利于我国大数据行业的良性发展。

（一）公共数据现状

1. 公共数据开放共享现状

在目前大数据环境中，为了能够促进数字经济发展，提升综合国力，各国都在积极推进公共数据开放共享战略，最先上线公共数据开放平台的是美国，2009 年 5 月，美国政府数据开放平台 Data.gov 成为全球首个一站式政府数据开放平台；2013 年，八国集团签署《G8 开放数据宪章》，提出数据开放的 5 项原则，基本形成全球范围内公共数据开放的主基调；我国也在积极建设公共数据共享平台中，最先建设公共数据服务平台的是上海市的"上海政府服务平台"，随后各省各市积极响应国家号召，努力建设公共数据开放平台。目前，我国公共数据开放和共享主要集中在政务数据，如交通、经济、气候、教育、医疗、政府政务等数据资源，这些数据基本都和民生有关，可以无偿分享给个人、企业和其他公众使用。公共数据开放共享有利于政府透明化，更好地为公众服务，也有利于挖掘公共数据中的经济价值，推进我国数据经济的发展。

但我国现在对于公共数据开放共享还在起步阶段，有关公共数据开放共享的法律法规还没有出台，虽然各省各市都在积极建设公共数据开放平台，但是这些平台中也存在许多问题，有些省市虽然有自己的门户网站，但是由于政策

限制、盲目跟风、政绩要求等原因，这些平台并没有发挥实际效益，数据稀少，更新慢，公众真正需要的数据很少。

2. 我国公共数据竞争现状

大数据已经成为我国信息经济的新的增长点，数据商业化程度也越来越高，大数据行业在蓬勃发展中。数据即竞争力，公共数据中也蕴藏着许多的经济价值，公共数据再利用程度高，许多经营者使用和抢夺公共数据资源，为了赢得竞争优势，必然会引起对数据的竞争，我们国家支持良性的数据竞争，良性的数据竞争有利于促进数据行业创新发展，促进我国经济发展，对于数据的使用也能物尽其用。但是也存在许多不合理合法的数据竞争，例如在企查查的案件中，朗动公司旗下的企查查平台对蚂蚁微贷形成了不正当竞争，误导性的信息影响了蚂蚁微贷的商誉和竞争优势。一些经营者为了抢夺数据不择手段，丧失商业道德，侵犯个人数据的隐私或其他经营者的权益，侵占他人利益，利用公共数据攻击其他经营者，窃取商业秘密，数据的不正当竞争案件频发，不利于整个数据市场秩序的维护，更加不利于我国数字经济的发展。

（二）数据竞争的基本特征

1. 数据竞争主体的多样性

数据已经成为各行各业竞争的核心动力，数据即产品，最先一步获得和使用数据，即最先获得了商机，对于数据可商业化的范围可谓包罗万象，包括交通、医疗、教育、天气、工业、企业信息、用户信息等。如大众点评的餐厅数据和用户评论、企查查的各企业的征信数据、各种搜索引擎对于数据的查找还有交通路线数据等。数据的商业化范围广泛意味着数据竞争的范围广泛，数据竞争的主体呈现多样性，各行业都可以参与到数据竞争中来。

2. 数据竞争的直接性和间接性

在数据竞争中，数据竞争可以分为直接竞争和间接竞争两种，直接竞争就是同一行业中，有着同样的经营模式，竞争双方都包含相同的获利方式，但是在数据竞争中，并不只有涉及直接利益的竞争，其中还包括利用数据影响对方的竞争优势，从而达到竞争目的的间接竞争，这些竞争看似没有直接的利益关系，但是可能会有共同的客户源，有竞争利益的关联，从而产生竞争关系。

3. 数据竞争的核心——用户的竞争

在数据竞争中，经营者都在疯狂抢夺自己所需的数据再加以使用，对数据的抢夺实质上就是对用户的抢夺，用户的需求中蕴含着很大的经济价值。根据用户吃穿住行等数据所需，对数据加以整理、分类，获得竞争力，从而吸引用户的注意力，获得用户的点击、购买，产生经济效益。数据竞争的核心其实就是用户的竞争。

4. 数据竞争规则和法规的滞后性

面对各式各样的数据竞争，数据竞争的规则和法规有明显的滞后性，许多经营者都在打法律的擦边球，违反法律，丧失商业道德，原始数据主体的权益被侵犯，侵占其他经营者的数据的行为也时有发生，数据拥有者的合法权益得不到维护，以及数据行业并没有对数据竞争有具体的规范。我国重新修订的反不正当竞争法中有"互联网专条"作为兜底条款，但是对有关数据类不正当竞争行为并没有专门做出解释。

（三）数据竞争下公共数据使用存在的问题

我国的数据行业正在不断的蓬勃发展中，各式各类的数据商业模式涌现出来，我国的数据行业具有很大的发展空间和创造空间，对于公共数据的竞争也呈多元化趋势，白热化的阶段；各种案件频发，在数据竞争下，对于公共数据的使用也存在许多的问题。

1. 数据不正当竞争影响数据行业健康持续发展

在目前的数据竞争中，竞争越来越激烈，经营者们为了获得竞争优势，非法使用公共数据，丧失商业道德，侵犯他人或其他经营者的合法权益，违反法律法规，扰乱了数据行业秩序，对我国的数据行业的发展和创新造成了不利影响。

（1）公共数据商业化，经营者合法权益被侵犯

我国的公共数据可以无偿地分享给个人、企业和其他社会公众使用，一些经营者看到了其中的商机，经过加工和处理将公共数据转换为自己的企业数据，将公共数据商业化，这期间付出了巨大的成本，创造出属于自己所能控制的衍生数据，这样的衍生产品已经不属于公共数据，企业对这类衍生数据具有控制、使用、获得收益的权利，其他经营者未经授权，不能抓取和使用这些衍生数据，一些竞争者却无视这个规则，有意非法使用这些衍生数据，满足自己的利益，侵害了衍生数据控制者的权益。

（2）数据时效性和数据质量把控不严

在公共数据的使用中可以利用公共数据影响其他经营者的竞争优势，从而达到竞争的目的，这类竞争属于不正当竞争。在公共数据的使用行为中对于数据时效性和数据质量把控不够严格，没有尽到公共数据使用者应尽的义务，对数据的监控缺少把关环节，公共数据的再利用造成其他经营者的合法权益被伤害，对其他经营者造成不利的影响。

（3）不正当竞争中惰性思维发展

在对数据的不正当竞争中，一些经营者花费了大量的精力、人力和生产成本才创造出属于自己企业的衍生数据，蕴含大量的经济价值，但是一些经营者通过某些不正当的手段，未经授权同意，盗取非法使用其衍生数据，侵犯这些创造者的合法权益，损害他们的经济利益，而盗取者则跳过创造过程就获得这些衍生数据，从中获得了经济利益，这样的不劳而获的行为会滋生数据行业的惰性思维，导致没有经营者再愿意花费时间、精力创造新的数据资源，不利于数据行业创新健康发展。

2. 公共数据安全难以得到保障

公共数据商业化已经成为一种常态，其中蕴含很大的商业潜能，已经成为一种新的商业模式，我国支持推进公共数据商业化，以促进我国经济的发展、大数据行业的发展，但是在对公共数据商业化的数据竞争中，存在许多不正当竞争，利用黑客的手段窃取公共数据，不仅危害整个数据行业的发展，数据安全也难以得到保障。

公共数据流动和开放共享是为了更好地促进商业发展、社会发展。但是在流动和开放共享过程中，个人隐私、企业数据泄密的事情时有发生，国家安全也受到威胁。我国的数据安全保护机制和开放共享程度不成正比，治理规范不够完善，保护技术应用不够成熟，数据安全发展受到危害。

3. 公共数据竞争的法规不成熟不完善

有关数据竞争的法规法条的不成熟不完善，一些经营者试图利用法律漏洞获得经济利益，不正当竞争越发激烈，我国重新修订的反不正当竞争法中虽然有"互联网专条"，对互联网的不正当竞争进行法律规范，但是反不正当竞争法中规定的 7 种不正当竞争行为仍然没有对数据类不正当竞争行为进行专门规范，我国关于数据竞争的法律法规还不够完善，面对日益增多复杂的数据不正当竞争案件的纠纷，迫切需要相应专门的法规法条来规范治理。

四、公共数据使用行为问题的解决措施

在越演越烈的数据竞争中，对公共数据使用存在许多的问题，正如前文所提到的那些问题影响了正常的竞争秩序，给我国的数据行业健康、持续发展造成了很大的消极影响，迫切地需要一些措施来解决这些问题。

（一）公共数据开放共享与制约管理并行

公共数据的开放共享对社会治理、经济发展、政府透明化、公共服务都存在重大意义。因此，我国在大力推进公共数据的开放共享，鼓励公共数据商业化发展，无偿向公众和经营者提供公共数据，但一些大型企业拥有对公共数据充分挖掘和使用的实力，这样实质上就会形成限制竞争、数据垄断的局面，反而不利于公共数据的开放共享。

开放共享并不意味着放任不管，实质上更加需要对公共数据的制约管理，限制数据垄断和不正当竞争的局面，以促进数据竞争良性发展。"公共数据的收费机制的建立，有助于形成公共数据开放，促进公共数据社会应用，公共数据的社会化应用反哺公共数据开放的良性运作闭环。"

（二）针对数据竞争的司法保护

在我国数据竞争中，存在着许多对公共数据的不正当竞争。在处理不正当竞争的案件纠纷中，通常会用到反不正当竞争法的一般条款，在规定的 7 种不正当竞争行为中，仅有商业秘密保护和互联网专条适用数据竞争，并没有对数据竞争专门的法条规定，在互联网专条中所提到的几种不正当竞争也没有关于数据竞争的规定。面对日益复杂的数据竞争，这两条规定明显在处理数据竞争案件时有不足之处。数据竞争有着自身特殊性，需要制定专门针对数据竞争的法律法规，为今后的数据竞争案件做出司法保护，有明确的法规法条对数据竞争行为进行规定，有利于减少对于数据的不正当竞争，惩处不正当竞争行为，维护良性的数据竞争，促进数据行业发展。

（三）行业自我约束和政府监管多元合作

在数据行业层面，关于数据的不正当竞争不仅需要法律制约，更加需要数据行业的自我约束意识来规范自我，制定相关的行规来约束和减少不正当竞争行为。我国的数据行业还没有对数据竞争制定专门的行规，为了获得商业利益，不正当竞争事件时有发生。制定数据竞争规则合理配置数据资源，在数据控制者和使用者之间促成良好的发展关系，促进数据的开放和共享，打破数据垄断，保护用户隐私、经营者的权益，确保数据行业向前发展。

仅仅依靠行业内部的自我约束是完全不够的，在政府监管层面，特别是在对公共数据获取和使用中，政府需要根据自身职能起到引导作用，利用门户网站协调政府各部门的工作，多方监管，合理掌控，对公共数据的使用进行分层分类监管，保证公共数据的安全、市场的秩序，形成政府和企业的良性互动，共同对数据竞争进行管理。

（四）公共数据使用者的注意义务

在对公共数据使用中，使用者要承担自己应尽的义务。不得侵犯个人和其他经营者的数据权益；需要对于数据的来源进行确认，查看是合法使用公共数据，还是其他企业的衍生数据；在数据数量提上去的同时，数据的质量也要得到保障；注意数据的时效性，避免时间和空间上的错误，影响他人权益；对于敏感信息提前进行脱敏处理。

（五）建立数据安全保护体系

我国对于公共数据的开放和使用还处于探索和起步阶段，各行各业都看准了公共数据中的商业价值，对公共数据进行疯狂抢夺，引起不正当的数据抢夺，这对公共数据的安全就造成了一定的威胁。面对威胁，需要对数据安全进行保护，建立数据安全保护体系。

大力开展安全技术研发，加强脱敏技术，保护个人、企业、国家的敏感信息，为建立安全保护体系提供技术基础；加强对专业设备和高水平人才的投入，为建立数据安全保护体系提供硬件支持；将数据安全列为重点保护对象，对公共数据进行监控，实时更新数据库，从空间、时间上对公共数据进行场景化细分，针对公共数据的特点、属性、构成要件对数据进行多方位、立体化的保护，为建立数据安全保护体系提供信息服务；政府部门大力支持建立数据安全保护体系，为保护体系的建立提供政策支持和创造空间，为建立数据安全保护体系提供后盾保障。全方面为建立数据安全保护体系提供支持，以保障数据安全。

五、结语

本论文以蚂蚁金服起诉企查查为例，对数据竞争下公共数据的使用行为进行探讨。随着互联网技术的发展，数据行业的不断进步，数据成为新的经济增长点，对公共数据的使用可以获得经济利益，从而引发对于公共数据的激烈竞争，不正当竞争案件频发。但现实中还没有针对公共数据竞争所存在的问题进行总结分析并提出解决方案。通过企查查这个不正当竞争的案例回顾、判决的法律分析，对当下的公共数据的开放共享及竞争现状进行概括，以及公共数据的使用行为中存在的问题提出自己的观点，针对问题和现实情况提出相应的解决措施。

参考文献：

[1] 杭州铁路运输法院，（2019）浙 8601 民初 1594 号。

[2] 李昌麒. 经济法学 [M]. 北京：法律出版社，2007.

[3] 陆莉."数据资产框架"视角下我国政府公共安全数据开放现状、问题与对策 [J/OL]. 情报杂志，1-7.

［4］陈俊儒.《反不正当竞争法》一般条款的实施问题研究——以数据竞争为视角［J］.法制与经济，2020（02）：18-21.

［5］高争志.公共数据开放制度的价值定位与实现路径［J］.数字图书馆论坛，2020（01）：27-34.

［6］李扬，李晓宇.大数据时代企业数据边界的界定与澄清——兼谈不同类型数据之间的分野与勾连［J］.福建论坛（人文社会科学版），2019（11）：35-45.

［7］田小军，曹建峰，朱开鑫.企业间数据竞争规则研究［J］.竞争政策研究，2019（04）：5-19.

［8］申晓玥.网络平台大数据使用的竞争规则适用研究［D］.华东政法大学，2019.

［9］李安.人工智能时代数据竞争行为的法律边界［J］.科技与法律，2019（01）：61-70.

［10］王斯妤.中国政府数据开放：现状问题与策略选择［D］.吉林大学，2016.

［11］王运，李宇佳，严贝妮.大数据环境下我国政府公共数据整合与开放研究——基于上海市政府的案例分析［J］.图书馆理论与实践，2016（01）：1-5.

［12］蔡钰.新形势下我国大数据公共安全的治理研究［J］.湖北省社会主义学院学报，2015（05）：78-81.

空间失衡与应用转向：我国新闻传播学生产力空间分布与演化特征研究

——基于第五轮学科评估区间国家社科基金立项与四大 A 刊的计量分析

詹海宝　陕西师范大学

摘要： 第五轮学科评于 2020 年启动，其评估结果很可能将关系到下一轮"双一流"建设评估与博士点的审批，其对高校新闻传播学科的影响必定是深远持久的。为了给本学科各高校在第五轮学科评估前期准备中发现问题找准定位做参考，以及全面检视本学科学术生产力分布格局，本文通过文献计量学方法分析了 2016—2019 年间的国家社科基金和四大 A 刊。发现高校间的学术生产力差异巨大，呈现上尖下宽明显的金字塔状；第五学科评估中 B 档次及以下高校可能会发生较大变化，尤其是 C-档次高校发生变化的可能性更大；我国新闻传播学科的多样化缺位，呈现某种隐性的"山头主义"现象，华东地区学术生产力远超其他六个地区，是东北地区近 10 倍；本学科研究方向开始偏向应用型、本土化，期刊作者分布呈现出明显的长尾效应。

关键词： 学术生产力；新闻传播学；国家社科基金；学科评估；四大 A 刊

中图分类号：G210 文献标识码：A 文章编号：

学科评估是教育部学位与研究生教育发展中心对全国具有博士或硕士学位授予权的一级学科开展整体水平评估，其显著促进了我国高等教育事业的发展，2002 年首次开展，截至 2017 年完成了四轮。学科评估结果实际上就是公共项目实施绩效的一种周期性评价，如 2017 年结束的第四次学科评估就是对 2011-2015 年间各校年度教育经费使用情况的绩效评估。在第四轮学科评估中，拥有新闻传播学博士点的 17 所高校全部参评，部分拥有新闻传播学硕士授权单位参评，整个新闻传播学参评单位共计 81 所，中国人民大学与中国传媒大学进入A+档次。2019 年教育部研究制定并审议通过了《第五轮学科评估工作方案》，第五轮学科评估于 2020 年启动，评估周期为 2016 年 1 月 1 日至 2019 年 12 月 31 日，2020 年又恰逢"双一流"建设中期评估，所以第五轮学科评估结果很可能将关系到下一轮"双一流"建设评估，以及博士点的审批，其对高校新闻传播学科的影响必定是深远持久的。科学研究水平作为现阶段高校的核心竞争力，在第五轮学科评估中占有重要地位，那么相较于第四轮学科评估，在第五轮学科评估中高校新闻传播学科的学术生产力格局将会发生哪些变化，不同地区及高校间又会产生怎样的差距。基于此本研究以新闻传播学国家社科基金项目以及新闻传播学四大权威 A 刊为分析对象，尝试绘制我国新闻传播学科学术生产力地图，并试图从学术生产力视角检视第五轮学科评估期间我国新闻传播学科科学研究水平的分布格局，为新闻传播学科各院校发现问题找准定位做参考。

一、选题缘由

在第五轮学科评估中，科学研究水平中的学术论文采用"定量定性相结合"的方式评价，人文社会科学可能会仅采用代表作评价，并且要求代表性论文必须包含一定比例的"中国期刊"。就新闻传播学科而言，四本 A 刊在学科内有广泛的认同度，其发文量代表了高校科研成果的水平。基金项目尤其国家级基金项目，已经成为衡量一所高校或者一个地区科研能力的重要评价指标。高校、学术团体、学术研究个体或地区承担国家项目的数量在很大程度上反映了其学术生产力，在第五轮学科评估中，科研项目用"国家级项目与自选代表性项目相结合"的方式进行评价。故此，本研究以 2016 年 1 月 1 日至 2019 年 12 月 31 日期间新闻传播学国家社科基金项目立项和四大 A 刊的发文量及被引用量为数据来源，考察分析第五轮学科评估期间我国新闻传播学科学术生产力具有较强的代表性。

已有研究也基于新闻传播学国家社科基金或核心期刊，对我国新闻传播学科的学术生产力分布格局与研究主题等方面做了较为深入的探讨，如对新闻传播学核心期刊的分析方面，廖圣清等通过对 9 种新闻传播学学术期刊的论文进行文本挖掘，探究了近 20 年来中国新闻传播学研究总体状况，尤其是研究方法和理论的使用情况以及地区之间的差异；邵鹏等利用内容分析法，从发文量、海内外作者比例、论文合著情况、词频、特色栏目、研究方法及支撑理论等方面，对中国新闻传播学 6 本 CSSCI 期刊 2016 年 9 月至 2017 年 9 月间的 1131 篇学术论文进行了系统分析；刘自雄等对我国 9 种新闻传播学 CSSCI 期刊发表的 1800 余篇论文进行了定量描述与定性分析，回顾了 2012 年各研究领域的基本格局与热点研究话题；方振武整体抽取了 6 种新闻传播学 CSSCI 期刊源期刊，绘制出了 2010 年样本学术期刊论文引证频数及引用比、论文作者来源、研究者的发文数量等情况。在对国家社科基金的分析方面，刘雪梅根据 1999 至 2009 年间国家社科基金中新闻传播学类立项资助项目的数据，分析了相关项目的表面特征以及走势所显现的含义，并着重研究和探讨了项目内容的变迁与发展，为我们有效了解我国新闻传播研究大趋势提供了参考；李志军等采用文献计量学方法，对 1991—2013 年共 700 项新闻传播学国家社科基金项目进行全方位的综合分析，勾勒出我国新闻学与传播学研究力量分布状况；李燕从项目论文成果出发，探讨了我国新闻传播学国家社科基金论文的产出力分布情况。已有研究为我们审视新闻传播学科的发展概貌提供了重要参考，但鲜有学者从学科评估或者同时将国家社科基金和四大 A 刊兼顾分析的视角，全面检视我国新闻传播学科的生产格局与学科概貌。本研究从第五轮学科评估的视角，以新闻传播学国家社科基金和四大 A 刊为分析对象，全面审视本学科的学术生产力格局，一则可为我们了解本学科学术权力的分布提供借鉴，二则可为新闻传播学科各院校在第五轮学科评估前期准备中发现问题找准定位做参考。

二、国家科学基金项目分布格局统计分析

（一）机构格局

通过对全国哲学社会科学规划办公室官方网站历年资助项目检索，2016 至 2019 年四年间新闻传播学国家社科基金立项共计 704 项，其中普通高校立项 657 项，占比 93%，处于绝对优势地位，各级军校、党校、机关、社科院等立项 47 项，占比 7%。由于新闻传播学的学科评估主要以普通高校参评为主，所以在此选取普高校立项的部分进行分析，这四年间共有 225 家普通高校获得了新闻传播学国家社科基金的资助，表 1 列举了承担项目数大于 4 项的高校（表中高校名称其后的档次为第四轮学科评估的结果，下同）。

表 1　2016—2019 年承担新闻与传播学国家社科基金项目机构（大于 4 项部分）

单位	数量	排序	单位	数量	排序	单位	数量	排序
中国传媒大学 A+	15	1	广西大学 C	7	21	湖北大学	5	37
暨南大学 A-	14	2	河南大学 B-	7	21	湖南大学 B	5	37
武汉大学 A-	13	3	南昌大学 B-	7	21	陕西师范大学 B	5	37
南京大学 B+	11	4	西安交通大学 C	7	21	四川外国语大学	5	37

续表

单位	数量	排序	单位	数量	排序	单位	数量	排序
中国人民大学 A+	11	4	西北大学 C+	7	21	西北政法大学	5	37
华中科技大学 A	10	6	中山大学 B	7	21	浙江工业大学	5	37
四川大学 B+	10	6	安徽大学 B	6	27	安徽师范大学 C-	4	47
厦门大学 B+	10	6	北京印刷学院 C+	6	27	北京交通大学	4	47
广东外语外贸大学	9	9	河北大学 B	6	27	北京师范大学 C+	4	47
湖南师范大学 B	9	9	华南理工大学 B-	6	27	大连理工大学	4	47
南京师范大学 B+	9	9	华中师范大学 C-	6	27	对外经济贸易大学	4	47
清华大学 A-	9	9	江西师范大学	6	27	福建师范大学	4	47
上海交通大学 A-	9	9	内蒙古大学	6	27	江西财经大学	4	47
深圳大学 B	9	9	山东大学 B-	6	27	上海理工大学 C	4	47
郑州大学 B	9	9	苏州大学 B-	6	27	上海外国语大学 B-	4	47
华东师范大学 B+	8	16	中南民族大学	6	27	扬州大学	4	47
西南政法大学 C+	8	16	北京工商大学 C-	5	37	云南大学 C-	4	47
新疆大学 C-	8	16	复旦大学 A	5	37	中央民族大学 C	4	47
浙江传媒学院	8	16	广州大学	5	37			
浙江大学 B+	8	16	贵州民族大学	5	37			

　　按照立项高校的类型划分，传媒类专业院校获得 31 次立项，占比 4.72%，其中中国传媒大学、浙江传媒学院立项数最多；其他专业院校获得 386 次立项，占比 58.75%，是此期间获得立项的主力军，其中华中科技大学、湖南师范大学、上海交通大学、西南政法大学等立项数较多；综合类大学获得 240 次立项，占比 36.53%，其中暨南大学、武汉大学、南京大学、中国人民大学、四川大学、厦门大学等立项数较为领先。从表 1 可知，在获得立项的 225 所高校中，位处前 20 的有中国传媒大学、暨南大学、武汉大学、南京大学、中国人民大学、华中科技大学等高校，共承担项目 197 项，占比 29.98%，处于新闻传播学

立项高校群的第一方阵，大部分为新闻传播学科的老牌名校，在第四轮学科评估中基本也处于 B 档以上高校。位于第二方阵的有广西大学、河南大学、南昌大学、西安交通大学、西北大学、中山大学等 65 所高校，共承担项目 281 项，占比 42.77%，大部分 B−档高校在此梯队。处于第三方阵的有北京外国语大学、成都学院、大连民族大学等 140 所高校，其立项 179 项，占比 27.25%，属于研究实力稍微的高校群。从上述分析可知，我国新闻传播学科国家社科基金立项高校在三个方阵上的分布，呈现上尖下宽明显的金字塔状，且承担项目数量主要集中于塔尖，即不足 9% 的高校所获的项目数占整个基金项目数的约 30%。

（二）地域格局

1. 地区格局

表 2 列举出了各地区新闻与传播学国家社科基金立项分布情况，以及各地区立项数排名前五的高校（含并列位），从该表可知华东地区新闻与传播学科研实力较强的高校有南京大学、厦门大学、南京师范大学等，华北地区立项数排名前三甲的高校有中国传媒大学、中国人民大学、清华大学，华中地区排名靠前的高校有武汉大学、华中科技大学、湖南师范大学等，华南地区科研实力前三甲的是暨南大学、广东外语外贸大学、深圳大学，西南地区立项数靠前的高校有四川大学、西南政法大学、贵州民族大学，西北地区立项数靠前的高校有新疆大学、西安交通大学、西北大学、西北政法大学等，东北地区排名较靠前的高校有大连理工大学、哈尔滨工业大学、黑龙江大学等。以上高校都是各地区新闻传播学研究的重镇，引领本地区新闻传播学的发展。由表 2 还可知，新闻传播学国家社会科学基金的地区分布也极不平衡，各地区之间在立项数目上存在极大差异，经济、科技、文化教育比较发达的地区往往也是获得项目比较多的地区。华东地区远超其他六个地区，华北地区、华中地区实力相当，华南地区、西南地区以及西部地区实力稍弱，位列第三梯队，东北地区情况最不乐观，和实力最强的华东地区差距甚大，立项数近乎 10 倍的差距。且华东地区与华北地区的立项数之和占总立项数的近 50%，占据了新闻与传播学国家社科资源的半壁江山，是我国新闻传播学研究的中心地区。

表 2 2016—2019 年新闻与传播学国家科学基金立项地区分布

地区	前五高校	数量	总计	占比	地区	前五高校	数量	总计	占比
华东地区	南京大学	11	203	30.90%	华南地区	深圳大学	9		
	厦门大学	10				广西大学	7		
	南京师范大学	9				中山大学	7		
	上海交通大学	9			西南地区	四川大学	10	73	11.11%
	华东师范大学	8				西南政法大学	8		
	浙江传媒学院	8				贵州民族大学	5		
	浙江大学	8				四川外国语大学	5		
华北地区	中国传媒大学	15	115	17.50%		云南大学	4		
	中国人民大学	11			西北地区	新疆大学	8	67	10.20%
	清华大学	9				西安交通大学	7		
	北京印刷学院	6				西北大学	7		
	河北大学	6				陕西师范大学	5		
	内蒙古大学	6				西北政法大学	5		
华中地区	武汉大学	13	97	14.76%	东北地区	大连理工大学	4	23	3.50%
	华中科技大学	10				哈尔滨工业大学	3		
	湖南师范大学	9				黑龙江大学	3		
	郑州大学	9				大连民族大学	2		
	河南大学	7	79	12.02%		东北师范大学	2		
华南地区	暨南大学	14				辽宁大学	2		
	广东外语外贸大学	9							

2. 省域格局

为了进一步考察我国新闻传播学国家社科基金立项在省域间的分布格局，本研究列举出了各省市立项分布情况，以及各省市立项数排名前三且立项数大于 2 的高校（含并列为位），如表 3 所示。从该表可知，在承担国家社科基金项目方面，北京作为我国政治、经济、文化中心，在新闻传播学研究中占据了十分重要的位置，是本学科的核心地区，其立项数处于绝对优势，超过甘肃、云南、辽宁、黑龙江、河北、贵州、内蒙古、天津、吉林、宁夏、西藏、海南、青海、山西 14 个省市之总和，这与北京拥有数量众多的高校和全国知名的媒介以及研究机构有着重要关系。此外，地缘、信息、操作上的优势也是可能的因素。广东、湖北、江苏、上海、浙江、陕西立项数均超过 30 项，重庆、湖南、福建、四川、河南、江西立项数均在 20 以上，说明以上省市新闻与传播学科的学术实力较强，是我国新闻传播学科研究的中心省市。而吉林、宁夏、西藏三省在此四年间仅获得 4 项资助，海南、青海、山西三省在此四年间立项数仅为 2，且无连续立项的高校，其新闻传播学学术生产力仍处于较低水平，很难形成自己的学术影响力。

表3　2016—2019 年新闻与传播学国家科学基金立项省域分布

省市	排名前三高校	立项数	总计	占比	排序	省市	排名前三高校	立项数	总计	占比	排序
北京	中国传媒大学	15	92	14.00%	1	河南	郑州大学	9	21	3.20%	12
	中国人民大学	11					河南大学	7			
	清华大学	9					河南工业大学	2			
广东	暨南大学	14	57	8.68%	2	江西	南昌大学	7	21	3.20%	12
	广东外语外贸大学	9					江西师范大学	6			
	深圳大学	9					江西财经大学	4			
湖北	武汉大学	13	51	7.76%	3	广西	广西大学	7	20	3.04%	14
	华中科技大学	10					广西师范学院	3			
	华中师范大学	6					广西财经学院	2			
	中南民族大学	6					广西师范大学	2			
							南宁师范大学	2			
江苏	南京大学	11	46	7.00%	4	新疆	新疆大学	8	17	2.59%	15
	南京师范大学	9					石河子大学	3			
	苏州大学	6					新疆财经大学	3			
上海	上海交通大学	9	45	6.85%	5	山东	山东大学	6	15	2.28%	16
	华东师范大学	8					青岛大学	3			
	复旦大学	5					山东师范大学	2			
浙江	浙江传媒学院	8	39	5.94%	6	安徽	安徽大学	6	13	1.98%	17
	浙江大学	8					安徽师范大学	4			
	浙江工业大学	5					中国科学技术大学	2			
陕西	西安交通大学	7	31	4.72%	7	甘肃	甘肃政法学院	3	13	1.98%	17
	西北大学	7					兰州大学	3			
	陕西师范大学	5					西北民族大学	3			
	西北政法大学	5									

续表

省市	排名前三高校	立项数	总计	占比	排序	省市	排名前三高校	立项数	总计	占比	排序
重庆	西南政法大学	8	27	4.11%	8	云南	云南大学	4	11	1.67%	19
	四川外国语大学	5					昆明理工大学	3			
	西南大学	3					云南师范大学	3			
	重庆大学	3				辽宁	大连理工大学	4	10	1.52%	20
	重庆理工大学	3					大连民族大学	2			
湖南	湖南师范大学	9	25	3.81%	9		辽宁大学	2			
	湖南大学	5				黑龙江	哈尔滨工业大学	3	9	1.37%	21
	衡阳师范学院	2					黑龙江大学	3			
	湖南工业大学	2				河北	河北大学	6	8	1.22%	22
	湘潭大学	2				贵州	贵州民族大学	5	7	1.07%	23
福建	厦门大学	10	24	3.65%	10	内蒙	内蒙古大学	6	7	1.07%	23
	福建师范大学	4				天津	天津师范大学	3	6	0.91%	25
	华侨大学	3					天津大学	2			
四川	四川大学	10	24	3.65%	10	吉林	东北师范大学	2	4	0.61%	26
	西南民族大学	3				宁夏	宁夏大学	3	4	0.61%	26
	成都学院	2				西藏	西藏民族大学	4	4	0.61%	26
	电子科技大学	2				海南、青海、山西均为 2 项，占比均为0.30%，且均无立项数大于 2 的高校					
	四川师范大学	2									

（三）主题格局

在对新闻传播学国家社科项目的基本情况进行描述分析后，为了进一步了解新闻传播学科国家社科基金的主题分布，本研究利用 Python 语言中的第三方 Jieba 库进行分词编程，并利用 NetDraw 构建高频词的社会网络关系，得到如图 1 所示的新闻传播学国家社科基金项目高频关键词网络关系图。这些高频词可以分为三类，第一类高频词主要反映的是相关研究主题，如"乡村振兴""国际传播""新媒体""文化传播""舆情""社交媒体""社会治理""出版""政治传播""媒介融合"等，体现了这四年间立项课题所关注的研究热点。第二类高频词反映了相关课题的研究性质或研究类型，如"机制""模式""路径""对策""引导""策略""提升"等，体现了目前新闻传播学的研究重心偏向应用型研究项目，着眼于解决现实问题。第三类高频词反映的是相关研究展开的时空技术背景、研究阈限等限制条件，如"中国""当代""近现代""近代""一带一路""大数据""人工智能""西部""新疆"等。从图1还可知，居于最核心地位的高频词有"中国""传播""新闻""新媒体"等。"中国"体现了研究领域聚焦于新闻传播研究的本土化，"传播"和"新闻"表明本学科研究的核心内容还是新闻与传播学，"新媒体"则是体现了当下的研究趋势。

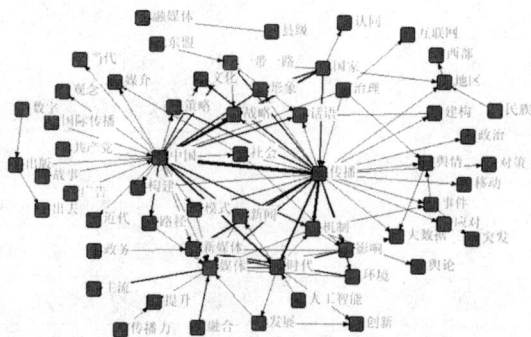

图1 新闻传播学国家社科基金项目高频关键词网络关系图

三、四大 A 期分布格局统计分析

《新闻与传播研究》《国际新闻界》《现代传播》《新闻大学》是新闻传播学科目前最为权威的四本期刊。本研究以此四大 A 刊为依据，从另一视角对高校新闻传播学科和科研人员的学术生产力进行间接评价，尽可能体现我国新闻传播学学术生产力的全面性和可靠性。

（一）机构格局

2016—2019 年 4 年间新闻传播学四大 A 刊共计发文量 3035 篇（除出公告、通知等非学术研究文章），其中普通高校发文量 2690 篇，占比 89%，属于学术研究的绝对主力，各级军校、党校、机关、社科院等发文量 345 篇，占比 11%。在此期间有 225 所普通高校发表了 1 篇以上四大 A 刊，此数目和国家社科基金的立项高校数一致，两者所包含的高校大体相同，说明新闻传播学科的主体高校大约 225 所。表 4 给出了 2016—2019 年间新闻传播学四大 A 刊发文量在 10 篇及以上的高校，从该表可知在有四大 A 刊成果的 225 所高校中，位处前 5 的有中国传媒大学、中国人民大学、复旦大学、华中科技大学以及暨南大学，这 5 所高校是我国新闻传播学科的领头羊，共计发文量 860 篇，占比 31.97%，处于高质量发文高校的第一梯队，在第四轮学科评估中基本处于 A 档以上。处于第二梯队的有武汉大学、北京师范大学、清华大学、南京大学等 15 所高校，在第四轮学科评估中基本处于 B+档以上，共计发文量 843 篇，占比 31.34% 。处于第三梯队的有上海大学、福建师范大学、浙江传媒学院、苏州大学、湖南师范大学、西北政法大学等 205 所高校，共计发文量 987 篇，占比 36.69%。从以上三个梯队的划分可以看出，我国新闻传播学四大 A 刊的发文量在高校间分布极不均衡，其金字塔分布比国家社科基金更为严重，表现为不足 3% 的高校所发表的四大 A 刊数量占比超过 30%，不足 9% 的高校发表的四大 A 刊数量占比超过 60%。在此应该说明的是排名前三位的高校均主办有四大 A 期刊，对本单位学者的论文录用率往往高于其他单位，其发文量较大肯定或多或少与此有关，但其在新闻与传播学科的学术实力是毋庸置疑的。

表 4　2016—2019 年新闻与传播学四大 A 刊发文量高校分布

单位	数量	排序	单位	数量	排序	单位	数量	排序
中国传媒大学 A+	387	1	华东师范大学 B+	44	18	安徽师范大学 C-	16	35
中国人民大学 A+	188	2	华南理工大学 B-	44	18	华东政法大学	14	36
复旦大学 A	120	3	四川大学 B+	41	20	广东外语外贸大学	13	37
华中科技大学 A	83	4	上海大学 B+	34	21	西北师范大学	13	37
暨南大学 A-	82	5	福建师范大学	29	22	北京外国语大学 C+	12	39
武汉大学 A-	77	6	浙江传媒学院	27	23	四川外国语大学	12	39
北京师范大学 C+	76	7	苏州大学 B-	26	24	河北大学 B	11	41
清华大学 A-	75	8	湖南师范大学 B	23	25	河南大学 B-	11	41
南京大学 B+	72	9	陕西师范大学 B	22	26	湖北大学	11	41
厦门大学 B+	63	10	郑州大学 B	22	26	南昌大学 B-	11	41
中山大学 B	56	11	华中师范大学 C-	20	28	上海外国语大学 B-	11	41
上海交通大学 A-	54	12	安徽大学 B	18	29	天津师范大学 C+	11	41
北京大学 B+	51	13	广州大学	18	29	西安交通大学 C	11	41
南京师范大学 B+	51	13	湖南大学 B	18	29	北京工商大学 C-	10	48

续表

单位	数量	排序	单位	数量	排序	单位	数量	排序
重庆大学 C+	48	15	云南大学 C-	18	29	广西大学 C	10	48
深圳大学 B	46	16	江西师范大学	17	33	西北政法大学	10	48
浙江大学 B+	45	17	山东大学 B-	17	33	中南民族大学	10	48

如果说高校的高质量论文发表量是其科研实力的显性体现，那么高校的论文被引用量则是其学术影响力的隐性表现，通常来说高校的论文被引量要比发文量更能确切的反映其学术地位和学术影响。表5列举出了2016—2019年间新闻传播学科四大刊论文被引次量超过50的高校，从表中可知中国人民大学、中国传媒大学、清华大学、复旦大学4所高校被引总量均超过1000，再次体现出了这4所知名高校在全国新闻传播学研究中的领跑地位。新闻传播学四大A刊的均篇引用量为8.2，在我国人文社会科学中的被引情况是较差的，与其他学科相比尚有较大的提升空间。

表5 2016—2019 年新闻与传播学四大 A 刊引用量高校分布

单位	总引量	排序	单位	被引量	排序	单位	总引量	排序
中国人民大学 A+	1682	1	上海交通大学 A-	251	18	扬州大学	89	35
中国传媒大学 A+	1590	2	厦门大学 B+	238	19	郑州大学 B	87	36
清华大学 A-	1209	3	华南理工大学 B-	229	20	河南大学 B-	78	37
复旦大学 A	1078	4	安徽师范大学 C-	185	21	湖南大学 B	76	38
北京师范大学 C+	680	5	上海大学 B+	176	22	云南民族大学	70	39
暨南大学 A-	654	6	苏州大学 B-	170	23	山东大学 B-	69	40
中山大学 B	636	7	云南大学 C-	156	24	华中师范大学 C-	68	41
武汉大学 A-	589	8	江西师范大学	153	25	新疆大学 C-	66	42
华中科技大学 A	528	9	福建师范大学	149	26	山西传媒学院	63	43
南京大学 B+	455	10	北京联合大学	144	27	上海外国语大学 B-	63	43

续表

单位	总引量	排序	单位	被引量	排序	单位	总引量	排序
北京大学 B+	408	11	浙江传媒学院	130	28	同济大学 C	63	43
浙江大学 B+	391	12	安徽大学 B	115	29	中央民族大学 C	62	46
四川大学 B+	319	13	广东外语外贸大学	108	30	天津师范大学 C+	59	47
重庆大学 C+	317	14	四川外国语大学	104	31	北京外国语大学 C+	58	48
华东师范大学 B+	315	15	西北师范大学	101	32	西南大学 C-	57	49
深圳大学 B+	278	16	陕西师范大学大学 B	98	33	上海师范大学 C-	55	50
南京师范大学 B+	257	17	湖南师范大学 B	95	34	中南民族大学	52	51

（二）地域格局

1. 地区格局

表6列举出了各地区新闻传播学四大 A 刊发表量分布情况，以及排序前5且发文量大于2的高校（含并列位），从该表可知华北地区发文量排名前三甲的高校有中国传媒大学、中国人民大学、北京师范大学，华东地区新闻与传播学科研实力较强的高校有复旦大学、南京大学、厦门大学等，华中地区排名靠前的高校有华中科技大学、武汉大学、湖南师范大学等，华南地区科研实力前三甲的是暨南大学、中山大学、深圳大学，西南地区发文量靠前的高校有重庆大学、四川大学、云南大学等，西北地区发文量靠前的高校有陕西师范大学、西北师范大学、西安交通大学、西北政法大学等，东北地区发文量较为靠前的有吉林大学、辽宁大学、东北师范大学。从表6还可知，四大 A 刊的高校发表量在地区间极不平衡，其差异之大远胜国家社科基金的地域失衡度。经济、科技、文化教育比较发达的地区往往也是获得项目比较多的地区，如华北地区的发表量超过了华中地区、华南地区、西南地区、西北地区、东北地区五区之和，是东北地区的近26倍，华北地区与华东地区的发表量之和占比高达66%，拥有四大 A 刊的绝大部分发表资源。

表6 2016—2019年新闻与传播学四大A刊发表量地区分布

地区	前五高校	数量	总计	占比	地区	前五高校	数量	总计	占比
华北地区	中国传媒大学	387	944	35.09%	华南地区	深圳大学	46		
	中国人民大学	188				华南理工大学	44		
	北京师范大学	76				广州大学	18		
	清华大学	75			西南地区	重庆大学	48	179	6.65%
	北京大学	51				四川大学	41		
华东地区	复旦大学	120	826	30.71%		云南大学	18		
	南京大学	72				四川外国语大学	12		
	厦门大学	63				西南政法大学	8		
	上海交通大学	54			西北地区	陕西师范大学	22	98	3.64%
	南京师范大学	51				西北师范大学	13		
华中地区	华中科技大学	83	315	11.71%		西安交通大学	11		
	武汉大学	77				西北政法大学	10		
	湖南师范大学	23				兰州大学	9		
	郑州大学	22			东北地区	吉林大学	8	37	1.38%
	华中师范大学	20				辽宁大学	8		
华南地区	暨南大学	82	291	10.82%		东北师范大学	5		
	中山大学	56				东北财经大学	3		

2. 省域格局

为了进一步考察新闻传播学科学术生产力在省域间的分布格局，本研究列举出了各省市四大A刊发表量分布情况，以及各省市发表量排名前3且数量大于4的高校（含并列为位），如表6所示。从该表可以看出，各地区之间的发文总量极不平衡。北京897篇，上海、广东与湖北均超过200篇，这4个省市是我国新闻传播学科研究的重镇，对本学科的发展具有举足轻重的作用。究其原因可能是北京市集中了量多质高的高等院校以及四大A刊的主办单位均在此地，其学术生产力远远超出其他省份，所发表的四大A刊论文数量列于榜首有其必然性。上海、广东是我国除北京之外经济、科技、文化教育非常发达的地区，新闻事业也较为发达，排名在前也属应当。湖北作为高等教育强省，在哲学人文社会科学研究领域确有不凡表现，且在国家社科基金立项数排序中也位列第三。位于第二梯队的江苏、福建、浙江、四川、重庆、陕西、湖南七省市发文量均超过 50 篇，是我国新闻传播学科学术生产的"主产区"，这些省市的经济、文化基础较好，人才资源丰富，为新闻传播学的学术生产奠定了坚实的基础。位于第三梯队的山东、安徽、河南、江西、云南、甘肃、辽宁、山西、天津、吉林 10 省市发文量均超过 15 篇，是我国新闻传播学科学术生产的"一般产区"。位于第四梯队的河北、广西、新疆、黑龙江、海南、贵州、内蒙 7 省发文量均在 15 篇以下，是我国新闻传播学科学术生产的"低产困难区"，这些地区的经济、文化、教育资源薄弱、人才匮乏等因素是造成此情况的可能原因。

表 7 2016—2019 年新闻与传播学四大 A 刊发表量省域分布

省市	前3高校	文章数	总计	占比	排序	省市	前3高校	文章数	总计	占比	排序
北京	中国传媒大学	387	897	33.35%	1	陕西	陕西师范大学	22	66	2.45%	10
	中国人民大学	188					西安交通大学	11			
	北京师范大学	76					西北政法大学	10			
上海	复旦大学	120	308	11.45%	2	湖南	湖南师范大学	23	57	2.12%	11
	上海交通大学	54					湖南大学	18			
	华东师范大学	44					中南大学	5			
广东	暨南大学	82	276	10.26%	3	山东	山东大学	17	49	1.82%	12
	中山大学	56					山东师范大学	7			
	深圳大学	46				安徽	安徽大学	18	48	1.78%	13
湖北	华中科技大学	83	217	8.07%	4		安徽师范大学	16			
	武汉大学	77					中国科学技术大学	5			
	华中师范大学	20				河南	郑州大学	22	41	1.52%	14
江苏	南京大学	72	192	7.14%	5		河南大学	11			
	南京师范大学	51				江西	江西师范大学	17	32	1.19%	15
	苏州大学	26					南昌大学	11			

续表

省市	前3高校	文章数	总计	占比	排序	省市	前3高校	文章数	总计	占比	排序
福建	厦门大学	64	106	3.94%	6	云南	云南大学	18	26	0.97%	16
福建	福建师范大学	29	106	3.94%	6	甘肃	西北师范大学	13	25	0.93%	17
浙江	浙江大学	45	91	3.38%	7	甘肃	兰州大学	9	25	0.93%	17
浙江	浙江传媒学院	27	91	3.38%	7	辽宁	辽宁大学	8	18	0.67%	18
浙江	浙江工业大学	7	91	3.38%	7	山西	山西大学	7	17	0.63%	19
四川	四川大学	41	76	2.83%	8	山西	山西传媒学院	7	17	0.63%	19
四川	四川外国语大学	12	76	2.83%	8	天津	天津师范大学	11	15	0.56%	20
四川	四川师范大学	4	76	2.83%	8	吉林	吉林大学	8	15	0.56%	20
四川	西南交通大学	4	76	2.83%	8	吉林	东北师范大学	5	15	0.56%	20
重庆	重庆大学	48	74	2.75%	9	河北	河北大学	11	13	0.48%	22
重庆	西南政法大学	8	74	2.75%	9	广西	广西大学	10	11	0.41%	23
重庆	西南大学	7	74	2.75%	9	新疆、黑龙江、海南、贵州、内蒙古分别为7、4、4、3、2篇，且均无大于4的高校，青海、宁夏、西藏均无发表					
重庆	重庆工商大学	7	74	2.75%	9						

（三）作者格局

科学研究中，人们始终很关心本学科的研究人员和研究机构的情况，尤其是那些知名学者和知名研究机构，更成为人们关注的焦点。利用文献计量方法对我国新闻传播学四大 A 刊作者进行分析，可以从一个侧面比较客观地反映出本学科研究人员的学术生产力。2016—2019 年间共有 1598 位作者在新闻传播学四大 A 刊上发表过文章，表 8 列举出了这 4 年间以第一作者身份在四大 A 刊发表论文 7 篇以上的作者。这些学者大多数在新闻传播学科中享有盛名，其中既有学术前辈与资深学者，也有优秀中青年学者。这些学者在承担繁重教学任务的同时，为新闻传播学科的发展做出了重要的贡献。此 4 年间在四大 A 刊发文量不多于 2 篇的作者有 1349 位，占作者总量的 84%，这些作者发表的文章数量占总数的 62%，由此可知四大 A 刊中绝大部分都是"低产作者"，这也间接表明能四大 A 刊上发表文章实属不易。

表8　2016-2019 年发表四大 A 刊数量大于 7 篇的作者分布

排序	第一作者	单位	发文量	排序	第一作者	单位	发文量
1	杨保军	中国人民大学	11	8	王润泽	中国人民大学	8
1	郑保卫	广西大学	11	8	吴飞	浙江大学	8
3	郭小安	重庆大学	10	16	常江	清华大学	7
3	刘涛	暨南大学	10	16	丁汉青	北京师范大学	7
5	胡百精	中国人民大学	9	16	郭恩强	华东政法大学	7
5	喻国明	北京师范大学	9	16	蒋建国	华南理工大学	7
5	张志安	中山大学	9	16	卢家银	中山大学	7
8	单波	武汉大学	8	16	潘祥辉	华东师范大学	7
8	邓绍根	中国人民大学	8	16	孙信茹	云南大学	7
8	胡翼青	南京大学	8	16	王积龙	上海交通大学	7
8	彭华新	深圳大学	8	16	严三九	上海大学	7
8	彭兰	清华大学	8	16	周勇	中国人民大学	7
8	史安斌	清华大学	8				

　　一般认为一位学者所发表论文的被引量是比发表量更为重要的指标，因为对于科学研究来说论文的发表并不意味着学术研究活动的结束，只有所发表论文引起一定的同行关注，并能转化为社会生产力或者辅助形成社会重要决策，才能真正发挥出研究价值。故此，本研究列举出了四大 A 刊被引用量大于 80 次的作者，如表 9 所示，从该表可知彭兰的被引用量遥遥领先其他作者，被引用量大于 200 次的学者还有喻国明、刘涛、张志安。在此需要指出的是，在表 8 中所列出的论文发表量靠前的部分学者，在表 9 中的排序相对靠后，抑或没在表中，而部分论文发表量不太突出的学者在被引数量上却相对靠前，这充分说明学术研究绝不仅仅是靠数量取胜的，在新闻传播学研究中更应注意提高研究的学术含量，最大程度避免"闭门造车"的状况。

表9 2016–2019 年四大 A 刊文章被引量大于 70 的作者分布

第一作者	单位	被引量	排序	第一作者	单位	被引量	排序
彭兰	清华大学	685	1	李沁	中国人民大学	117	14
喻国明	北京师范大学	269	2	孙信茹	云南大学	111	15
刘涛	暨南大学	232	3	严三九	上海大学	109	16
张志安	中山大学	208	4	陆晔	复旦大学	107	17
胡翼青	南京大学	162	5	杨保军	中国人民大学	105	18
郑保卫	广西大学	146	6	张华	兰州大学	103	19
蒋晓丽	四川大学	145	7	汤景泰	暨南大学	98	20
沈正赋	安徽师范大学	142	8	李良荣	浙江传媒大学	92	21
史安斌	清华大学	142	8	胡百精	中国人民大学	91	22
金韶	北京联合大学	140	10	胡泳	北京大学	87	23
黄旦	复旦大学	138	11	顾理平	南京师范大学	84	24
张宁	中山大学	135	12	李彪	中国人民大学	82	25
郭小安	重庆大学	121	13	许向东	中国人民大学	81	26

为尽可能地减少由于高校拥有主办期刊为本单位人员提供论文发表上的便利，减小不公平因素，本研究将以中国社会科学院主办的《新闻与传播研究》为依据，对 2016—2019 年间在此刊以第一作者身份发表两篇以上论文的作者进行进一步的分析，如表 8 所示。《新闻与传播研究》为目前学界公认的国内新闻传播学科最顶尖最权威的学术期刊。此四年间能在该刊物发表两篇以上论文，作者所具有的科研实力不言而喻。从表 10 可知，能以第一作者身份在四大 A 刊发表论文 7 篇以上的作者或在《新闻与传播研究》发表两篇以上论文的作者，大多就职于新闻与传播学术生产的高产区和主产区。他们及其所带领的团队在新闻与传播学术生产方面所做的努力，不但提高了该高校和地区的学术生产力，而且为高校与地区的学术影响力做出了较大的贡献。

表 10　2016-2019 年以第一作者身份在《新闻与传播研究》杂志发文两篇以上的作者

第一作者	署名单位	发文量	第一作者	署名单位	发文量	第一作者	署名单位	发文量
刘涛	暨南大学	5	郭恩强	华东政法大学	2	史安斌	清华大学	2
董天策	重庆大学	3	郭建斌	云南大学	2	苏振华	浙江大学	2
杜骏飞	南京大学	3	韩立新	河北大学	2	谭天	暨南大学	2
蒋建国	华南理工大学	3	何苗	浙江理工大学	2	王晓乐	中央财经大学	2
潘祥辉	华东师范大学	3	胡百精	中国人民大学	2	王昀	华中科技大学	2
孙信茹	云南大学	3	胡泳	北京大学	2	魏海岩	河北大学	2
吴飞	浙江大学	3	黄旦	复旦大学	2	吴小坤	华南理工大学	2
闫岩	武汉大学	3	黄顺铭	四川大学	2	吴信训	上海大学	2
严三九	上海大学	3	季凌霄	复旦大学	2	夏倩芳	武汉大学	2
张咏华	上海大学	3	蒋忠波	西华师范大学	2	杨洸	深圳大学	2
曹小杰	华南理工大学	2	李东晓	浙江大学	2	於红梅	上海政法大学	2
陈龙	苏州大学	2	李艳红	中山大学	2	俞凡	山东大学	2
陈英程	暨南大学	2	刘晓伟	华南师范大学	2	喻国明	北京师范大学	2
戴宇辰	华东师范大学	2	刘于思	浙江大学	2	张淑华	郑州大学	2
单波	武汉大学	2	卢家银	中山大学	2	张志安	中山大学	2
邓绍根	暨南大学	2	聂静虹	中山大学	2	赵建国	广东外语外贸大学	2
范东升	汕头大学	2	邵志择	浙江大学	2			
顾理平	南京师范大学	2	申琦	华东师范大学	2			

在此需要特别说明的是，本研究仅聚焦于客观的数据分析，绝无"学术排名"之意，因为无论是学者个人，还是科研高校，其学术影响力和学术地位并不能完全凭借可量化的学术指标来确定。在四大 A 刊上的发表情况与被引用情况仅仅是本研究的一个视角，有部分高水平研究者的学术成果发表在国外 SCI 与 SSCI 学术期刊，或者国内其他高水平期刊上，其学术贡献率和影响力已远远超出上述不少学者，只是本研究暂无进行此方面的统计。

（四）主题格局

在对四大 A 刊的发表情况进行描述分析后，为了进一步了解四大 A 刊的主题分布，本研究利用 Citespace 软件对所有论文的关键词进行了分析，得到如图 2 所示的新闻传播学四大 A 刊主题图谱。从该图可知 2016-2019 年间四大 A 刊的研究热点可分为以下六个主题。第一大主题，跨文化与国际传播研究，高频关键词有美国、一带一路、中国、北美洲、文化对外传播、新文化运动、英国、美国化、文化定势、世界价值、欧洲、文化走出去、反全球化、文化研究、国际传播、国家形象等；第二大主题，媒介与政治传播研究，高频关键词有媒介接触、党代表、中国共产党、互联网政治、苏联政治、互联网治理、青年政治参与、民族主义、国货运动、政治效能、政治表达、选举宣传、台湾选举等；第三大主题，媒介融合研究，高频关键词有融媒体、媒体转型、新闻融合、台网合一、媒体融合、县级融媒体等；第四大主题，新技术视角下的传播研究，高频关键词有大数据、人工智能、VR产业、短视频、互联网+、区块链、新媒介、新媒体、信息传播技术、互联网思维等；第五大主题，健康与环境传播研究，高频关键词有健康养生信息、健康传播、健康营销、社会健康信息、健康信息素养、环境维权事件、环境运动等；第六大主题，新闻传播教育研究，高频关键词有新闻与传播教育、教育界、教育模式、传媒人才、新媒体人才、人才培养等。

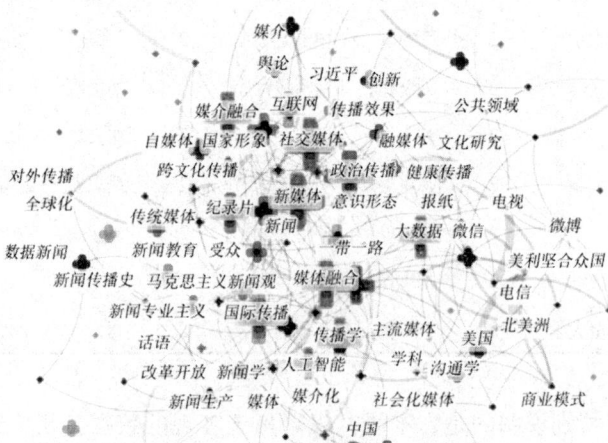

图2　新闻传播学四大A刊主题图谱

四、结论

本研究以我国普通高校在2016—2019年4年间承担新闻传播学国家科学基金项目和发表的四大A刊论文为视角，对我国新闻传播学科学术生产力格局进行了全面分析，得出了以下结论。

（一）高校间的学术生产力差异巨大，第五轮学科评估部分档次可能有较大变化

我国新闻传播学科国家社科基金立项在高校间的分布呈现上尖下宽明显的

金字塔状，且承担项目数量主要集中于塔尖，即不足 9% 的高校所获的项目数占整个基金项目数的约 30%。本学科四大 A 刊的发文量在高校间的分布也极不均衡，其金字塔分布比国家社科基金更为严重，表现为不足 3% 高校的发表量占比超过 30%，不足 9% 高校的发表量占比超过 60%。综合国家社科基金立项、四大 A 刊的发文量与被引量情况，从科学研究水平视角预测，相比第四轮学科评估，第五学科评估中 B 档次及以下高校可能会发生较大变化，尤其是 C- 档次高校发生变化的可能性更大。

（二）国内新闻传播学科的多样化缺位，呈现某种隐性的"山头主义"现象

在承担国家社科基金项目方面，华东地区远超其他六个地区，华北地区、华中地区实力相当，华南地区、西南地区以及西部地区实力稍弱，位列第三梯队，东北地区情况最不乐观，和实力最强的华东地区差距甚大，立项数近乎 10 倍的差距，且华东地区与华北地区的立项数之和占总立项数的近 50%，占据了新闻传播学国家社科资源的半壁江山。北京的立项数处于绝对优势，超过甘肃、云南、辽宁等 14 个省市之总和。四大 A 刊的高校发表量在地区间的分布也极不平衡，其差异之大远胜国家社科基金的地域失衡度，华北地区的发表量超过了华中地区、华南地区、西南地区、西北地区、东北地区五区之和，是东北地区的近 26 倍，华北地区与华东地区的发表量之和占比高达 66%，拥有四大 A 刊的绝大部分发表资源。北京、上海、广东、湖北四省市是我国新闻传播学科研究的重镇，对本学科的发展具有举足轻重的作用。

（三）本学科开始偏向应用型研究，期刊作者分布呈现出明显的长尾效应

从国家社科基金立项标题的关键词来看，中国、对策、路径、策略等词出现的频次明显偏高，说明目前新闻传播学科的研究重心偏向应用型研究项目，着眼于解决现实问题，研究领域也聚焦于新闻传播研究的本土化，跨文化与国际传播、媒介与政治传播成为了近四年的两大研究热点。此外，这四年间本学科四大 A 刊发文量不多于 2 篇的作者有 1349 位，占作者总量的 84%，这些作者发表的文章数量占总数的 62%，由此说明四大 A 刊中绝大部分是低产作者，期刊作者分布呈现出明显的长尾效应，这也间接表明能四大 A 刊上发表文章实属不易。

参考文献：

[1] 教育部学位与研究生教育发展中心. 全国第四轮学科评估结果公布 [EB/OL] . http：//www. cdgdc. edu. cn/

xwyyjsjyxx/xkpgjg/，2020-04 -10.

[2] 李雯雯．公共项目绩效评价中"弃卒"能否"保车"——面向教育部第五次学科评估的探索 [J]．高教探索，2019 (12)：5-12.

[3] 教育部学位中心．学位中心 2019 年十大工作进展 [EB/OL]．https：//mp. weixin. qq. com/s/ FmZap2S-2XmJNIK0dftzSA，2020-04-10.

[4] 骆正林．第四轮学科评估及其对新闻传播学的影响 [J]．现代传播（中国传媒大学学报），2018，40 (09)：153-160.

[5] 常安．从国家社科基金立项项目看法学研究状况——一种知识社会学视角 [J]．现代法学，2006，28 (2)：174-185.

[6] 廖圣清，朱天泽，易红发，周源，于建娉，谢琪如．中国新闻传播学研究的知识谱系：议题、方法与理论（1998—2017）[J]．新闻大学，2019 (11)：73-95+124.

[7] 邵鹏，朱钰嘉．当前中国新闻传播学研究的脉络与走向——基于 6 本 CSSCI 期刊的内容分析 [J]．当代传播，2018 (03)：39-44.

[8] 刘自雄，刘年辉，马凯，何冬英，刘子倩．2012 年度我国新闻传播学研究综述——基于 9 种 CSSCI 期刊的分析 [J]．现代传播（中国传媒大学学报），2013，35 (03)：41-48.

[9] 方振武．2010 年中国大陆新闻传播学研究报告——基于 6 种新闻传播学 CSSCI 期刊源期刊的一种量化分析 [J]．国际新闻界，2011，33 (11)：120 -126.

[10] 刘雪梅．近十年来新闻学与传播学研究动态与趋势——基于 1999~2009 年国家社科基金资助项目的分析 [J]．广州大学学报（社会科学版），2012，11 (02)：53-56.

[11] 李志军，杨梅．国家社科基金项目分布与影响力分析——以新闻学与传播学项目为例 [J]．中国出版，2016 (04)：52-56.

[12] 李燕．新闻学与传播学国家社科基金论文产出力研究 [J]．西南民族大学学报（人文社科版），2010，31 (04)：228-231.

[13] 全国哲学社会科学工作办公室．国家社科基金项目数据库 [EB/OL]．http：//fz. people. com. cn/skygb/sk/.

[14] 段京肃，白云．新闻学与传播学学者、学术机构和地区学术影响研究报告（2000-2004）——基于 CSSCI 的分析 [J]．现代传播（中国传媒大学学报），2006 (06)：25-34.

传统媒体参与社会治理的 PERMA 模式实践
——以陕西广播电视台《帮忙有一套》为例

赵彩霞　陕西师范大学

摘要： 民生问题的促进和解决对社会治理的加强和创新提出了更高要求。主流媒体夯实政治责任，切实担负起服务民生之社会责任，有助于构筑"共建、共治、共享"社会治理新格局。美国学者凯伦·麦金泰尔提出了建设性新闻的 PERMA 模式，或指明了媒体参与社会治理的实践路径。本文以陕西广播电视台《帮忙有一套》节目为例，依据 PERMA 模式理论分析纠纷化解类节目的生产制作经验，充分表明多元纠纷化解类节目参与社会治理的可能性和重要性，并对纠纷化解类节目的 PERMA 模式实践提出反思和改进。

关键词： 建设性新闻；PERMA 模式；纠纷化解类节目

在媒介化社会的今天，媒介传播参与社会治理的作用日益凸显，并且已经受到顶层设计的重视。毋庸置疑，媒体在个人和社会福祉方面发挥着重要作用。但媒体的声誉却一直在下降。在当前媒体融合背景下，面对激烈的媒体竞争环境，如何改变公信力变弱这种现状，更好地参与社会治理，是媒体，特别是传统主流媒体，应该思考的问题。

对传统媒体来说，新闻向来被认为是立台（报）之本，其中负面消息和冲突性新闻一直被认为是收视收听率（订阅量）的保证，但是如果此类新闻过度，受众可能并不买账，原因之一就是这类新闻只是持续传播坏消息却缺乏解决社会问题的方法。

一些新闻工作者和学者正在努力尝试一种新的新闻风格和形式，采取更加积极和富有成效的报道方式，以改变过度负面和冲突的新闻带来的不利影响，这种尝试就是建设性新闻。建设性新闻理论或可成为一种借鉴，帮助传统媒体在媒体融合实践中找准定位、发挥优势。

一、PERMA 理论的媒体实践缘起

近几年来，学界和业界兴起了"建设性新闻"的研究和实践，尽管对于建设性新闻目前还没有统一的定义，但其有两个关键组成部分——积极情感和解决方案信息①，却是被学界和业界普遍认可的。

新闻的建设性理念可以追溯到 20 世纪初，密苏里新闻学院第一任院长沃尔特·威廉（Walter Williams）在其所写的《记者守则》（*The Journalist's Creed*）中提到，成功的新闻业是具有建设性的②。在"建设性新闻"这个概念被正式提出之前，有一些类似的概念，比如解决方案新闻、积极新闻、和平新闻、公民新闻等。如何与这些概念相区别？建设性新闻的倡导者认为，关键在于建设性新闻"必须在新闻内容中运用特定的积极心理学技巧"。在建设性新闻实践的理论建构中，业界人士表现突出。2008 年，丹麦媒体人海格拉普（Ulrich Haagerup）在一篇新闻评论中正式提出"建设性新闻"这一概念，"他从多年的新闻实践经验出发，致力于推动适应智媒时代新闻价值理念和评判标准的建立"③。丹麦调查记者凯瑟琳·吉尔登斯特德（Cathrine Gyldensted）也是建设性新闻运动的领导者，她认为，建设性新闻意味着对人们的激励或提升，这里的人们包括记者、消息源和受众等，而且应该让人们感到比以前更有参与感，更有灵感，更积极。《正面新闻》（*Positive News*）号称是世界上第一份正面报纸，它的编辑达甘·伍德（Dagan Wood）在一次演讲中提出，建设性新闻是一个新兴领域，除了继续保持与传统新闻一样的真实、准确、必要的平衡和批评等特性之外，它还能够为传统新闻带来积极因素，在报道方式上更投入、更有力。在丹麦学者研究的基础上，美国学者凯伦·麦金泰尔（Karen McIntyre）提出了建设性新闻的 PERMA 模式④，并且通过实验验证了新闻中的积极情绪和解决方案信息对读者情感、态度、参与度和行为的影响。

（一）PERMA 理论的核心要义

PERMA 理论源起于心理学领域，20 世纪末，美国心理学会主席马丁·塞利

---

① Karen Elizabeth McIntyre，"Constructive Journalism：The Effects of Positive Emotions and Solution Information in News Stories"，2015.

② Walter Williams，"The Journalist's Creed"，https：//journalism. missouri. edu/the-j-school/the-j-school-legacy/2020-11-12.

③ 史安斌、王沛楠：《建设性新闻：历史溯源、理念演进与全球实践》，载《新闻记者》2019 年第 9 期。

④ McIntyre K&Gyldensted C，"Constructive Journalism：APPlying Positive Psychology Techniques to News Production"，The Journal of Media Innovations，2017.

格曼（Martin E. P. Seligman）等人发起并创设积极心理学，主张研究人类积极的品质，充分挖掘人们自身潜在的建设性力量，帮助人们获得幸福。研究过程中，塞利格曼提出了一个幸福理论，即 PERMA 理论，该理论阐释了构建幸福的具体方法，认为实现幸福人生应具备五个元素：积极情感（Positive Emotion）、投入（Engagement）、关系（Relationship）、意义（Meanings）、成就（Accomplishment）。①

"积极情感"主要是指人们在一件事情中拥有愉悦、舒适等积极良好的感受；"投入"与心理学概念中的"心流"（Flow）有关，就是将个人精力或注意力完全投注在某件事上的感觉；这里的"关系"主要是指人际关系，在一件事情当中人们建立起来的相互关系，比如心理距离上的远近、倾向以及行为表现等；"意义"往往是超越个人和自我的，人的存在不光是物质的，终极追求的是一种意义性存在；"成就"是指在一件事情中个人能够发挥自己的能力，从而获得某种效能感。

（二）PERMA 理论对媒体参与社会治理的意义和启示

在打造共建共治共享社会治理格局的理念之下，媒体如何能够更好发挥其参与社会治理的作用？PERMA 理论是否能够成为媒体参与社会治理的实践路径？

凯伦·麦金泰尔将积极心理学的 PERMA 元素引入建设性新闻理论，强调媒体的建设性功能，对媒体新闻实践给出了具体性要求：媒体在新闻生产过程中，要能够唤起公众的积极情感（Positive Emotion），要参与融入事件（Engagement），要连接社会关系（Relationship），要建构共同的意义（Meanings），要重视解决方案和任务达成（Accomplishment）。某种程度上，PERMA 理论的新闻实践指明了媒体参与社会治理的路径，为媒体如何参与社会治理提供了参考。

传统意义上的社会治理仍然是以政府为主导的管理，现在我们已经越来越意识到治理不同于管理，而社会治理是一个综合性系统②，其治理主体、客体、内容等均应当是多元化的。运用 PERMA 模式参与社会治理的媒体实践，即是媒体作为治理主体之一主动参与社会治理的实践。不仅如此，通过媒体连接社会关系，更多主体被纳入社会治理参与实践，有效推动了社会治理多元化发展。

社会治理系统本身应包含问题导向和结果导向。PERMA 模式的"幸福"内

---

① 朱娟芳：《基于 PERMA 的大学生思想政治教育研究》，南京农业大学，2014 年。
② 燕继荣：《社会变迁与社会治理——社会治理的理论解释》，载《北京大学学报（哲学社会科学版）》2017 年第 5 期。

涵即为其问题与结果指向：治理的是有关幸福追求的问题，治理结果就是幸福的实现。追求幸福是媒体参与社会治理在宏观层面构建的共同意义，亦是解决方案和任务达成的前提。

相比对媒体观察者、记录者的角色定位，PERMA 理论更推崇媒体的参与者角色。这也是建设性新闻被质疑的原因，建设性新闻与客观性原则之间的关系是争议的焦点①。对于新闻客观性的争论由来已久，但是否旁观的媒体就一定能保证客观，而媒体参与到事件中，新闻就一定不客观了呢？很显然，新闻是否客观，不在于媒体是否参与事件，而在于媒体如何参与事件。PERMA 模式实践实际上是对媒体社会责任理论的丰富，拓展了媒体的社会功能。

二、纠纷化解类节目的 PERMA 模式实践

许多记者可能从来没有听说过"建设性新闻"这个词，更不知道什么是PERMA 理论，但他们会不知不觉地把建设性方式融入他们的新闻报道中。实际上，在促进民生问题解决、构建和谐社会方面，我国部分媒体已有实践，其中，纠纷化解类节目即为典型。矛盾纠纷排查化解是社会治理的重要内容，部分电视节目正在实践多元化纠纷解决。《帮忙有一套》是陕西广播电视台新闻综合频道一档纠纷化解类节目，其节目口号为"有烦恼矛盾纠纷，就找《帮忙有一套》"，节目摒弃了传统电视调解节目以情感调解为主的做法，其纠纷化解类型多元，倡导积极和谐的理念，秉承为群众解决问题的宗旨。节目开播五年来，已实地为群众解决问题千余件。

以《帮忙有一套》为例，纠纷化解类节目是媒体参与社会治理的一种表现，此类媒体实践具备 PERMA 模式的鲜明特性。

（一）多元连接

媒体融合实践要求跨媒介配置，纠纷化解类节目的多元性意味着一定程度上的思想解放，在跨媒介平台协作时，或许不再背负想要确保每个细节和环节都正确的负担，能够减轻实践过程中的焦虑感和恐惧感。纠纷化解类节目参与社会治理的综合性，主要体现在治理任务、治理主体、治理客体的多元化。

以陕西广播电视台公益调解节目《帮忙有一套》为例，其多元化表现主要包括：

1. 纠纷类型多元化。节目涉及家庭纠纷、邻里纠纷、经济纠纷、医患纠纷、

---

① 史安斌、王沛楠：《建设性新闻：历史溯源、理念演进与全球实践》，载《新闻记者》2019 年第 9 期。

房产物业纠纷、劳动劳务纠纷等多种类纠纷，不局限于某一种单一类型纠纷。

2. 纠纷化解主体多元化。首先是纠纷化解的主体人员，主力人员为帮忙记者和人民调解员，协同纠纷所涉行业、单位专业人员及相关人员开展多元化解。其次是纠纷化解的主体单位，以媒体和司法行政部门为主，根据具体纠纷会引入相关责任单位，如街道办、企业等。

3. 纠纷化解客体多元化。不同于情感调解以夫妻关系为调解客体，多元化纠纷的客体也呈现多元化特征，包括家人、朋友、邻居、老板—员工、医生—患者、商家—顾客等。

多元化纠纷调解不仅体现在节目总体特征中，也常常集合于单起纠纷中。往往在一起纠纷中，也体现着多元化纠纷调解的特点，例如一起家庭纠纷中，可能涉及夫妻矛盾、婆媳矛盾、经济利益纠纷、房产纠纷等多元类型，其纠纷调解的多元主体除帮忙记者和调解员外，可能还会涉及居（村）委会、物业公司、房产公司等，纠纷客体可能包括夫妻、婆媳、居民—公务人员、业主—物业等。这就要求在纠纷化解中，不能仅依靠情感化解，而应当利用协商民主等方法使矛盾纠纷得到解决。纠纷化解很重要的一个方面就是沟通，很多矛盾纠纷无法得到妥善处理，就是因为没有实现有效沟通。而纠纷化解类节目就是给纠纷相关方提供了一个平台，将异轨的纠纷相关方拉至同轨，进行沟通连接，而不是疏离分化。在解决一起居民反映小区门口占道经营影响出入的纠纷中，考虑到问题存在时间长、矛盾积累深、牵扯利益相关方比较多，栏目组为彻底解决问题，召集了小区居民、物业、当地社区、街办、城管执法队、交警、民警等多个纠纷相关方，合力解决了困扰居民多年的"门前事"。

党的十九届四中全会提出，到 2035 年，基本实现国家治理体系和治理能力现代化。主流媒体应当发挥自身优势，连接整合各类资源，以品牌信任为背书，不断提升自身服务能力，力争成为新时代治国理政新平台，成为地方治理体系和治理能力现代化的核心抓手。2020 年 6 月 15 日，陕西召开全省社会矛盾纠纷排查化解工作会议，陕西广播电视台《帮忙有一套》节目组作为全省社会矛盾纠纷排查化解先进典型做经验交流，也是唯一政法系统之外的单位。节目集合了矛盾纠纷排查化解的各方力量，为人民群众解决矛盾纠纷打开了"一扇门"。

（二）唤起积极情感

媒体专业人士不应该仅仅关注他们要讲述的故事，还应该关注他们在传播信息时引起的情绪。建设性新闻故事应当能够激励和提升人们，这里的人们既包括受众，也包括记者和消息提供者。麦金泰尔认为，在阅读新闻故事时经历积极情绪的人感觉更好，对故事的态度更积极，并且比那些经历消极情绪的人表现出更强烈的亲社会行为。

作为建设性新闻的主要倡导者，吉尔登斯特德通过实证检验了积极心理学在新闻中的应用，强调在新闻工作中运用积极心理学策略来提高个人和社会的幸福感。

《帮忙有一套》节目倡导和谐、友善、公正、法治等社会主义核心价值观，恪守不渲染冲突、不激化矛盾的节目制作原则。无论纠纷最终能否获得圆满解决，节目始终释放积极正向的情绪，从而使观众产生积极情感。在一桩父子矛盾的调解中，儿子对父亲态度恶劣，甚至声称要断绝父子关系，经过节目组调解员及帮忙记者多次上门调解，儿子终于讲出与父亲积怨多年的原因，父亲在其年幼时离家出走与别人生活在一起，并且对生命垂危的妹妹不管不顾，妹妹最终去世。虽然痛恨父亲没有尽到做父亲的责任，但是在采访过程中，记者发现，儿子内心同时又充满对父爱的渴望，拆迁安置的新房还给父亲留了一个房间，在调解现场也主动提出要赡养父亲，并当场兑现生活费。化解陈年旧怨的过程很艰难，父子心结彻底解开需要足够的时间，但节目并没有给人消极无望的感觉，反而透示着于情于法的积极情感。血浓于水的亲情值得珍惜，中华民族传统孝道值得尊崇，子女赡养父母的法定义务必须遵守，这些积极情绪均给人以希望。

（三）参与融入

对建设性新闻持怀疑态度的人可能会说，新闻的客观性原则要求记者与新闻事件保持抽离状态，记者是旁观记录者，记者的工作就是准确地描述正在发生的事情。然而，这是一种相对被动的状态。被动的新闻工作者，关心的是传播新闻而不管其效果如何，而主动的新闻工作者更多地参与到报道的过程中，他们关心新闻报道的效果或者报道之后发生的事情。比主动更加积极的新闻工作者，还试图帮助当事人采取行动，而不是简单地了解他们的问题。从这个层面上来说，媒体记者不应仅仅是事件的记录者，更不是旁观者，而是参与者，甚至是事件走向的改变者和推动者。

因身患骨髓瘤被再婚丈夫抛弃的女士求助《帮忙有一套》，虽然栏目调解其与丈夫、公婆的矛盾未果，但是栏目组并未停止事件参与，而是积极为该女士寻求社会帮助，帮助其获得经济支持以及时治疗，更重要的是，记者和调解员的持续关注和关心，给了当事人精神上的支持。经过近两年的努力，该女士身体基本康复并且找到工作，整个人的精神状态也完全改变。尽管节目介入的基本是个体事件，但对某些特殊事件的深度持续参与，改变的可能不仅是事件的走向，更可能会改变某个人的人生。

参与是媒介融合的必要步骤，也正是在参与的过程中，媒体参与社会治理的主体性才得以发挥。单一媒介叙事只能是单一阶层的意见表达，参与融入意味着更多可能性。媒体进入事件的能力和程度，是建设性新闻实践的原动力，并且推动了诸多后续发展。

（四）建构共同意义

"高质量的解决方案新闻与其他好的新闻有一个简单的不同之处：解决方案新闻不是指出什么是错的，希望有人能解决它，而是指出什么是对的，希望有人能模仿它。"不同于舆论监督类节目，纠纷化解类节目重视共同意义的建构。这种共同意义本质上是对于美好生活的向往。

《帮忙有一套》致力于达到调解一案、教育一片，调解一案、化解一类矛盾的节目效果。节目往往会讲述一个故事，因为没有好的故事就没有真正的传播。而故事背后，实际是在构建一个世界，一个由共同意义支撑的世界，这就是经过治理后的我们的理想社会。观众进入媒体报道的故事的世界中，吸取了故事的某些方面，将其作为日常生活中为人处世的一种资源，从而实现其提取与获得。

纠纷化解类节目建构共同意义至少包括两个层次：一是微观共识。通过节目介入，具体纠纷中的相关方，彼此达成共识，最终调解成功，矛盾纠纷得以化解。由此形成的共同意义，无疑是个案纠纷处理的最佳结果。二是宏观共识。通过个体纠纷化解，纠纷无关方在节目中学习领悟如何处理及避免同类纠纷，甚至是产生共情，形成社会整体共识。经个体观照多数是节目建构共同意义之核心价值所在。

需要指出的是，建构共同意义，达成共识，不仅仅是通过调解成功的节目案例来实现。纠纷能够得到化解，当然是最好的结果，但即使当下未能解决问题，处理纠纷的过程仍然是建构共同意义的过程。纠纷处理中，记者及调解员依法、依规、依据社会公序良俗开展调解，其中正确积极的观念共识亦可达成，纠纷协商的规则、程序共识亦可达成，法定权利义务的尊重遵守共识亦可达成。甚至是通过纠纷化解过程激发的共情，也可视作共同意义的建构。正如哈贝马斯的观点，即使共情这样"类似举手之劳"的政治美德，于多元社会亦为可贵的"善"。①

---

① ［德］斯蒂芬·穆勒-多姆：《于尔根·哈贝马斯：知识分子与公共生活》，刘风译，社会科学文献出版社 2019 年版，第 429 页。

（五）重视解决方案

纠纷化解的目的就是解决问题。纠纷化解类节目理应重视解决方案，这也是多元纠纷化解节目与情感调解节目的根本区别。这里的"解决"有两层含义，其一是绝对解决，即纠纷得以化解，其二是相对解决，即纠纷没有化解，但相对于之前，对纠纷化解有推进。

麦金泰尔的研究表明，一个以冲突为基础的故事和一个包含无效解决方案的故事，都不能影响读者的感受和态度，但是一个提供有效解决方案的故事是有影响力的。[①]《帮忙有一套》节目之所以能够积累群众信任，就在于其重视有效解决方案的提供。与情感调解节目习惯展示感情故事、舆论监督或民生新闻擅长表现事件冲突相比，《帮忙有一套》更重视矛盾纠纷的切实化解，这从每一期节目的制作周期上就能够体现出来。不少矛盾纠纷是日积月累的结果，解决起来也不可能一蹴而就。每一个选题在拍摄之前，记者都要全面了解情况，与调解员、律师、心理专家等就纠纷的解决途径和方法，包括结果做出预判断；拍摄过程中，要给予双方当事人足够的倾诉时间，让对方把前因后果说清楚，把情绪充分发泄释放出来，同时，又要经过足够长的时间去进行调解过程，有时调解一天两天，有时一起纠纷的调解甚至要几个月时间去跟进；由于纠纷的复杂性，纠纷解决的结果也不是立竿见影，有些可以在调解现场签订调解协议，有些则还需要等待一段时间，没有明确的解决结果。而且有些矛盾，特别是家庭矛盾，可能会出现反复的情况，调解时矛盾化解了，但过后当事人又反悔了。这种情况下，节目组也需要付出更多的精力和时间去处理，以稳妥解决。

三、纠纷化解类节目 PERMA 模式实践的反思与改进可能

（一）加强积极心理学的专业应用

PERMA 理论源于积极心理学，麦金泰尔及其他建设性新闻理论的倡导者十分重视积极心理学在新闻实践中的运用。记者大多是没有受过专业心理学训练的，以《帮忙有一套》为代表的纠纷化解类节目，在对 PERMA 理论的应用上，显然存在"心理"上的不足。事实上，这也是目前媒体建设性新闻实践的不足。标榜建设性新闻探索的媒体，大多靠向解决方案，对于"积极"的理解更多是指向传播效果，而对于应当如何运用积极心理学去实践建设性新闻避而不谈。但是，建设性新闻的关键点却正是积极心理学的应用，可以说，没有积极心理

[①] Karen Elizabeth McIntyre, "Constructive Journalism: The Effects of Positive Emotions and Solution Information in News Stories", 2015.

学元素的新闻实践无法成为真正的建设性新闻。

在对记者无法完成心理学培训的情况下，《帮忙有一套》借助外力来尽量弥补这一欠缺。通过引入第三方调解员和心理专家，增加节目中积极心理学的含量。专职人民调解员一般在培训时会涉及部分心理学专业内容，如《帮忙有一套》中一位调解员还通过了婚姻家庭咨询师的考试，本身对心理学专业内容有一定的掌握。另外，在必要的时候，栏目组还会邀请心理咨询师介入调解。这些做法对于弥补新闻实践中积极心理学的欠缺，有一定程度的作用。

（二）构建完善良好的社会支持系统

尽管纠纷化解类节目在跨媒介平台协作时，能够实现多元连接，但在实践中，这种连接并非易事。从纠纷化解客体来说，当事双方往往因矛盾积重，不愿意当面沟通，在矛盾处理初期，双方情绪激动，甚至有的矛盾双方当事人不能在同时空出现。从纠纷化解主体来说，媒体毕竟不是具有强制约束力的公权力机关，特别是在主流媒体影响力势衰的背景下，不少纠纷化解责任方选择屏蔽媒体连接。这些情形都对媒体实现多元连接造成了现实困难。这就需要媒体付出更多努力，帮助纠纷化解客体合理释放情绪，积极邀请更多治理部门和机构融入，构建起完善良好的社会支持系统。

2020 年 4 月，习近平总书记考察陕西时强调，要加强和创新社会治理，坚持和完善新时代"枫桥经验"。在争取更多支持层面，陕西广播电视台《帮忙有一套》节目依托陕西省司法厅，积极探索媒体调解新样本，创新人民调解工作的形式和内涵，激发人民调解内生动力，将人民调解的群众性与媒体传播的广泛性有机融合在一起，潜移默化引导群众以法治的视角和思维方式去解决矛盾纠纷，充分发挥了"政媒融合—社会治理"实践效力，构建起共建、共治、共享的矛盾纠纷预防与化解新机制。

四、结语

本文以建设性新闻 PERMA 理论作为参照，对以《帮忙有一套》为代表的多元纠纷化解类节目参与社会治理的模式进行解读。社会治理最好的方式是"与群众的共同利益保持紧密一致"[①]，无论纠纷化解类节目是否属于建设性新闻的范畴，其根本目标与建设性新闻是一致的，即改善个人和社会福祉。

评判一种新闻观念的根本方法要看它是否符合公共利益的需要，即在这种

---

① 卢宪英：《紧密利益共同体自治：基层社区治理的另一种思路——来自 H 省移民新村社会治理机制创新效果的启示》，载《中国农村观察》2018 年第 6 期。

新闻观念支配下的新闻实践，不仅要有利于新闻业、新闻媒介、新闻传播自身的健康发展，也要有利于它们成为促进整个社会良性运行和正常发展的工具或手段。①根据麦金泰尔的观点，PERMA 模式的核心是积极情绪和解决方案。有研究者认为，经历积极情绪可以提高自我效能，而经历消极情绪则会降低自我效能，这表明阅读带有积极情绪的新闻故事可能会提高自我效能。也有研究表明，《西雅图时报》在以解决方案为基础的报道上，观众参与度有所提高。通过参与节目，这里所说的参与，不仅是指作为纠纷的主客体，也包括观看节目的纠纷无关方，个体通过参与公共传播，经过公共协商，形成公共信任，构建共同意义，寻求公共之善。协商民主及其实践手段——公共协商，既是缓解风险社会压力、开启"高级现代性"的现实方案之一，也是落实其他方案——诸如促进公平正义、重建环境伦理、建设非暴力社会的保障。② 纠纷化解类节目的 PERMA 模式实践，有助于在个性发展漫散的新媒体时代中重新建构媒体的公共性。媒体的 PERMA 模式实践是基于共同意义的多元参与并融，是加强与创新社会治理的有益实践。

参考文献：

［1］［美］亚当·奥尔特. 欲罢不能：刷屏时代如何摆脱行为上瘾［M］. 闾佳，译. 北京：机械工业出版社，2018.

［2］张艳秋. 理解媒介素养：起源、范式与路径［M］. 北京：人民出版社，2012.

［3］［英］大卫·帕金翰，宋小卫. 英国的媒介素养教育：超越保护主义［J］. 新闻与传播研究，2000（02）：73-79.

［4］胡连利，王佳琦. 我国大陆媒介素养研究的进展与缺失［J］. 河北大学学报（哲学社会科学版），2007（01）：26-32.

［5］吕新雨，赵月枝，吴畅畅，王维佳，洪宇，田雷，胡凌，熊节，余亮. 生存，还是毁灭——"人工智能时代数字化生存与人类传播的未来"圆桌对话［J］. 新闻记者，2018（06）：28-42.

［6］李智. 媒介素养教育的本土化：从批判主义范式到功能主义范式［J］. 现代传播（中国传媒大学学报），2012，34（09）：137-138.

---

① 杨保军：《论新闻观念的评判》，载《北大新闻与传播评论》2014 年第 12 期。

② ［英］安东尼·吉登斯：《超越左与右：激进政治的未来》，李惠斌、杨雪东译，社会科学文献出版社 2000 年版，第 263 页。

［7］吴赟，潘一棵. 困境与出路：媒介素养教育的多维理论反思［J］. 中国编辑，2020（01）：74-80.

［8］王治东，叶圣华. 数字·技术·资本：数字资本主义的生成逻辑[J]. 沈阳大学学报（社会科学版），2018，20（06）：681-685.

［9］Chris Stokel - Walker. "Is 'dopamine fasting'Silicon Valley's new productivity fad？"［EB/OL］. https：//www. bbc. com/worklife/article/20191115- what-is-dopamine-fasting.

［10］David Buckingham. Media Education in the Age of Digital Capitalism［EB/OL］. https：//davidbuckingham. net/education-and-culture/media-education.

［11］Jessica Stillman. Silicon Valley Founders Are Going on 'Dopamine Fasts. ' Is the Idea a Ridiculous Fad or Stroke of Genius？［EB/OL］. https：//www. inc. com/jessica-stillman/dopamine-fasts-silicon-valley-fad. html.

［12］Jackie Wattle. Mark Zuckerberg and Facebook under fire from politicians over data controversy［EB/OL］. https：//money. cnn. com/2018/03/18/technology/business/mark-zuckerberg-facebook-politicians-data/index. html.

第四章

智能传播的媒介表现与传播效果

重构：新媒体环境对消费者心理的影响

李雯雯　西北政法大学

摘要： 随着网络技术与媒介技术的发展，新媒体以其快速、便捷、生动、个性等优势成为人们获取信息的主要渠道。媒介技术的发展会创造出新的环境，进而影响人们的生活和思维方式。新媒体环境下产生了许多新的消费现象，人们的消费心理与消费动机也在发生改变。事物都具有两面性，新媒体环境下的消费为人们的生活带来了便利与乐趣，同时也不可避免地带来一些负面的影响，阻碍人们健康消费，使人们陷入消费异化等危险状态。本文将着重分析新媒体环境如何重构消费者的消费心理，帮助消费者了解新媒体环境的消费陷阱，树立正确的消费观。

关键词： 新媒体；消费心理；消费者；重构

现代社会是信息社会，信息已成为人们理解、判断外部世界的重要途径。随着4G网络的普及，5G信号的发展，AI、VR等新技术的诞生，各类手持智能设备的优化，新的媒介技术的发展拓宽了人们的信息获取渠道，新媒体平台成为人们获取信息的主要途径，并且对人们生活的方方面面产生影响。在消费方面，新媒体更是发挥出了区别于传统媒介的独特优势，以更快的传播速度、更广的传播内容、更生动的传播方式等特点日益改变着人们的消费环境。环境的变革重塑出新的消费心理。日本学者佐藤毅提出的充欲主义理论强调，媒介本身就是人们欲望追求的对象，但它又将丰富多彩、充满诱惑的商品世界用鲜明的色彩、生动的影像以及丰富的意境展示在人们面前，这直接刺激了他们对这些商品的占有欲和享乐欲，尽管社会上还存在着阶级差异，但却出现了一致的追逐奢侈化的倾向。由此洞见媒介在影响消费者消费心理上发挥的巨大作用。因此处在新媒体环境，面对更加多样化、生动化的商品展销模式，人们看待商品与消费的态度必定会发生转变。

一、新媒体环境引发的消费新发展

新媒体是随着互联网的发展和传播技术的进步而产生的一种新兴媒体方式，与传统的媒体方式相比，具有快捷性、交互性、开放性、个性化等显著特征，因此正逐步替代传统媒体成为主要的传播媒介，影响着人们的生活。消费作为用户生活中不可或缺的部分，新媒体环境下的消费同样产生了新的变化。第一，新媒体环境下庞大的受众群体，为转化为购买力提供了基础。据第 46 次《中国互联网络发展状况统计报告》统计：2019 年中国网络购物用户达 6.39 亿，网上外卖用户 6.33 亿，网上支付 6.33 亿。越来越多的人选择在互联网上进行消费，网络经济已经成为经济发展的重要推动力。第二，新媒体的高度的融合性增加了消费的便利性与效率。新媒体环境下，消费变得更为简单便利，打开 APP 万千好物即可随意挑选，且不受时间、地点的限制，一部智能手机即可随时随地随心消费。第三，新媒体的自主特性衍生出许多新的消费形态。在人人都有麦克风的时代，一方面催生了更多的网店店主，另一方面微商、代购应运而生，能发布信息就能当店主，朋友圈就是店铺，发朋友圈就是业务。比起传统时期的陌生商户，人们更倾向于在自己信任的代购、微商处购买商品。第四，新媒体时代海量生动的信息提高了消费的吸引力。海量的信息可以使得更多的商品得到展示的机会。现在人们常说"万能的淘宝"，"现实有的网上一定有，现实没有的网上也有"，网络为人们提供了更多的商品信息，奠定了网购在消费者心里万能的地位。另外，新媒体环境除了利用视频、图片、直播展示商品，现在还有 VR 的加入，虚拟现实，立体展示，使得商品展示更加接近现实的消费情景，更易于激发线上消费者的消费热情。

二、新媒体为消费者创造的消费新场景

（一）技术层面

1. 购物 APP 的发展——让消费变得更便捷、更丰富、更具个性化

随着互联网、大数据、智能设备的发展革新，网购越来越趋向智能化、便

利化，现如今已成为人们消费活动的主体，据有关数据显示截至 2019 年，全国网民数量 8.92 亿，网民人均周上网时长 27.9 小时，网络购物用户 6.39 亿。实物商品网上零售额对社会消费品零售总额增长的贡献率超过 45%。网络消费可以取得如此巨大的发展，得益于各类网购 APP 发展技术的日渐成熟，各类手机 APP 是新媒体环境下信息传播的重要载体。因此通过分析 APP 在技术上的变革发展为人们的消费提供了怎样的环境，可以洞悉新媒体环境如何引发消费者消费心理的改变。

购物 APP 的发展为消费者创造了更加便捷的消费体验。在快节奏的生活背景下网购平台的便利性成为人们选择进行网购的重要影响因素。以最大的网购平台淘宝网为例，从电脑端到手机端不断地迎合用户的媒介接触习惯，致力于为消费者提供最方便的购物体验。近年来淘宝不断探索服务的细分和服务的覆盖面，使其业务得以深入用户生活的方方面面。

近些年淘宝发展了农村淘宝和菜鸟驿站等业务，满足了农村及偏远地区消费者的购买需求，使得闭塞的村庄也能买到千里之外的各种好物。同时淘宝也在不断完善商品搜索引擎，从最初的仅支持文字搜索到如今的语音识别、图片识别、拍立淘，将商品的检索方式向更简单、更准确的方向发展。通过提供便捷消费环境向消费者传递网购方便的心理暗示。并且在新媒体环境下，人们的生活呈现碎片化趋势，网购迎合了人们碎片化的需求，网购不受时间、地点限制，可以很大程度代替必要的线下消费活动，且送货上门的网络消费方式还具有省时、省力、省心等优势。

购物 APP 的发展为消费者提供了更加丰富的消费体验。新媒体环境下，信息的存贮量不断扩大，消费者可以在网上消费的商品数量和种类不断增加，商品的流通更彻底地打破了时间与地域的限制。淘宝在其商城中设置的海外旗舰店，消费者足不出户即可买到全世界各地的商品。同时媒介技术的变革也为消费者的消费体验带来了越来越多的可能性，近年来各类外卖 APP、打车 APP、知识付费等新的消费方式兴起，涵盖人们生活的方方面面。同时新媒体平台充分利用自身的优势延长消费链将线上线下进行联动，例如近两年兴起的 O2O 消费模式，用户线上预约线下体验，很大程度缓解了线下排队、拥挤等状况，提高了消费者的购物效率，使消费者获得了更好的购物体验。

购物 APP 的发展为消费者提供了更为个性的消费体验。美国传播学家凯森·桑斯坦指出新媒体环境，用户对信息的追求不再是多而全的了，由于注意力与精力有限，人们只会选择接触自己感兴趣的或是与自身相关的信息。在这个信息爆炸的时代，用户如果不能够及时在海量的信息中搜寻到自己需要的信息，很容易陷入信息焦虑中，不利于信息的传播。因此新媒体环境下商家想要影响消费者消费意愿，不断致力于探索如何为消费者提供更具个性化、定制化的商品信息与服务。现今各类消费 APP，依据不同消费者的年龄层次，不同消费群体需求，提供不同的服务，向专业化、垂直细分领域深挖。淘宝主打万能，应有尽有；拼多多主打价格低廉，拼团减价；天猫商城主打品质，精品产出。消费者需要什么样的消费，打开相应的 APP 即可。同时还有一些小众 APP，如球鞋 APP、各类美妆平台也纷纷出来瓜分市场。相较于传统媒体时代，小众爱好者想要搜寻自己喜欢的商品较为困难的境地，新媒体环境中，这些 APP 瞄准小众市场，专门为小众商品买卖双方提供商品的信息和交易渠道，几乎各类群体都能在网络上搜寻到心仪的商品，满足消费者的个性化需求。

作为新媒体环境的信息传播载体，各类 APP 不断优化技术，为消费者创造出更为便利、丰富与个性的消费环境，用户仅需要打开各类 APP 即可满足日常生活各方面的需要。通过消费环境的优化改变消费者对新媒体环境下消费的看法。新媒体环境下消费者对消费的看法慢慢地由单一的外出购买商品转变为了更为方便、更加自由、更加个性，甚至无所不能的线上消费以及线上线下联动消费等新模式。

2. "种草" APP——拓展购买动机

新媒体环境下，刷抖音、刷微博、逛淘宝几乎成为人们最主要的消遣方式，人们的娱乐活动变为从一个 APP 到另一个 APP，伴随着这些娱乐方式的火爆，衍生出了一些流行的网络词汇如"种草""安利"等。加之新媒体环境带来的话语权的下放，人人都是传播者，很多用户在自己体验过商品后，会在网络上向他人分享产品的使用感受，而其他消费者在有消费需求时也会倾向于先搜索他人的使用感受，再定夺是否进行购买活动。新媒体环境为"种草"文化提供了生存的土壤。

传统媒体时代，用户想要了解商品信息只能通过传统的广告或售货员推荐，对商品的了解程度是十分有限的，很难全面客观地了解某件商品。由于参考信息有限，人们不容易确定商品是否值得购买，消费者很有可能会放弃这次消费。但新媒体时代数亿用户都连接在互联网空间里。用户们可以轻松地寻找到其他消费者对自己想要购买的产品的使用感受以及评价，通过了解他人的评价来增加消费者对商品的了解程度从而增加消费的可能性。小红书 APP 就专注于为人们提供这类消费信息互动，用户可以通过文字、图片、视频等各种形式分享所购商品使用心得，并鼓励用户互相推荐好物，为他人"种草"。同时由于刷这些 APP 也是人们日常消遣娱乐的途径之一，人们在刷他人笔记作为娱乐的同时也会间接发现一些自己想要购买的商品，无意中也在拓展着消费者的消费动机。

3. 短视频 APP——边刷边买，深掘消费者购买潜力

2019 年《中国网络视听发展研究报告》显示，截至 2019 年 6 月，中国短视频用户规模达 6.39 亿，占网民总数的 88.8%。快手、抖音等短视频 APP 已经成为很多网民必备的手机 APP。美国人类学家雷·博威斯特曾说："在一次面对面的交流中，语言所传递的信息量，在总信息量中传递的份额不到 35%，剩下的 65% 的信息都是通过非语言交流方式完成的。"抖音这类短视频 APP 将唯美的画面伴以强烈的节奏来最大化地捕捉人们的注意力，极大地提高了信息传递的效率。人们在刷抖音等短视频时，一方面是为了休闲娱乐，另一方面不可避免地会被视频中出现的商品所吸引，很多商家通过拍短视频的方式展示商品，将消费与娱乐融合，人们边娱乐边"种草"。抖音中有很多网店店主将自己的商品拍成当季流行的热点视频，如服装店主拍摄的卡点变装视频，人们在刷视频时不可避免会被模特身上的商品所吸引，很多人往往看了视频就会立刻搜索下单。并且现在抖音除了可以在视频中插入淘宝链接，也在不断地完善自己的独立闭环商城，使用户在抖音里即可下单享受获一站式的购物体验。

（二）传播层面

1. 海量信息更迭——无孔不入

新媒体环境摆脱了传统媒体时代信息贮存量和贮存范围的限制。每时每刻都有无数的信息通过不同的新媒体平台推送给用户们。媒体赖以生存的条件就是广告费，因此无论我们是打开网页还是手机应用，我们的屏幕总会被形形色色的广告所占领。新媒体环境下的联通工具——微信一打开有无数的微商、营销号；社交媒体——微博从开屏的那一刻就充斥着各种各样的广告；视频网站也在影视作品中软硬兼施地植入广告。新媒体环境下各种商品信息无处不在、无孔不入，这样的环境很容易导致人们的选择性接触机制失效，人们根本无法避免接触到这些信息。商家尽可能地抓住每一个推销的机会，增加商品的曝光度，目的性极强地将充满诱惑的商品世界尽可能多地展现给消费者，给消费者带来一种消费无处不在的心理暗示。

2. 算法精准推送——投其所好

算法推荐机制是新媒体环境下提高传播效率的重要途径之一。大数据背景下，消费者的所有活动都可以转化为可分析的数据，算法工具通过抓取并分析消费者的浏览记录所生成的数据，为消费者画像，借此了解消费者的需求及兴趣爱好，进而实现精准推荐，避免消费者像无头苍蝇在巨量的商品信息中不知所措，提高消费信息传播效率。例如，淘宝网推出的"猜你喜欢"栏目成为很

多人的每日必刷，这个栏目里所有的商品都是根据消费者的消费情况、个人喜好乃至消费需求来推荐的，很大程度上提高了消费成交率。并且它还会根据消费者最新的喜好与需求不断变换推荐商品，不断扩充推荐商品种类与数目。随着浏览数据的不断积累，栏目的精准度越来越高。进而便慢慢地演化为了一种重要的意见参考，消费者会不自觉地跟随"猜你喜欢"的推荐机制发现更多心仪商品，不断地增加消费行为。

随着算法技术的不断进步，进阶的算法不只能在一个平台运作，还可以实现多平台协作。比如消费者在微信朋友圈发了喜欢什么或用微信聊了某样商品，接下来朋友圈所推荐的广告一定会出现消费者所关注的商品信息。甚至消费者在某个线下商店逛街，手机中的地理位置权限功能也会抓取你的定位数据，来为你推荐商品。比如消费者在逛服装店，手机定位在服装店，消费者则很容易收到所逛服装店的商品信息推送。从心理学的角度出发，人们在发现自己感兴趣的东西时，更容易沉迷其中，算法工具的介入不断地精准猜测消费者需求与习惯会使消费者感觉到消费行为更加愉快，消费行为的发生也会更为高频。

3. 网络意见领袖——推波助澜

意见领袖不论在哪个时代都对信息的传播发挥着巨大的影响力。新媒体环境衍生出来的网红们在对消费者消费心理的重塑上也发挥着巨大的影响力。据统计，2018年粉丝规模达10万人以上的网红人数同比增长51%。其中，粉丝规模过百万的"网红"增长率达23%。可见人们对网红关注度之高和网红的影响力之大。网红大多颜值较高，装扮时尚，或有某种才艺，以此来吸引粉丝关注，抓住人们追求美丽时尚的心理对消费者进行定向营销。微博上的许多网红，他们将自己的美照或穿搭分享出来，评论区经常会有粉丝来"求链接""求同款"。并且网红们不像明星给粉丝一种难以接近的感觉，他们擅长使用"平民百姓"式的宣传技巧，借自己素人的身份，拉近与粉丝之间的距离感，让粉丝产生一种我们都差不多的心理，我买了他的同款产品也可以拥有像他这样的效果。这在无形之中也提高了消费者对商品的购买意愿。淘宝现在除了传统的淘宝店铺，还开辟了"分享店"这一模式，网红分享的东西都集中在这一个店里，更加方便粉丝去"Get同款"。除此之外，还有一些带货能力更强的头部网红们，他们在影响消费者消费方面的作用更是传统媒体无法比拟的。2019年，李佳琦火了。3个月抖音吸粉1500万，一句"oh my god"刷遍微博、抖音、朋友圈，惹得众人纷纷剁手。15分钟卖掉15000支口红，10秒钟让10000支洗面奶售罄，一场直播给国货毛戈平带来1000多万元的销售额。一场"双十一"活动卖出几十亿的销量，甚至超过一整个商场的营业额。

还有一些网红致力于推动线下消费，一些旅行博主，在个人社交媒体发布旅行地的美景趣事，吸引消费者前去打卡体验。2019 年，抖音抖火了西安，伴随着一首《西安人的歌》，永兴坊的摔碗酒一下子火遍大江南北，吸引无数天南地北的游客前来体验，一时间关于摔碗酒的视频刷爆了抖音。还有各种网红店的爆火，任何店铺只要打上网红店的标签，就会吸引更多的人去凑热闹。"网红"这两个字对消费者来说就像有魔力一般。

网络意见领袖以素人的身份，不会给消费者带来距离感，又能通过自己的颜值和专业技能等优势，增加消费者对他们所推荐的商品的兴趣，网红推荐的东西成了消费者心中的潮流风向标。

三、新媒体环境对消费者消费心理的重构

在新媒体出现之前，传统的消费观大多秉承着看重物质效用，不重视精神消费；注重储蓄，克勤克俭；鄙视炫耀消费等消费心理。这与我国长久以来的文化熏陶一脉相通。我们的文化强调对使用商品的追求，更倾向于物美价廉，实用性强的商品，对"中看不中用"的东西是较为排斥的。另外，中华民族是世界上最注重储蓄的民族，这与我们的忧患意识是密不可分的。俗话说"家中有粮，心中不慌"，相较于在新媒体环境下成长的年轻人，我们的父辈们更懂得未雨绸缪，据有关数据显示中国的储蓄率已经连续 10 年下滑，但信用卡申请数量却在激增，甚至还有很多逾期未偿还者。并且，我们的父辈一代十分排斥炫耀消费，中国人有一种道德观，认为花钱大手大脚是一种可耻的行为，对依靠金钱来满足虚荣心的行为嗤之以鼻。但是随着新媒体时代的到来，这些消费心理发生了很大的变化，勤俭的品质被激情的购物欲冲散，未雨绸缪的情怀也在浩瀚的商品世界中消弭，虚荣消费也不再被鄙视反而成了一种普遍的现象。下面将从新媒体环境下引发的冲动消费、超前消费、社交消费、仪式消费四个方面分析新媒体环境对消费者消费心理的重构。

（一）冲动消费心理

新媒体环境对消费者消费心理重构的一个重要部分就是，更容易激发人们冲动消费。笔者借助微信对相熟的 10 个用户进行访谈，被访者年龄在 18—50 岁，采访时间控制在 30 分钟以内。在询问引起消费者发生冲动消费的原因时，发现大多与新媒体环境提供的消费环境有着很大的联系。

访谈结果：

1. 如果我喜欢的东西，在逛街时没买到的话，我心里就更想拥有这东西，一般我回来就会在网上搜，如果搜到了，我基本就会冲动消费了。

2. 在微博看到有人推荐了，感觉挺适合我，我就想买回来试试。

3. 逛淘宝容易冲动消费，啥都有，东西太多了，刷着刷着就买了好多。还有的店铺有满减活动，买够金额就能减价，很划算，但也特别容易买多。还有凑单包邮，很容易为了包邮硬凑出来一些有的没的东西。

4. 有时候逛街，看到店员一直跟着，我本人比较内向，有时候看上什么东西，也不好意思问价格，碰到态度不好的店员，我有喜欢的东西也不敢去问她，在网上就很简单。不用跟人面对面交流，商品详情页什么资料都有，不懂的地方问客服也不会尴尬。

5. 我喜欢的衣服风格比较独特，偏小众，逛街基本买不到，或者很难碰到，但我特别喜欢的一个网红就是这种风格，对上我的胃口了，我就很容易冲动消费，在她的店铺买很多东西。

6. 有时候看网上好多人推荐某个东西，我去搜了以后发现销量也很多，好评也很多，看这么多人都买了都说好，就也很想买来试试。看直播也很容易冲动消费。主播说得太起劲了。

7. 看网红直播或者刷微博"种草"，很容易在别人的推荐下冲动消费。有时候在路上看到别人穿的好看，也很容易被"种草"，回来就超级想搜出来买。

8. 看直播很容易乱买，冲动消费，主播们说得太好了！很容易就被煽动了。

9. 自己是微商，刷的商品太多了，看到的东西，好多以前没见过的、不知道的，现在能知道了，所以就特别爱买。

10. "双十一"这种淘宝购物节很受欢迎，同学们都会讨论自己"双十一"会"剁手"什么，我们都很容易跟风，都想在"双十一"买点啥，很容易就冲动消费了。

根据上述访谈发现可以证实新媒体环境对刺激消费者冲动消费有很大的影响。具体原因如下。一是新媒体增加了商品的数量并且有着更加强大的商品搜索引擎，人们更容易获得，比起爱而不得，新媒体环境的便捷更易引发冲动消费。二是营销机制，凑单、满减容易诱发冲动消费，充分考虑人们"占便宜"心理。三是消除随机不确定性，更加公开的销量数据和已购买者评价提供了更加详细的参考，在跟风心理的诱导下更容易冲动消费。四是对社交恐惧者，网购的匿名环境更容易激发消费者大胆购买。五是互通互联，各类 APP 互相帮助，很多人都是微博刷到好物下一秒就打开淘宝立即搜索，这个时候购买欲望最强，也最容易冲动消费。

（二）超前消费心理

比起未雨绸缪，新媒体环境早已开始倡导"及时行乐"的消费心理。虽然传统媒体时代也有关于超前消费的思想，但方式大多局限于信用卡或借钱这样的形式。信用卡申领有一定的门槛，借钱通常不够方便且需要消耗人情，所以人们消费还是趋于保守，更倾向于储蓄。新媒体环境打破了这一局面。一方面，在新媒体环境的商品数量种类更多、更丰富、更有诱惑，人们的充欲主义本就比传统媒体时代更为强烈。另一方面，新媒体环境下出现了很多门槛低且操作简单的贷款平台，通过降低借贷门槛，简化借贷流程，诱导借贷者借贷，从而获得高额利息收入。有些平台完全没有审核制度，甚至只要一个身份证号就能进行借贷。还有令人深恶痛绝的"网贷""校园贷"，只需要几张照片或者学籍信息就能贷款。在电子支付时代，贷来的款直接变为账户里的数字，来钱的速度和方便程度非以往所能比拟。一些贷款平台联合商家，贷款购买可享受免息服务，甚至有的贷款平台为了诱导消费者消费，商品的整个贷款过程都可以免息，还有宣扬一天只要几块钱，就能买名牌包、名牌手机或者是优先花呗支付可以领红包抵现金。更有甚者直接送红包，来诱导人们使用。这些方式会让消费者觉得自己所追求的商品其实离自己并不遥远，可以轻而易举得到，很容易刺激消费者超前消费的心理。而且通过贷款平台消费时，消费者手上的余钱没减少，会给消费者营造一种自己还仍有钱的假象，非常容易把握不好度而越花越多。比起实体的纸币，数字货币使用起来更容易缺乏对金钱数量的一种概念感。新媒体环境下强烈的充欲主义和便捷的借款方式，足以让很多缺乏理性消费思维的消费者沦陷，陷入超前消费而又无力偿还的泥潭。

（三）社交消费心理

人都是渴望交流，需要社交的。在新媒体环境，人们孤，但不独。人们很渴望社交，但身处电子时代，由于进行现实的社交活动的精力和意愿有限，因此人们的社交大部分转移到了手机上。有一句经典的形容现代社交的话：世界上最远的距离就是我站在你面前而你却在玩儿手机。手机已承载了如今人们的大部分社交。人们每天周旋在各种 APP 中，人们的交流也需要在这些 APP 上寻找素材来制造话题。在这种背景下，社交消费心理得以衍生，人们的消费不再是传统意义上的以使用为目的，而是将其消费行为作为与他人进行社交活动的谈资，人们通过交流消费行为而得以融入话题之中并且享受消费后能和其他人进行分享交流的快乐。小红书 APP 上有很多用户分享自己的购物心得，她们通过交流口红色号、穿搭等，在一篇笔记里和志趣相投的人互相探讨，分享经验，以获得社交上的满足感。甚至有很多人为了能更多、更高质量地分享，购买很多产品进行测评，达到不间断地、更有吸引力地分享，以获得一种在社交层面上被拥护的满足感。甚至有一些人为了加入讨论，满足社交需求，也会主动去进行消费活动。

（四）仪式消费心理

随着社交新媒体的发展，人们在生活娱乐时总愿意将自己的所见所闻拍下来分享在网络上。不论是吃饭还是旅游总要先拍张照定个位发个朋友圈才算吃过了、来过了。因此出现了很多追求打卡的仪式感而去消费的行为。尤其近两年随着抖音打卡的兴起，人们去某个地方旅行或品尝美食，目的不再是欣赏美景，而是去拍照打卡发抖音。比起真正地欣赏美景，人们更享受拍下后发朋友圈的快感。还有网络平台为促进消费，过分营销仪式感，诱导人们为了追求仪式感而消费，出现了很多鼓励"精致穷""小资"等消费行为，例如很多年轻人看多了贩卖仪式感的文章，即便还在温饱线挣扎也要去追求所谓的仪式感、精致。月薪3000元的上班族也要打卡星巴克，每逢过节一定要购买礼物，为心仪的对象清空购物车成为表达爱意的方式，很多时候满足消费时的仪式感已经超越了追求商品本身的实用性。这种畸形的消费风气一度旺盛，越来越多的人为了追求所谓的仪式感成为"月光族""负二代"，经济实力在仪式感面前已居于下风，产生一种病态的消费心理。

四、重塑之后带来的负面影响

（一）消费陷阱

虽然新媒体平台为人们创造了更加省时、省心、省力的消费环境，但也存在着很多的陷阱。诸如购买的商品与网上宣传不符，存在虚假宣传、误导消费者的情况。有些商家利用新媒体环境下商品购买渠道更广的特点，谙熟消费者热衷比价的心理，为了获得价格优势，制假售假，靠压低价格吸引消费者的眼球。还有的商家利用消费者消费时的媒介依存心理刷销量，刷好评，挂羊头卖狗肉，出售货不对板的商品欺骗消费者。

再者，部分广告或网购商品的售后服务难以保障。一方面，商家利用人们怕麻烦的心理，给消费者发一些质量欠佳的商品，来回退换不仅浪费时间，有时还要面临承担运费的风险，所以很多情况下，消费者就算买到了不满意的商品，也照单全收。另一方面，真正发生消费纠纷时，由于商家不在本地，给维权增加了难度。

还有一些购物平台热衷于去创造一些购物节，如"双十一""双十二"，联动多个平台造势，大肆宣扬优惠力度，搞一些满减、抽奖、购物津贴的活动，将优惠券当作消费的"诱饵"吸引消费者参与购物，实则是玩着先涨价再降价的把戏，很多消费者并没有获得多大的优惠，反而在凑单满减时，无意中多买了很多东西。

（二）消费异化

消费的异化指的是人们在消费中本应从自身生存发展的客观需要出发，但异化的消费却表现为主体从占有的欲望、炫耀夸示出发，为了消费而消费。在消费中，人们无视于商品的使用价值和人的真正需要，只专注于去满足占有物的无限的欲望。在传统时代，信息比较闭塞，人与人之间的信息交流的程度与频率有限，信息散播的范围较小，人们的消费行为一般不会引发大面积的关注，通过炫耀消费带来的满足感不会太大。但在新媒体环境下，大家的社会关系都浓缩在一个朋友圈，信息传递的速度更快、范围更大。人们在微信朋友圈随便分享一条朋友圈，就会被几百几千甚至更多的人所知晓，羡慕的眼光在技术的加持下转化为点赞或评论夸赞，这种方式所带来的虚荣心的满足感是传统媒体时代所无法得到的。最近引发热议的"拼多多名媛"行为便是消费异化的一种典型的表现。

研究表明人们在消费时，受参照群体的影响很大，发挥重要参考作用的主要有家庭、恋人、同学、所属群体、渴望群体、网络参照群体六种类型，其中网络参照群体的影响超过了传统的家庭、同学等群体。新媒体环境不仅把参照群体的范围扩大了，也把更多的参照物展示出来了，人们看到的东西更多了，想要的东西也就多了，尤其当看到别人"晒"出来的东西有这么多赞和评论时，更容易导致攀比消费，为了消费而消费。

新媒体环境的消费异化还表现在过度沉迷于符号消费，法国社会学家鲍德里亚提出的符号消费的概念强调：我们现在所有的消费都不再是消费事物的本身了，我们消费的是身份认同。很多消费者愿意买带着奢侈品 Logo 的包包，并不是看中这个包本身有多大的价值，看中的是这个包所代表的身份的认同感。很多商家抓住消费者"异化"的消费心理，将商品打上限定限量产品的噱头，刺激人们哄抢，当买到的人在网络上炫耀获赞无数时所获得的心理上的满足感会刺激他们投入下一场符号消费中，不断地继续异化。

五、结语

新媒体环境下，技术的发展与话语权的下放，使得人们对信息的把握程度提高。技术的进步使得人们的消费不再受地域和时间的限制，可以随时随地想买就买。多元融合的信息传播载体，使人们的消费不再是目的性强的单独活动，而是穿插在人们日常生活娱乐时的附属活动；消费也不再是单一的商品购买，而是在技术的加持下覆盖人们衣食住行的方方面面。这不断改变着人们对于传统媒介时代的消费的刻板印象，在消费者心里塑造了一个"万能""丰富""有趣""方便"的新消费世界。但媒介进步所带来的心理重塑也包括负面的塑造，很多人沉迷技术带来的红利，出现了许多危害自身及社会的不良消费行为和消费心理，产生了更猛烈的购物欲、更强烈的虚荣心、更盲目的跟风攀比，将人们拖拽进更深的消费异化泥潭中，不利于消费者形成健康的消费观和健全的人格。

参考文献：

[1] 薛蕾，石磊．新媒介与新消费主义的互动逻辑［J］．青年记者，2019（3）．

[2] 隋岩．传媒消费主义倾向带来的价值嬗变与文化反思［J］．现代传播，2015（6）．

[3] 贺卫．消费文化传播与新媒体责任［J］．新闻世界，2010（7）．

[4] 何蕊．警惕消费主义陷阱［J］．商业流通，2018（7）．

[5] 刘莉丹．弗洛姆的消费异化理论［J］．商讯，2017（6）．

[6] 张燕．中国消费者线上消费主要影响因素分析［J］．商业流通，2019（3）．

[7] 耿禧则，何平和．线上零售对居民消费行为变迁的影响研究［J］．Consumer Market，2019（6）．

[8] 何锋，熊维义，朱芳琳．新媒体对大学生消费行为的影响研究［J］．中小企业管理与科技，2019（4）．

[9] 雷丹．网红经济对大学生消费行为的影响［J］．合作经济与科技，2019（8）．

[10] 张海燕．新媒体环境对大学生消费行为的影响分析［J］．现代经济信息，2017（12）．

[11] 李翩翩．网络新媒体对于大学生消费行为的影响［J］．商场现化，2015（2）．

[12] 王国明，王秀兰．网络媒体时代对消费者消费行为的影响［J］．新闻战线，2015（8）．

[13] 张剑渝，杜青龙．参考群体、认知风格与消费者购买决策［J］．经济学动态，2019（11）．

[14] 李舒霓．抖音视频的类型分析与意义建构［J］．新媒体研究，2018

(9).

　　[15] 朱琳. 消费信贷的互联网衍生 [J]. 金融发展研究，2016 (7).

　　[16] 黄欢. 微传播时代微信公众号广告营销策略探析 [J]. 传媒，2017
(3).

　　[17] 信莉丽. 微信公众号软文广告及叙事特点 [J]. 青年记者，2017
(18).

　　[18] 陈敏. 网络文化经济与新文化消费趋势研究 [J]. 新闻战线，2019
(2).

　　[19] 奥鹏. 网红为什么这样红？——基于网红现象的解读和思考 [J].
当代传播，2016 (4).

困局与出路：网约车市场的大数据杀熟现象

王　芳　西北政法大学

摘要：大数据杀熟是网络平台经营者利用自身与消费者之间的信息不透明和不对称，主观上故意实施与消费者真实消费意愿相悖的价格歧视和价格欺诈行为。相关法律规制不完善、数据技术的隐蔽性、消费者维权意识薄弱等因素使得价格歧视和价格欺诈更加彻底、隐秘和复杂。网约车市场经营者通过模糊预估价和实付车费之间的界限，结合路况、绕路等改变价格的影响因素，划分不同手机设备、不同平台和不同年龄等的消费群体进行区别定价。法律视角下，消费者权益保护法、反垄断法等法律法规虽然对如何限制滥用大数据技术等方面有所涉及，但是法律条文不是永恒的，其在规制大数据杀熟现象时不可避免地会陷入困境。技术伦理视角下，网约车平台利用大数据构建寡头垄断势力打破了"算法"与"善法"之间的平衡，将工具理性和经济利益置于伦理规范和社会责任之上导致一系列的伦理问题和恶果。加强顶层设计和守住底线思维是冲突与失衡的出路，巩固国家法律屏障、提升平台规制效率、提高全民法律意识，坚持责任伦理原则、坚守责任伦理底线、坚定责任伦理行为不仅有利于使大数据技术在法律和道德规范内为人类造福，更有利于社会秩序的稳定，增强社会凝聚力和身份认同。

关键词：网约车市场；大数据杀熟；消费者权益；法律规制；技术伦理

人类社会出现大数据杀熟现象有其必然性，"数最初的基本功能是保存信息，作为保存信息的数成为数据，它或者用于显示神的位置，或者用于显示赫赫战功"。资本与技术的联姻将数据作为技术和核心竞争力开展资本积累，"大数据开启了一次重大的时代转型，与其他新技术一样，大数据也必然要经历硅谷臭名昭著的技术成熟度曲线"。大数据被认为是将人类社会和自然界数据化的技术，并且会在突飞猛进中影响自然界和人类社会。

一、大数据杀熟的概念及原因

（一）大数据杀熟的概念

1. 价格歧视

大数据"杀熟"是人机文明时代的价格歧视行为。人机之间的界限被打破后形成新的人机关系，机器可能比人类更了解人类，人类在网络平台上的支付意愿和消费习惯量化为数据被计算、存储甚至是修改。网络平台经营者利用算法技术收集消费者的私人资料、数据信息和流量轨迹，通过精准刻画消费者的认知、情感和行为画像以全方位了解其消费偏向和支付意愿。不同的年龄阶段有不同的兴趣偏好和消费能力，不同的职业意味不同的社会地位和经济地位，网络平台经营者针对不同年龄、职业等特征的消费群体进行差异定价，制定与消费者最高支付意愿相吻合的价格从而获取最大利润。

研究主要从法理学视角探讨大数据杀熟的价格歧视作为垄断定价行为的规制。不同学科对价格歧视有不同的视角。经济学语境中，价格歧视是一种正常策略，是经营者为使利润最大化而采取的具有针对性和合理性的定价模式。法理学语境中，价格歧视与价格平等对立，价格平等是经营者在提供的服务和商品一致的前提下实现统一价格，价格歧视则是经营者违背消费者真实意愿而做出垄断定价行为，侵犯了消费者公平交易权和知情权等权益。大数据杀熟现象如果放在经济学语境中分析，则不利于消费者使用网络平台时对消费风险的识别和把控，不利于"算法"与"善法"、"工具理性"与"价值理性"之间的平衡，不利于社会公共责任伦理的建构和社会稳定。

2. 价格欺诈

大数据杀熟违反了消费者权益保护法、反垄断法、电子商务法、价格法等法律法规相关规定，是网络平台经营者利用自身与消费者之间的信息不透明和不对称，主观上故意实施与消费者真实消费意愿相悖的价格欺诈行为。大数据杀熟作为价格欺诈行为违背公平交易原则，侵犯了消费者的知情权。

大数据杀熟违背公平交易原则。公平交易原则要求交易双方必须互相尊重、诚实守信，交易一方不能用欺诈或者其他不合理的手段损害另一方的合法权益。经营者利用大数据在消费者"熟不自知"的情况下收集和分析消费者信息进行区别定价从而获得高额利润，使被杀熟者置身于信息不对等和不透明的价格陷阱中付出了更高的价格购买商品和服务，不符合交易公平的原则。

大数据杀熟侵犯消费者的知情权。明码标价是尊重消费者知情权的一种定价形式。传统经济模式中，交易双方面对面公开透明，消费者直接接触商品和服务，经营者明确收费标准并公开放置。大数据杀熟形式上是明码标价，但实质上是价格欺诈，经营者利用算法技术只向特定消费群体公开价格或者隐藏价格，致使消费者在"明码标价"的情况下错误地估价和比价。

（二）大数据杀熟的原因

1. 相关法律规制不完善

相关法律规定不明确。法律不可避免地存在滞后性，新形式的营销手段难以及时规范。经营者为了在市场竞争中更好地生存，利用大数据技术实施差异化定价，但经营者的价格歧视和价格欺诈行为在价格法等有关规定中并没有明确界定与大数据杀熟之间的关联。此外，消费者权益保护法、反垄断法等法律法规中依然存在局限性，不能直接有效地规制大数据杀熟的行为。网络平台的经营者利用灰色地带通过优惠活动、明星加持吸引新用户，利用返利回馈、建群互动等方式巩固老用户，针对新老用户定制既有差异又可以使目标群体接受的价格，扩充"待宰"群体的同时"宰割"消费者。

2. 大数据技术的隐蔽性

经营者利己手段隐蔽，个人信息易遭泄露和滥用。软件平台向首次登录软件的消费者设置"同意某服务协议"的选项，消费者同意协议且不否认协议中包括模糊条款在内的相关信息后才能进入软件获取服务，平台获取消费者授权后，利用模糊条款收集、处理消费者个人信息。由于大数据技术操作的隐蔽性，消费者很难意识到自己正在被杀熟或已被杀熟，遑论成功举证质证，用户只能在自己的智能设备上看到个人消费记录而无法收集其他人的信息与自己的信息进行对比，平台在用户提出质疑的情况下依然可以凭借发放优惠券、系统出错等方式应对。

3. 消费者维权意识薄弱

消费者很难意识到被大数据杀熟，其对经营者违背职业道德和法律法规的行为没有足够的敏感度，不能及时发现问题并捍卫自身合法权利，此外，社区、媒体对于大数据杀熟等侵犯消费者权益的教育、宣传尚有不足。消费者意识到被侵权却不敢或不想发声，因为他们可能需要付出很多的金钱、精力和时间成本进行维权，而这些成本往往超越单件商品或单项服务的价格，这迫使绝大多数意识到被侵权的消费者放弃维权。实际上，消费者自身的强大或许可以倒逼企业由他律走向自律，形成伦理意识最终固化为企业伦理道德。

二、案例评析——网约车市场的大数据杀熟现象

网约车市场存在大数据杀熟现象。网约车市场经营者通过模糊预估价和实付车费之间的界限，结合路况、绕路等改变价格的影响因素，划分不同手机设备、不同平台和不同年龄等的消费群体进行区别定价。安卓设备用户和苹果设备用户、微信小程序和官方 APP、中青年人和老年人被"宰杀"的程度不尽相同，对新用户和老用户的价格设置也存在差异。

（一）法律视角——大数据杀熟的法律规制与现实困境

虽然电子商务法、价格法、消费者权益保护法、反垄断法、网络安全法、互联网信息服务管理办法等法律法规对如何限制滥用大数据技术等方面有所涉及，但是法律条文不是永恒的，其在规制大数据杀熟现象时不可避免地会陷入困境。

1. 《中华人民共和国消费者权益保护法》

根据消费者权益保护法第八条、第十条和第二十条第三款规定，消费者享有知悉真实情况和公平交易的权利，经营者向消费者提供的商品和服务应当明码标价。从法理学角度讲，大数据杀熟是一种价格欺诈行为。价格欺诈侵犯了消费者的知情权和公平交易权，违背了消费者权益保护法第九条中消费者所享有的自主选择权和交易过程中自愿、公平、诚实信用的原则。

消费者权益保护法难以直接有效地规制经营者对消费者数据和信息的过度收集。消费者权益保护法第二十九条和第五十条中规定了经营者收集和使用消费者信息的使用原则、责任和管理义务，以及损害消费者个人信息安全权益的法律责任，但在实践中，互联网平台凭借强大的大数据技术收集数据信息，具有数量大、速度快、类型多、成本低等特征，平台经营者在工具理性和利益至上思维的操控下过度获取消费者信息和滥用信息就很难被有效规制。

消费者权益保护法难以直接有效地保障被杀熟者的后悔权。后悔权是指消费者在购买商品和服务后能在一定的时间段内享受无理由退货或者中断享受服务和使用商品的权利。大数据杀熟行为存在于互联网消费领域，在形式上符合消费者权益保护法法条的基本适用条件，但互联网平台上消费者除非有资源和人脉并特意去比价，一般无法知悉自己已被杀熟，更遑论后悔。

消费者权益保护法难以直接有效地解决被杀熟者的损害赔偿问题。消费者权益保护法第四十条和第十一条规定了消费者的损害求偿权，并在后续法条中明确规定网络平台消费者同样拥有损害求偿权，但一般诉讼规则是谁主张、谁

举证，而被利用大数据技术的经营者杀熟的消费者难以证明自己受到损害，消费者很难计算自己因为被杀熟而支付的高价与其他消费者支付的低价之间的差值。

2.《中华人民共和国反垄断法》

反垄断法第十七条第六款明确规定经营者不能对消费者实行"差别待遇"，不能对同等条件的消费者实行"价格歧视"，如果经营者占据市场支配地位，否认和拒绝该条款的约束，必须具有"正当理由"。网约车平台私自采集分析消费者信息和数据，并根据消费者的"生"与"熟"来进行差异定价，实行差别待遇和价格歧视以获取不正当的利益，不能被认为是正当理由。

反垄断法难以直接有效地规制大数据杀熟行为。反垄断法中规定占据市场支配地位的经营如有正当理由可以实行价格歧视，此处的价格歧视是经济学视角下能够确保平台正常运转和维持经济持续平稳发展的营销策略，针对的对象是占据市场支配地位的经营者，而显然，没有占据市场支配地位的经营者可以游走在灰色地带，在立法层面上，没有有效地保障消费者的正当权益不受大数据杀熟行为的侵害。

3.《中华人民共和国电子商务法》

2019年，我国颁布电子商务法，电商法在第十八条中明确规定电子商务经营者应该尊重和保护消费者合法权益，在利用新技术针对消费者的偏好和倾向提供定向服务的同时需要将多元化的商品和服务呈现出来。这一规定的意义在于保护消费者的自主选择权和接触多元化信息的权利，避免算法推送直接或间接地剥夺消费者的知情权和选择权，使其陷入信息不对称的陷阱。

电子商务法的配套法规不健全，对于大数据杀熟行为该如何进行法律规制并没有进一步说明，难以对滥用大数据的行为进行直接有效的规范，也使得法律的执行无法真正落地。电子商务法中模糊了网络平台经济的监督部门与市场监督管理部门两者的概念，使得大数据杀熟现象发生时，各部门之间可能相互推诿，导致职责难以落实，无法实现预期的监管效果。此外，缺乏多元立体的网络监管体系，平台经济是互联网背景下产生的新兴事物，不同于传统的商业模式，其主体具有广泛性和不确定性，因此，依靠单一的监管主体是不够的。

4.《中华人民共和国价格法》

价格法第十四条第五款规定了价格歧视，提出经营者在向不同的消费者提供相同的商品或服务时不能对拥有同等交易条件的其他经营者进行价格歧视，《禁止价格欺诈行为的规定》第三条规定了价格欺诈，《价格违法行为行政处罚规定》明确了不正当定价行为的惩罚措施。网约车经营者对不同消费者实行不同定价标准的行为违反了价格法相关规定，不仅伤了消费者的心，也践踏了法律的尊严。

价格法第十四条第五款中明确客体为其他经营者，而大数据杀熟现象中客体为消费者，尽管其他条件一致，但因规定客体的不同，大数据杀熟行为依然没有在该法条的约束范围内。我国现行有效的《中华人民共和国价格法》于1997年颁布、1998年5月正式生效。经过二十年的发展，互联网技术发展迅猛、数字经济形态驱动经济高质量发展，平台经济覆盖网络节点深入用户的日常生活，尚未得到修改的价格法难以规制正在变化发展的大数据杀熟行为。

5.《中华人民共和国网络安全法》

网络安全法第二十二条规定，如果网络平台经营者需要在向消费者提供商品或服务的同时收集其私人信息，必须明示意图并征求消费者的同意。网络安全法第四十二条规定，除非消费者个人信息因不确定因素而无法识别且不可复原，否则网络平台经营者不得在未经消费者同意的情况下私自篡改、毁损、泄露消费者个人信息。网约车市场的利用大数据进行杀熟的行为侧面反映了存在消费者信息泄露，不法者从中牟利的情况。

网络安全法第二十二条规定中的个人信息与大数据杀熟过程中挖掘消费者的信息不同。网络安全法中的个人信息具有人口统计学性质，指姓名、身份证号、出生日期等，大数据杀熟过程中网络平台经营者挖掘的信息虽然与上述个人信息会有交叉部分，但是绝大多数情况下不需要上述信息，只收集消费者所用账号的消费习惯和偏好就可以做到初步的差别定价，进一步收集消费者的手机型号、社会经济地位甚至人际关系信息就能做出更加精准的差异定价以获取最大利润。因此，大数据杀熟所获取的消费者信息不在网络安全法的监管范围之内，网络平台经营者在征求消费者同意的情况下可以对其人口统计学信息进行分析计算，在无须征求消费者同意的情况下可以获取其非人口统计学信息，消费者的个人信息被"合法"提供给第三方，进而在消费过程中被"宰杀"。

（二）伦理审思——大数据杀熟引发的伦理问题审思

网约车平台构建寡头垄断势力实施价格歧视和价格欺诈，利用大数据杀熟打破"算法"与"善法"之间的平衡，将工具理性和经济利益置于伦理规范和社会责任之上，随意而隐蔽地"宰杀"用户，价值观念的异化导致一系列的伦理问题和恶果。数据、平台与用户构成完整生态圈，大数据杀熟在生态圈中突破了责任伦理的底线，算法可能成为社会新的权力中间人，从而带来社会不平等，社会不平等动摇用户对算法科学性的认识，从而引发信任危机。大数据技术将用户变成具有透视性的数字人，在全景监狱内社会不平等与信任危机动摇公正的社会共识和身份认同。宏观上，消解社会价值观的黏性与凝聚力，不利于社会主义核心价值观真正落地，打破记忆与遗忘原有的平衡，进而引发一系列权责和界限问题。微观上，激发被杀熟者的负面情绪和社会偏见，影响被杀熟者的日常生活和对社会的认同感，使被杀熟者产生信任撕裂感，降低情绪管理的能力。

1. 数据伦理——陷入算法陷阱

数据伦理视角下，算法可能成为社会新的权力中间人，从而带来社会不平等。"起初，我们塑造了工具，最后工具又反过来塑造我们。"技术的进步塑造拥有强大力量的工具，同时也带来很多负面影响。大数据技术的核心是算法，用户过度沉浸在算法生活中被削弱了判断力而成为"思想懒汉"，价格欺诈与算法歧视则更加彻底和复杂。

网约车平台经营者正在智能时代面临数据获取自由与道德、法律规范之间的价值冲突，智能机器可以挖掘以数据为载体的各种信息造就海量的数据集合体，实时素描出用户精准画像，将目标用户网罗到数据网格中，平台经营者打开了"潘多拉魔盒"，洞悉了消费群体画像，坚守道德和法律规范与侵犯他人权益之间的抉择既分明又艰难。用户掉入算法陷阱成为"待宰的羔羊"并不是大数据杀熟的结束，其隐私信息泄露的风险依然存在且并不会消解。人类真的了解自己吗？算法模拟出的每一位用户画像会比用户自己更"像"自己，每一位用户的个人数据信息汇聚成数据景观，成为资本、技术掌握的源源不断的数据资源以供其使用，在实现资本积累的同时扩大再生产，网罗更多的用户掉入算法设置的陷阱。

2. 平台伦理——解构信任系统

平台伦理视角下，社会不平等动摇用户对算法科学性的认识引发信任危机。社会中属于不同空间和时间状态的大规模陌生人通过分工协作达成默契的信任关系，算法使人际间的彼此信任被人对网络平台的信任取代，算法歧视和偏见带来的社会不平等又使网络平台所构建的信任系统受到质疑。

网约车市场通过搭建起便利且可替代性不强的出行平台，网罗和吸引对出行有需求的用户。用户在平台上可以快速定位、寻找车辆并到达目的地，长此以往逐渐建立起与网约车平台之间的情感联系，用户将便利出行与网约车平台相关联并成为忠实的消费群体，基于有限的理性一味依赖平台。平台由此实现品牌影响力的提升并划分寡头势力，利用所掌握的真实、多元、海量的出行数据对消费者对象建模并实施差异定价。但看似便利的网约车平台节省了用户宝贵的时间，提升了生活的效率，实质上用户将为此付出最昂贵的代价——个人数据信息，建立在个人狭隘利益自由价值观念基础上的数据泄露、数据诈骗、数据垄断以及数据滥用等数字化的犯罪行为困扰用户日常生活的同时也解构了用户对网络平台的情感归属和信任感。

3. 用户伦理——置身圆形监狱

用户伦理视角下，大数据技术将用户变成具有透视性的数字人。"圆形监狱"理论由英国哲学家边沁提出，理论认为隐藏在中央塔楼的监视者可以清楚地环视四周的囚徒，而囚徒由于对未知的恐惧产生自己时时都在被监控的心理。监视者与囚徒之间的关系同样适用于大数据与用户，大数据技术时刻关注或监视用户的一举一动并对其行为数据进行标注和牟利，用户生活在全景监狱内毫无隐私可言。

"以人为中心的世界观正在走向以数据为中心的世界观，这种转变并不只是一场哲学意义上的革命，而是会真真切切地影响我们的生活。""人工智能风险是人工智能技术发展所引发的人为的、不可预见的不安全性，短期的失业、隐私破坏、技术依赖，中期的威胁公众安全、加剧社会不平等，长期将消解人类主体地位。"尤瓦尔·赫拉利与乌尔里希·贝克表达了对人工智能未来前景的忧虑。如果人类浑身赤裸时刻处在大数据监控之下，丧失一切神秘感，我们有必要思考技术发展的初心是什么？是对人文价值的追求，还是对工具理性的一味屈从，答案不言而喻。

三、应对之策——多方联动

（一）顶层设计：国家出台和完善相关法案

第一，巩固国家法律屏障。在国家现有法律法规的基础上不断完善，依法逐步明确和厘清大数据杀熟行为、连带责任并设置处罚额度，以法律强制力要求网络平台经营者必须无条件配合监管部门的工作。针对大数据杀熟的漏洞，国家依法要求网络平台经营者提供数据协助，敦促其实施先行赔付措施并开放更加透明、公开的查询和投诉渠道，保障消费者可查询、可投诉的权利。

第二，提升平台规制效率。设置多元化的监管主体，建立立体的监管体系，除了对单一平台的法律规制，还要针对互联网平台的搜索引擎、社交媒体以及购物、观影、住宿、出行、点餐等娱乐平台之间的数据流动和共享实施强制干预，要求其停止侵权行为并负相应的法律责任，干预过程中做到程序透明、简明，便民、利民。

第三，提高全民法律意识。全心全意为人民服务是中国共产党的根本宗旨，针对消费者对网络平台的质疑和投诉，国家相关部门应当积极受理，与人民心连心的同时也是在鼓励最广大的消费者增强法律意识和维权能力。立体化的监管部门应打击网络运营平台涉嫌利用大数据损害消费者权益的行为，完善证据链的同时加以甄别和审核，保证效率的同时严惩大数据杀熟行为。提升消费者对法律的信任度和信赖感，鼓励全民拿起法律武器保障自身合法权益，为营造更加和谐美好、安定团结的社会主义社会奠定基础。

（二）底线思维：建构大数据技术的责任伦理

马克斯·韦伯认为，"世俗化的时代，是一个除魅的时代，是一个价值多元的时代，是一个工具理性替代价值理性的时代。我们必须明白，'一切伦理性的行为都可以归为两种根本不同的、不可调和的对峙的原则：信念伦理和责任伦理'。这不是说，信念伦理就是不负责任，责任伦理就是没有信念"。推动人类生存和发展的基础是秩序。建构大数据技术的责任伦理，坚持原则、坚守底线，促成责任伦理行为不仅有利于使大数据技术在法律和道德规范内为人类造福，更有利于社会秩序的稳定，增强社会凝聚力和身份认同。

1. 坚守责任伦理底线

底线是指最低限度和一定范围内的临界值。当代科学技术的研究与发展应遵守真实与公平的底线。坚持底线意味着不能越界，而大数据技术在应用过程中引发数据犯罪、数据崇拜等社会异象已经超出底线的约束，给人类带来不可避免的困扰，个人隐私"裸奔"在互联网平台上，在记忆是常态、遗忘却成为意外的当下，网络平台经营者超越责任伦理底线的行为可能会将每一位消费者的个人信息永久暴露在网络平台上。因此，坚守责任伦理的底线，让求真、求善的科学精神的光芒照耀人类社会，推动经济、科技持续向前发展。

2. 坚持责任伦理原则

"一项技术找到自己在世界上的理想角色后，会积极地为其他技术增加自主性、选择和机会，我们的任务是引导每一项新发明培育这种内在的'善'。"人工智能时代多元价值相互碰撞，构建人类命运共同体是当代社会生存发展的最高责任伦理原则，那么在大数据杀熟行为的治理中，应当构建大数据技术和谐有序的责任伦理原则，在相互依存、相互合作的当代社会增强大数据技术的人文关怀和网络责任意识，让技术真正被人类合理使用并更好地服务于人类。

3. 坚定责任伦理行为

建构大数据技术伦理时，责任意识和责任行为是核心要素，责任意识能使算法开发者和算法使用者在面对算法的不透明性和不确定性时，坚持自身的责任和义务，责任行为能使算法开发者和使用者更好维护社会公平和社会诚信体系建设。约束算法开发者与算法使用者以排除算法偏见的人为因素，算法开发者有解释算法技术原理、说明算法可能存在的缺陷等义务，算法使用者不能用欺骗的方式获取算法接受者的信息，更不能滥用所获得的信息。建立数据透明和操作可查机制以排除算法偏见的数据因素，应用区块链技术并设立专门的审计机构对算法进行审查，在数据的不可篡改和不可伪造的前提下保证数据的来源、内容和处理过程可查。

参考文献：

[1] 邹开亮，彭榕杰. 大数据"杀熟"的法律定性及其规制——基于"算法"规制与消费者权益保护的二维视角 [J]. 金融经济，2020（07）：51-57.

[2] 邹开亮，彭榕杰. 人工智能时代个性化定价行为的反垄断规制——从大数据杀熟展开 [J]. 中国流通经济，2020（05）：121-128.

[3] 李飞翔. "大数据杀熟"背后的伦理审思、治理与启示 [J]. 东北大学学报（社会科学版），2020（01）：7-15.

[4] 詹好，邵靳天，黄智威. "大数据杀熟"：概念澄清及解决方案 [J]. 软件，2019（08）：62-65.

[5] 李侠. 基于大数据的算法杀熟现象的政策应对措施 [J]. 中国科技论坛，2019（01）：3-5.

[6] 朱程程. 大数据杀熟的违法性分析与法律规制探究——基于消费者权益保护视角的分析 [J]. 南方金融，2020（04）：92-99.

[7] 曾雄. "大数据杀熟"的竞争法规制——以个性化定价的概念展开 [J]. 互联网天地，2019（09）：26-32.

[8] 卢文，陈沛. 大数据时代价格歧视行为的法律规制路径 [J]. 网络信息法学研究，2019（01）：286-308+340-341.

[9] 卢文，李霞. 大数据时代不正当价格行为的规制及用户个人隐私保护研究 [J]. 互联网金融法律，2018（02）：83-96.

[10] 廖建凯. "大数据杀熟"法律规制的困境与出路——从消费者的权利保护到经营者算法权力治理 [J]. 西南政法大学学报，2020（01）：70-82.

[11] 刁生富，姚志颖. 大数据技术的价值负载与责任伦理建构——从大数据"杀熟"说起 [J]. 山东科技大学学报（社会科学版），2019（05）：8-13+51.

[12] 邹开亮，刘佳明. 大数据"杀熟"的法律规制困境与出路——仅从《消费者权益保护法》的角度考量 [J]. 价格理论与实践，2018（08）：47-50.

[13] 孙善微. 大数据背景下价格欺诈行为的法律规制——以大数据"杀熟"为例 [J]. 北方经贸, 2018 (07): 51-52. 评论, 2018 (02): 83-96.

[14] 段佳慧, 胡君倩. 法律视角下的企业数据逐利问题研究 [J]. 法制博览, 2019 (21).

[15] 王雪婷, 孙晓雅. 大数据"杀熟"对顾客忠诚度的影响实证研究 [J]. 电子商务, 2019 (7).

[16] 赵佳慧. 大数据背景下网络隐私侵权的探究——以"杀熟"事件为视角 [J]. 改革与开放, 2019 (12).

[17] 周涛. 为数据而生: 大数据创新实践 [M]. 北京: 北京联合出版公司, 2016.

[18] 涂子沛. 大数据: 正在到来的数据革命 [M]. 桂林: 广西师范大学出版社, 2013.

[19] 苗东升. 从科学转型演化看大数据 [J]. 首都师范大学学报 (社会科学版), 2014 (5): 48-55.

[20] 刁生富, 冯桂锋. 论大数据的社会问题与社会治理 [J]. 山东科技大学学报 (社会科学版), 2018, 20 (2): 22-27.

[21] 刁生富, 姚志颖. 论大数据思维的局限性及其超越 [J]. 自然辩证法研究, 2017 (5): 87-91.

短视频对西安城市形象塑造的影响

张　令　西北政法大学

摘要：城市形象彰显了城市的独特定位和文化内涵。在数字化环境中，视觉化的营销更加吸引人们的眼球，越来越多的城市通过短视频塑造和传播城市形象，借由短视频打造出"网红"城市。本文以西安为例，通过分析短视频在西安城市形象塑造过程中所扮演的角色、产生的影响，进而探讨短视频如何可持续地塑造城市形象。

关键词：短视频；城市形象；塑造；西安

一、短视频传播发展脉络

（一）短视频发展与现状

1. 国外短视频发展

短视频首先产生于美国。2005 年，卡林姆在 YouTube 上传了一条长 19 秒的视频，这条视频开创了短视频的先河。短视频虽然产生于 PC 时代，但是注定是移动互联网时代的产物。在移动互联网时代初期，Facebook 等各大美国互联网企业陆续推出不少以播出短视频为主的平台或应用软件。因为美国的互联网技术最先进，所以一直由其引领全球短视频行业风潮，其中 YouTube 成为短视频行业的典范。然而，PC 时代互联网技术同样强大的欧洲和日本、韩国等国家和地区的短视频行业和市场则处于长期低迷状态，甚至落后于同期的中国市场，并未赶上移动互联网时代短视频行业的迅猛发展；Tik Tok（抖音海外版）以及 Kwai（快手海外版）纷纷出海走向国际市场，并且取得不俗成绩。

2. 发展迅猛的国内短视频市场

国内短视频起步稍晚，2006 年，胡戈制作的短片《一个馒头引发的血案》可视为国内短视频的开端，对后来的短视频创作产生了很大影响。同时，优酷和土豆也致力于发展视频对标 YouTube，这类视频相对于后来的 15 秒短视频明显不同。毫无疑问，当下的新媒体短视频正是从当年的网络短片演变发展而来的。

需要注意的是，在短视频的发展过程中，技术起到了至关重要的作用，其中智能手机和 3G 以及 4G 技术为短视频的即时分享提供了技术支持。

快手创办于 2011 年，是国内第一个移动短视频应用，起初只是制作 GIF 动图的工具性应用，后来逐渐发展为现在的短视频应用。随后，美拍、小咖秀等工具性短视频应用也逐渐发展起来，工具性短视频应用是中国国内短视频行业的最初形态。

2014 年被业界称为"中国短视频元年"。这一年，"微视""梨视频""抖音"和"火山小视频"等大批移动短视频应用相继上线；腾讯在重启"微视"失利的情况下，2020 年 2 月微信推出"视频号"，大有以微信的强大社交能力为短视频导流，构建短视频时代的"微信公众号"，希望在短视频领域站稳脚跟。

中国的短视频行业起步早、发展快、市场规模大而且前景非常可观。由于短视频用户素质良莠不齐，短视频内容自然也是泥沙俱下。内容同质化、低俗化和过度娱乐化是短视频行业顽疾。

（二）短视频传播特点

1. 播放时间短，碎片化

短视频一般是指时长在 15 秒到 5 分钟之间的视频。用户借助各种短视频平台，不仅能够进行快速拍摄剪辑，而且还能实现即时上传分享。相较于过去长达几十分钟的专业影视剧，在"流量为王"和"注意力经济"的新媒体时代，移动短视频依靠短小精悍、趣味十足的内容来吸引用户，很适合用户用来消磨碎片化时间。

2. 创作门槛低，用户参与度高，传受主体界限模糊

短视频平台为增加活跃度和用户量，延长用户留存时间，吸引用户进行内容创作，为用户提供了一键拍摄、自动剪辑和配乐等功能，使得几乎全年龄段的用户都可以进行短视频创作。

短视频平台上的创作者和观看者的角色身份并不是一成不变的。创作者与观看者频繁互动，不少观众更是在观看了创作者的视频后感到有趣而模仿拍摄，抖音上的"拍同款"功能帮助用户进行快速模仿创作，甚至有固定的动作、节奏和配乐，比如抖音用户模仿拍摄西安市大唐不夜城"不倒翁女孩"；用户借助短视频中的弹幕和评论进行创作，一条切中要害的评论，其热度甚至可能盖过短视频本身；用户对短视频创作者制作分享的视频进行二次加工，制作上传，也可能会产生意想不到的效果，如 2019 年末的"奥利给"和"影流之主"系列

视频就是在其他用户二次加工之后爆火，一度成为现象级网络热词。此外，短视频能够随拍、随剪、随时上传分享，使得更多用户参与到短视频创作之中，他们成为新媒体时代的"新传播者"，动摇了传统传播者的地位，真正模糊了传播者和受传者之间的界限。同时，传统媒体也在寻求转型，摸索新型的传播方式，不断适应新媒体的传播规律。

3. 用户生产内容多样化，娱乐性强

用户借助智能手机能轻易完成短视频的制作、上传、分享。当前，各大短视频平台为争夺用户流量而攻城略地，在流量和奖金方面为用户进行内容创作提供支持，如 Bilibili 的创作激励计划、快手在 2020 年新年联合春晚发出 10 亿元红包和抖音的"发财中国年"20 亿元红包。短视频平台诸如此类的活动吸引了大量用户参与其中。随着各种类型用户加入短视频创作，短视频平台上的内容也呈现出了领域广泛、角度多样和题材丰富的特点，UGC（用户生产内容）模式如今已经越发地趋于成熟。短视频的内容涉及美食、美景、资讯、鬼畜、情景剧、影视、日常生活、好物推荐等多个方面，满足了不同用户对内容的需求。用户通过短视频观看到丰富多样的内容，不同程度满足用户的精神消费需求和消磨碎片时间的需要。相比于图文内容，短视频内容更具娱乐性，便于用户在碎片时间内获得身心上的愉悦。

4. 用户黏性高，社交属性强，社交分享实现裂变

短视频具有操作简单，随时观看，碎片化、即时性和互动性等特点。首先，用户观看短视频时不需要过多的联想和想象就能够获取信息；其次，短视频平台在用户制作分享短视频后，各个短视频之间在内容上没有连贯性，用户只需要滑动就能切换下一个短视频进行观看；最后，在大数据技术和内容分发机制以及评论、点赞、转发等功能的助推下，扩大了短视频的传播范围，增强了传受主体之间的互动性，增加了用户的留存时间，具有较强的社交属性。短视频所承载的内容信息量大且极易传播，在互动传播中的社交属性明显。

微信等主流社交平台以其强大的资源成为短视频应用争抢的重要阵地。传统社交平台的意义不仅仅体现在短视频的传播，更是体现在方便用户搜索到相应的短视频内容。移动互联网时代，社交平台成为重要的流量入口，腾讯的微视、视频号以及快手就是依托微信和QQ进行引流，用户对感兴趣的短视频不仅可以在短视频平台内部进行分享，还能通过微信、微博和QQ等社交媒体进行分享，在通过社交媒体进行分享的时候，优质的短视频会获得更多的流量加持，借助社交分享实现裂变。

二、基于短视频传播助力的西安城市形象重构

(一) 西安城市形象的变迁

从千年古都到网红城市。西安作为周秦汉唐等 13 个朝代的都城，有着 3000 多年城建史和 1200 多年建都史，是丝绸之路的源头，拥有丰富的历史遗产，是名副其实的千年古都。西安因其深厚的文化底蕴和特殊的历史地位而为世界人民所熟知，但是使其重新为全国人民所推崇的原因，并不仅仅是作为千年古都的地位，而是各类短视频平台上关于西安的短视频。短视频中的各种美食、美景吸引了大批游客从世界各地前来"打卡"，人们在现实中体验、模仿短视频，并拍摄类似的短视频。随着短视频被不断传播，不仅提升了西安的话题度和人气，西安城市形象也从千年古都变身成为网红城市。

(二) 短视频社交如何彰显城市形象

1. 城市营销意识借力短视频催生"网红城市"

城市形象是一个城市多重面貌、丰富内涵的综合体现。

短视频在城市品牌塑造中的作用往往是由于越来越多的用户通过短视频创作加入城市形象塑造中。

在市民的自发建构与营销下，西安、重庆、成都等城市逐渐获得"网红城市"的称号。于是，政府、企业等规范组织进场主导城市形象的建构与营销。在短视频的助力下，打造了一批网红城市、网红景点，并带来了可观的"网红经济"。例如，西安、重庆等"网红城市"，永兴坊、大唐不夜城等网红景点，2019 年春节假期西安旅游收入达 144.78 亿元，同比增长 40.35%。

网红即"网络红人"，是指那些在现实社会或者网络中，由于某些行为、某个事件被广大网民关注从而走红的人。在短视频社交的助推下，许多城市也和"网红"这个原本的人格化概念关联在一起，催生了一系列"网红城市"。

短视频塑造城市形象，助推"网红城市"。市民与政府制作有关城市形象短视频的内容，在内容生产上 UGC（用户生产内容）、PGC（专业生产内容）、PUGC（专业用户生产内容）等多种制作模式并行共存。短视频为城市品牌的塑造提供了新的载体，而短视频平台在聚集用户、分发内容、整合资源的同时也为城市提供了城市形象建构与传播的有效路径。短视频平台实质上是一个集合分发和传播短视频等主要功能的虚拟社区，用户依托短视频平台通过简单设备与平台的影像制作技术进行拍摄、剪辑和上传分享。

在网民自发制作的短视频的无意识宣传下，加上西安本身所具备的网红元

素，如美食、美景、古建筑等，西安逐渐成为网络上首屈一指的"网红城市"；在意识到短视频的巨大宣传效力之后，西安市官方入场，主导城市形象的塑造和宣传，借助短视频开展了一系列的城市品牌形象塑造和营销活动。先是西安市旅发委与抖音达成合作；随后，时任西安市委书记王永康拜会抖音北京总部洽谈合作；再到西安市曲江新区、西安市莲湖区、西咸新区等在内的政府机关和各大旅游景区纷纷开通抖音账号。这些官方的营销活动在一定程度影响了普通用户对于短视频的看法，也激励普通市民开始有意识地进行短视频创作和交往。在2018年和2019年两年的春节期间，西安举办的"西安年·最中国"活动就是官方举办的西安城市形象塑造和营销的代表性活动。

碎片化、个性化、互动性以及高参与度的短视频为城市形象塑造与营销提供了更加有效的渠道。短视频在个人视角下的传播，从微观层面对城市形象进行构建，满足了城市形象复杂性传播的需求。城市形象不仅仅体现了城市整体化的精神风貌和城市居民的整体价值观、精神面貌、文化水平，还包括城市市井气息和传统文化等。塑造鲜活的城市品牌形象，不只是提炼、展示城市整体精神风貌和历史文化内涵，也要挖掘城市的市井气息。

2. 短视频传播吸引全民参与城市建设

中国的城市建设随着经济发展逐渐步入了高速发展的阶段，城市的现代化建设被提上日程。如何实现城市的高质量可持续发展以及如何提高城市的综合竞争力是每个城市管理者必须思考的问题。

城市形象的形成是城市"自塑"与公众"他塑"的有机统一过程。

公众自发制作分享有关城市元素的短视频，客观上起到对城市进行宣传的作用。公众通过短视频宣传城市，也就是公众在宣传其心目中所构建的理想的城市形象，这就是一种对城市形象进行"他塑"的过程。

以2018年官方策划的"西安年·最中国"活动为例，对于这场城市营销活动，特别是对其中的"城市亮化"工程，市民并不是一味地支持。当众多涉及古建筑亮化的短视频在各个平台上被不断制作传播后，也出现了不少对"城市亮化"工程质疑的声音，并从文物保护和资源节约等方面进行探讨。值得注意的是，12月6日，西安钟楼调整为夜间泛光照明模式，关闭木建筑本体照明设施。"城市亮化"工程的变化一定程度上可以视为公众"他塑"西安形象的积极影响。

城市品牌形象塑造本质上就是发掘城市的核心竞争力，然后用大众化的语言传播出去的过程。要实现城市的现代化建设，就必须从根本上改变目前城市建设同质化的倾向，竭力挖掘城市的核心竞争力，推动城市全面发展，创建品牌城市。

（三）短视频传播彰显的城市形象特征

1. 作为景观的西安影像传播

"景观"是法国学者居伊·德波在其著作《景观社会》中提出的概念，用以指认一种以商品的影像生产和影像消费为主导的社会现实，即景观社会。摔碗酒、肉夹馍、毛笔酥、羊肉泡馍、古城墙、钟鼓楼、大唐不夜城、秦始皇陵兵马俑等西安旅游文化元素作为景观在短视频中被不断呈现，并大量模仿传播。

（1）摔碗酒等民俗文化的爆火

西安城市的走红离不开"摔碗酒"。"摔碗酒"相关视频一经上传到抖音短视频平台，就迅速引爆网络。游客沉浸在影视剧的侠客梦之中，在永兴坊将碗中的酒一饮而尽，再把碗重重一摔，口中大喊"碎碎平安"，在此刻真正放飞自我，心中的英雄豪情在这一刻得到淋漓尽致的释放。与其他景观不同的是，在古韵十足的永兴坊体验摔碗酒时，游客作为行为主体，真正成为视频的主角，这直接导致西安在抖音短视频中的热度不断攀升。

自从"摔碗酒"在抖音上火了之后，全国各地纷纷效仿"摔碗酒"，招徕游客，却未能复制出第二个永兴坊的"摔碗酒"。西安在成为"网红城市"的过程中，羊肉泡馍、肉夹馍、毛笔酥等食物也随着"摔碗酒"相继走红。

（2）大唐不夜城等景点的走红

西安的旅游文化元素借助影像传播。在短视频时代，一个人带火一座城已成寻常现象。23岁的抖音用户在抖音中发布在大唐不夜城表演的系列视频，视频中学舞蹈出身的冯佳晨化身"不倒翁小姐姐"。她身着唐朝服饰，站在"不倒翁"道具上不停地来回摇摆，身姿轻盈，眼神妩媚，掀起握手狂潮，吸引人们争相前往实地"打卡"。

大唐不夜城不倒翁艺术表演只是大唐不夜城目前所推出众多网红中的一部分。自2018年中旬以来，大唐不夜城步行街相继推出了"再回长安"、"石头人"、乐队演出、"悬浮李白"等多个项目。在西安成为"网红城市"之后，大雁塔、钟楼、西安城墙等景点随之走红。

（3）《文物戏精大会》带动陕西文物走红

2018年5月18日，抖音联合七家博物馆发布了短视频——《文物戏精大会》，短短几十秒视频集合各种段子和元素。短视频中，兵马俑大抛媚眼、宫女俑手舞足蹈，"馆里是不是想捧红我们？""作为中国的Icon，我们不红，始皇不容"等幽默台词让人乐不可支。视频一经发布就被疯狂转发，获得了超过1亿的播放，670万次赞，8.9万次评论，不得不说是一个现象级的传播案例。陕西历史博物馆在抖音上成功出圈。于是，在这次成果辉煌的案例的激励之下，许多博物馆都纷纷在短视频平台上开设账号，希望借助短视频"火起来"。

永兴坊的"摔碗酒"、大唐不夜城和陕西历史博物馆等网红项目在借助短视频进项影像化传播和营销后都实现了长时间的火爆，吸引到各地游客前往"打卡"游览。这些城市独特景观的短视频化传播促进了西安城市形象的建构和传播。

2. 西安城市传统形象与新形象的互补共融

在报纸、广播、电视为传播主体的时代，公众对于城市形象的感知除出于自身的旅行经验外，往往由大众传媒决定。传统媒体时代，城市形象常常为严肃的、庄重的城市旅游景点、标志性建筑和重大城市节日或者事件所代表。大众传媒塑造和传播的城市形象是人们对于城市形象感知的主要渠道。

随着移动互联网时代社交媒体的兴起，城市的官方形象和民间形象因为彼此的存在更加彰显了自身的价值。主要是由于活跃在社交媒体平台的用户开始倒逼大众传媒改变传统的议题设置模式。比如在抖音等短视频平台上网红城市的形象内容更加多元、多样、立体、丰富，包括美食、方言等，更注重体验者的直观感受和情感宣泄。城市的官方形象和民间形象也趋向于相互借鉴，相互促进，逐渐形成官方民间乐于接受的形象传播开来。

短视频等新媒体所构建的西安城市新形象归根结底也是建立在西安城市的传统形象之上的。城市新形象是对传统形象的深度挖掘和逆向阐释，更容易被公众所接受，更加具有亲和力，比如西安依托大唐不夜城步行街所打造的唐文化街区，通过对唐元素演绎的方式打造了不少火爆的短视频形象，比如"再回长安""石头人""悬浮李白"等网红项目。

公众自发制作短视频，通过短视频平台分享和政府主导利用短视频等新媒体进行城市形象的构建和传播，实现了西安城市新形象与传统形象的相互补充、相得益彰。

三、短视频在城市形象塑造中存在的问题

（一）群体覆盖范围局限

作为移动互联网催生的新兴媒介之一，短视频虽然在内容创作和传播上有很多优势，但是也存在众多局限，在城市形象的塑造和传播过程中存在不少问题。

不同年龄群体对于城市形象和城市功能的理解不同。短视频平台的用户群

体趋于年轻化。20世纪80年代以后出生的人较早接触互联网并进入移动互联网，被称为"网络原住民"，同时也是短视频的主要用户，在利用网络方面有着先天的优势，熟悉新媒体的"玩法"。短视频用户群体的技术和心理等局限会导致同一城市的城市印象在不同人群心中的差异。因此，短视频平台上所呈现出的城市或许是符合年轻人气质而富有朝气的，但也是不完整的。短视频所塑造和传播的城市形象并未覆盖中老年群体，因此也并不一定符合中老年人对城市形象的想象。

（二）审美疲劳与审美畸形

短视频平台的内容生产主要是UGC模式，这在一定程度上对城市形象的构造和城市形象的传播有良好的促进作用；短视频平台的算法推荐机制更加剧了观看到的短视频内容的同质化，用户从最初的兴趣引导观看短视频到被禁锢于所感兴趣的内容的"茧房"之中，最终，用户对相关短视频内容的兴趣降低。模仿创作也是短视频平台的重要内容生产机制，但大量没有亮点的模仿视频会使得用户对同类短视频直接跳过，甚至产生审美疲劳。

首先，短视频中关于某一景点、某种美食的简单模仿会大大影响用户观看选择和观看体验，甚至会引发用户对相关内容甚至是城市的负面情绪。因此短视频平台还亟须通过更多更有吸引力的激励活动吸引更具创作能力和创新能力的内容创作者，以更大的力度鼓励用户进行原创短视频的制作生产，并且给予优质内容流量支持和更多曝光机会，以确保用户能够观赏到更加丰富而不过于同质的短视频作品。

其次，短视频在价值和思维导向方面容易产生偏差，也常常导致部分用户为了博取关注度和粉丝量，不惜剑走偏锋，制作上传一些怪诞而没有内涵的内容，比如大胃王吃播和用陕西方言说脏话等。随着这类短视频越来越多，越来越多用户的审美出现畸形化倾向。只有通过呈现丰富的优质内容，公众才有意愿参与传播交往活动，城市形象的塑造才能更加生动和长久。公众在短视频平台的高质量，高效率的积极参与，媒介对社会的效用才能够得到更加高效和高质的凸显。

（三）城市文化的浮夸倾向

短视频在城市形象塑造中发挥的作用，在推动城市整体发展和城市活力凸显的同时，也让利益相关群体获得了不菲的经济利益，而后者的示范效应正在发展为急功近利的文化浮夸倾向。这种文化上的浮夸倾向，将短视频视作一种迅速扩大影响力以及取得经济回报的最直接有效的渠道，但却很少思考自身的适用性和可持续性等深层问题。比如城市各种餐饮以"网红店"为追求目标，大力包装产品的外部形象，以各种浮夸元素来吸引顾客，而忽视了其核心品质的提升，只顾赚快钱，而忽略了"回头客"。

四、短视频助力城市形象传播的可持续性

（一）明确城市形象定位

城市形象作为城市名片，不仅仅关乎城市的经济发展，更关乎城市整体的长足发展。只有构建能够得到各方群体广泛认可的城市形象，城市才能实现可持续发展，才能长久立于不败之地。在借助短视频传播塑造西安城市形象时要明确城市定位，找准发力点，整合城市的历史文化传统资源和城市未来发展方向以及公众的城市建设想法，打造符合自身文化定位的城市文化形象。只有既符合文化传统又为公众喜闻乐见的城市元素和城市形象才是公众愿意参与建造和传播的，才能广泛传播。

（二）适应新型传播规律

城市景观借助短视频进行传播需要适应新媒体传播规律，制定符合短视频传播规律的城市形象塑造和传播策略。短视频时代，通过互联网与抖音平台对传播主体的连接与赋能所展示的内容来影响公众线下的生活和行为。

利用短视频等新媒体塑造城市形象需要熟悉新媒体的传播规律，提高利用短视频进行城市形象传播的效率。在西安、重庆、成都等城市爆火之后，人们对借助短视频进行城市形象的塑造和传播的现象已经习以为常，大大小小的城市纷纷入局短视频进行城市形象构建。但是，要利用好短视频，要实现城市形象塑造和传播中的最大效果就必须适应新媒体的传播规律。短视频的趣味性、碎片化和交互性等特点以及用户在移动端上的使用习惯能够使得城市形象的塑造更加具有烟火气，更加为公众所接受。

官方在主导利用短视频进行城市形象建构的过程中，不仅仅要熟悉和适应新型传播规律，更要把城市的传统和新形象以及传播规律相结合，通过短视频等新媒体传播出去。

（三）联合民间力量

在城市形象建构与传播的过程中要特别重视与民间力量的联合。首先，政府要加强与各个短视频平台的合作，平台为城市形象内容展示提供流量支持和更多资源倾斜；其次，也要加强与民间专业的城市形象构建机构合作，比如短视频孵化企业、MCN和网红Vloger等；最后，充分发挥民间力量，鼓励公众自发的创作行为，特别是为游客观赏体验提供便利，比如重庆为观赏李子坝轻轨

穿墙的游客修建观景台，结果助推网民生产了更为丰富的重庆景观作品。因此，汇聚民间智慧，集中公众力量，在政府与民间力量的联合下，各方共同塑造城市品牌形象，更能体现城市形象的多元与丰富性。

参考文献：

[1] 田涛. 古城复兴 西安城市文化基因梳理及其空间规划模式研究 [J]. 北京：中国建筑工业出版社.

[2] 2018—2023 年中国短视频行业研究报告 [M]. 中商产业研究院，2019.

[3] [美] 桑斯坦·信息乌托邦 [M]. 毕竞悦，译. 法律出版社，2008.1.

[4] [加] 马歇尔·麦克卢汉. 理解媒介：论人的延伸 [M]. 何道宽，译. 商务印书馆，2000.

[5] 金易. 网红经济 互联网+时代新型商业模式 [M]. 广州：广东经济出版社，2017.09.

[6] 曹世华. 新媒体技术应用与实践 [M]. 杭州：浙江大学出版社，2017.05.

[7] 曹阳，张德霖，何萍. 城市管理与城市发展 [M]. 沈阳：辽宁大学出版社. 2008.12.

[8] [法] 居伊·德波. 景观社会 [M]. 王昭凤，译. 南京：南京大学出版社，2006.

[9] [德] 哈贝马斯. 公共领域的结构转型 [M]. 曹卫东，王晓钰，刘北城，宋伟杰，译. 上海：学林出版社，1999.

[10] 郭庆光. 传播学教程（第2版）[M]. 北京：中国人民大学出版社，2011.

[11] [美] 尼戈洛庞蒂. 数字化生存 [M]. 胡泳，译. 海南：海南大学出版社，1997.

[12] [美] 霍华德·莱茵戈德. 网络素养 [M]. 张子凌，译. 北京：电子工业出版社，2002.

[13] 李俊佐. 短视频的兴起与发展 [J]. 青年记者，2018.05.

[14] 汪文斌. 以短见长——国内短视频发展现状及趋势分析 [J]. 电视研究，2017.

[15] 王晓红. 移动短视频的发展现状及趋势观察 [J]. 中国编辑，2015.05.

[16] 黄楚新. 我国短视频发展现状、问题及趋势 [J]. 新闻论坛, 2017.

[17] 匡林. 浅议城市形象建设的误区与策略 [J]. 中国工程咨询, 2007-12-10.

[18] 胡晓云. 城市品牌的界定探析 [J]. 广告大观, 2008-12-10.

[19] 李慧. 城市品牌营销理论的新发展 [J]. 商业时代, 2010-04-20.

[20] 韩凝玉, 张哲. 传播学视阈下城市景观设计的传播管理 [M]. 南京: 东南大学出版社, 2015.

[21] 任星洁. 西安城市形象传播策略初探 [J]. 新闻知识, 2015-01-15.

[22] 李晓宁. "一带一路" 背景下西安城市形象传播策略研究 [J]. 西部广播电视, 2018-03-25.

[23] 李广斌. 城乡规划管理体制改革的思考——基于政治中委托代理理论的视角 [J]. 经济体制改革, 2009-03-25.

智媒时代音频传播的变现路径与运营模式
——以看理想 APP 为例

韦梦雪 西北政法大学

摘要： 传统的声音传播大多通过广播来实现，而智能设备的出现极大地弥补了传统广播的弱点，为声音传播带来更广阔的空间。但移动音频的变现路径尚未明晰，仅仅依靠广告植入的方式不再适用于智媒时代的内容消费。智媒时代的信息爆炸，使时间成为稀缺资源，移动音频由此成为最便捷的媒介形式，而知识焦虑加速了知识付费产业兴起。垂直化知识付费平台因其专业性与深度性在知识付费的下半场大有可为。看理想 APP 作为人文艺术领域的移动音频平台，以其精深的内容和 KOL 领读为支点，在知识内容生产及变现模式上特点显著。

关键词： 移动音频；知识付费；看理想 APP；变现路径；运营模式

一、移动音频与知识付费

（一）概念解析

1. 知识付费

根据百度百科知识付费词条释义，知识付费主要指知识的接收者为所阅览知识付出资金的现象。知识付费的本质是让知识作为产品或服务，以获得商业价值，即以付费为条件的知识共享，可以理解为"内容付费"与"知识共享"的交集。

知识付费这个概念极易与"内容付费"或"知识共享"相混淆。而它们的区别在于，知识付费的一个显著特征是提供知识而非娱乐，用户行为的目的指向信息时代的知识焦虑。而"内容付费"的概念更为广泛，内容付费即对内容本身进行收费的一种商业模式，媒体订阅、在线教育、音乐视频版权付费、会员制等是其主要形态。也就是说知识付费是内容付费的一种形态。

"知识共享"即通过将社会中分散盈余的知识技能、智力资源进行整合，以免费或付费的方式将其传递给社会大众或特定平台的一种共享传播形式和经济现象。王传珍提出，知识共享可分为三个时期：知识共享 1.0 时期，是以百科网站为代表的静态知识平台，信息仅仅是单向传播；知识共享 2.0 时期，是以知乎为代表的动态知识社区，以知识讨论为核心，信息传播基于双方互动；知识共享 3.0 时期，分答、得到、喜马拉雅等知识付费平台大规模涌现，付费制成为这一阶段的核心内容。也就是说，知识付费是知识共享的时代新模式。

而知识付费平台本身也逐渐分化出了三种代表模式。一是付费讲座模式，内容生产者通过平台就某一话题发起单次在线直播，感兴趣的用户付费观看，代表是知乎 Live；二是在线课程收费模式，提供课程视频、教学平台、文档资料以及在线服务，代表是 MOOC；三是专栏订阅模式，知识内容的生产者集结于付费平台，策划并生产高质量的专栏产品进行售卖，代表是得到 APP。

2. 移动音频

就知识付费的内容载体而言，包括视频、音频、文字，以及社群的线上和线下活动。信息爆炸时代，海量信息占据着人们的视觉系统，相比而言显得清闲的听觉系统成为可以利用的端口。利用碎片化时间"轻盈"地获取更多有用信息的需求带来了移动音频的繁荣。

移动音频是指通过网络流媒体播放、下载，使用智能手机、车联网、智能家居等终端设备收听的音频节目、有声书、音频直播和网络电台等内容。相比于图文和视频，移动音频更具载体伴随性和场景细分化。驾驶途中、运动状态、休憩之时，移动音频解放了眼睛，场景适应性更强，能在更大程度上优化时间配置。音频媒介能够传递事实、观点等内容，成为内容付费最佳载体。而不同声音对音频情感的演绎和表现，能够引起用户的共鸣，拉近与用户的距离，相较于图文媒介具有独特的魅力。因此，音频形式成为新一轮知识付费浪潮的主流形式。

（二）知识付费的历程与现状

认知盈余和粉丝经济加快了各类知识付费平台的升级与迭代。纵览知识付费行业的发展进程，2011 年到 2015 年陆续出现了不同形式的小规模付费，从少数网络社区推出的付费服务，到罗辑思维招募付费会员，再到微博、微信开通打赏功能，知识付费以一种小规模的、随机的个体行为表现出来。随着 2016 年知乎 Live、得到、分答等 APP 的上线，知识付费形成了以付费问答与专栏订阅为主的模式，高黏性的粉丝社群开始形成，平台运营趋于稳定。

根据搭载的内容不同，知识付费平台可以大致划分为三类：大众化知识付费平台、垂直化知识付费平台、社交型知识付费平台。大众化知识付费平台，内容主体面向普通大众，知识内容不限于某个专门领域，而是提供广泛的、多门类的、跨学科的知识信息或咨询服务，因其针对受众广泛，市场占有率也较高，知乎、得到、喜马拉雅等就属于这类产品；垂直化知识付费平台，通常是指对某个专门领域深度挖掘所生产的付费产品，如 36 氪、虎嗅网、丁香医生等，这类平台由于专业性较强，分众传播特征更为显著；社交型知识付费平台，是指依托社交媒体衍生出来的付费业务，以付费问答、付费阅读为主要形式，如微博问答、微信付费阅读等。可以进行点赞、评论、私聊等互动，但其内容专业性、知识性有所欠缺，质量参差不齐。

随着以知乎 Live 、得到、喜马拉雅、分答为核心的行业格局的形成，大众化知识付费平台成为行业主流。然而截至 2017 年，喜马拉雅 FM 的产品复购率为 52.4%，知乎的产品复购率为 42%，同类大众化知识付费产品的复购率大幅降低，知识付费市场降温。在知识焦虑的驱使下进行的知识付费本身就带有"投资"的功利性，既要省时省力又要学有所得，知识付费产品也投其所好，打上了"高效""轻盈"获取知识的标签。大众化知识付费平台为覆盖更多用户，追求内容和服务上的广而全，难以顾及用户的特定社会角色，导致一些用户的收益感低，更细分的需求无法得到满足。笔者认为未来的知识付费将越来越向垂直化、细分化发展，对内容的开发与对用户群体的争夺成为主阵地。

二、看理想 APP 特点分析

（一）类型：自营型知识付费平台

看理想 APP 源于图书品牌"理想国"在 2014 年策划的影像产品《看理想》。优酷上线了它的第一批节目《一千零一夜》《局部》《听说》，这类强文化属性的视频节目向来是叫好不叫座。2016 年《圆桌派》上线，这档话题宽泛、嘉宾知名度高的聊天真人秀节目终于为《看理想》带来了不错的回报，团队趁势在豆瓣、网易云音乐上线了三档音频节目——《白先勇细说红楼梦》《古今：杨照史记百讲》《焦元溥古典音乐入门指南》，都获得了较多的订阅量。比起视频节目对平台方和投资方的依赖，做音频节目更适合文化性强的内容。到 2018 年看理想 APP 正式上线，"看理想"已经是一个独立的文化品牌，并且专注于人文社科与文学艺术领域。由于小众产品的粉丝和资本有限，看理想 APP 放弃了大平台多渠道投放策略，将所有音频节目放在自营平台，避免了受众的分流。通过媒体平台的推广将"理想国"和"看理想"视频节目的原有粉丝引流到看理想 APP 上，形成黏性较高的粉丝基础。

（二）形式：专栏订阅

专栏订阅是看理想 APP 主要知识付费模式，即主讲人对某一主题的知识进行碎片化组织，分为多个系列进行讲解。内容围绕文学与艺术，涵盖历史、美术、书籍、音乐、影像、生活、社会话题。较为热门的订阅栏目通常是由文化名人作为主讲人或谈话嘉宾。除此之外，APP 内还提供了大量免费专栏，可以激发潜在用户的使用行为。单从付费专栏来看，试听功能也为其购买决策提供了一定的灵活性，在很大程度上打消用户对内容质量的担忧。

（三）营利：知识付费、广告变现、社群电商、版权增值

看理想 APP 的知识付费产品即是平台上的虚拟服务内容，以专栏订阅的形式营利。值得一提的是，平台上的广告变现也不可小觑，而这种广告的实现形式十分隐蔽，APP 内没有任何广告界面，但大部分虚拟服务内容都已出版实体书，或经整理即将出版实体书，部分用户在消费虚拟内容后也会对实体书产生兴趣进而购买。理想国本身就是做图书的，这种衍生消费无论是对知识生产者本人，还是对理想国及其合作的出版社都是大好的盈利模式。除此之外，社群电商也是知识付费平台的营利渠道之一。《看理想》系列视频中的一档葡萄酒普及文化节目《学懂葡萄酒的语言》，与山西怡园酒庄合作，共同打造了一款名为"年华"的葡萄酒，开启了看理想"跨界产品＋文化 IP"的盈利模式。看理想 APP 在上线视频节目的同时，也添加了葡萄酒的购买链接，对于收看这一季节目并且有消费能力的用户来说，购买转化率无疑是很高的。看理想自营的电商平台"看理想生活"上推出了多款文创产品，无不贴上了文化 IP 的标签，从商品型知识到知识型商品，知识付费本来就是一本有文化气息的生意经。

从产业链延伸的角度来看，版权经营不失为一条经久不衰的盈利渠道。无论是知识付费产品内容的不可替代性，还是音频节目制作的专业性，看理想 APP 的产品都有一定的优势，在其他大众化知识付费平台上分发部分内容可以实现版权收益。看理想在喜马拉雅 APP 上注册了名为"看理想电台"的认证号，上传部分付费音频节目，实现版权增值。

（四）支付方式：即时购买、按课付费

APP 内的付费产品价格不等，集中在 28 元/栏目至 198 元/栏目，购买成功后永久使用该栏目内容。按单个栏目一次性收费的好处就在于使用率高，用户所购买的产品是试听过后感兴趣的知识，购入后能够积极主动地收听且获得感强，满意度高。相比于按照课程有效期付费的方式来说，用户体验更好。避免了用户被时限催促着学习，产生心理压力，使得使用行为不够自由。但是按专栏付费的也有自身缺陷，这种一锤子买卖提高了用户的心理成本，整套销售无

法判断每一期节目的质量，未来可以推出按期购买等更加灵活的支付方式，有利于生产者提升每一期的质量，小额的支出也利于用户更加痛快地做出购买决策。

三、看理想 APP 运营模式

（一）内容生产模式

1. 垂直领域生产：小众化与专业化、高精粹度知识、模块化与体系化

看理想 APP 致力于人文、艺术、思想领域的知识，这也注定它只能是一个小众化的 APP，只有面向喜爱这一领域的用户，提供更为专业、深度、有针对性的内容，才能最大化地实现自身价值。为保证专业性不减，平台要从源头上把关知识生产者的内容输出符合平台定位，且必须在本领域处于较高水平。

高精粹度不但是高质量知识付费产品的题中应有之义，而且对于移动音频类平台显得尤为重要。将体系化的知识提炼成简单易懂、闻一知十，且价值含量高的内容资源是知识付费生产者的主要发力点，也是各类知识付费平台赢得市场的制胜法宝。而移动音频的特点就是时间碎片化和场景移动化，用户要实现精力不够集中、时间难以整合状态下的有效学习，就必须要求知识的高精粹度。

碎片化的时间不代表碎片化的知识，高精粹度也不等于空中楼阁。为了确保知识的整体性，看理想 APP 尝试了模块化和体系化的节目设计。用九个版块将所有产品分成了九个类型，每个产品为一个主题知识，每个主题分为若干期数的音频，每期音频节目与往期环环相扣，又都围绕着一个主题。例如，杨照《中国经典导读》这类知识密集的节目，则降低了每集的时长，以便于用户得到更加"轻盈"、更加专注的体验。从这个商业性的平台上，我们不难窥见它向教育类产品靠拢的诚意。知识付费产品应当尽力保持知识的本来面目，而不能过于轻盈和零碎，否则将会沦为无源之水、无本之木，在新一轮的消费浪潮中淘汰出局。

2. PGC 内容生产：优质内容的原创或再加工

垂直领域内容的生产基于 PGC 模式，知识的生产和传播更具权威性，且不失强烈的个人风格。无论是内容提供者还是节目主讲人都是文艺界名人，具有一定权威性。聘请张亚东做音乐总监，给所有音频节目定调、谱曲，强化声音的辨识度；由靳刘高设计室做品牌规划，建立完整的视觉语言。例如《故宫藏明清家具十讲》，专门聘请了配乐师来制作最适合的主题音乐。知识供给头部化

是垂直类知识付费产品提升质量的必由之路，通过文化名人的名人效应和优质内容增加产品的不可替代性，也能相应抬高其他相似产品的准入门槛。

3. KOL 领读解说：粉丝经济下的明星答主、知识盈余的主讲人、信息爆炸时代的把关人

意见领袖向来是群体传播中的关键一环，由于自身在特定方面的独特魅力，他们能够广泛地影响底层受众，对其认知和观念起着引领作用。看理想 APP 中的内容生产者无一不是领域内的知名人士："图书馆"版块有杨照领读金庸小说，白先勇细说红楼梦；"美术馆"版块有王瑞芸讲述西方艺术史，陈丹青解说东西方名画；"博物馆"版块有许知远讲述梁启超，以及葛兆光、梁文道策划的全球史系列节目。这些"领域明星"本身具有非常优秀的引流能力，也容易得到用户的认可和喜爱，利于成就较高的购买转化率。

而对于用户来说，领域内名人作为知识盈余的主讲人契合了信息爆炸时代对把关人的需求。在信息无限、精力有限的情况下，如何快速获取高价值的有效信息成为知识付费的用户痛点。在此背景下，基于 KOL 的领读解说一定程度上帮助用户筛选有效信息，优质内容的变现实际上是将双边价值最大化。

（二）内容表现形式

1. 主打音频：载体伴随化、场景细分化、内容碎片化

最初的看理想 APP 只做音频节目，考虑到移动音频内容碎片化、场景细分化、载体伴随性的特点，每个音频内容时长都控制在半小时以内，对于知识密集型的音频内容，时长更是不超过 15 分钟。其将专业化知识进行解构，以音频形式传播，音频所营造的对话、互动的氛围更能加强传授双方的情感连接，增强用户对知识的接受与理解。看理想 APP 也经历过几次升级迭代，最大的改动其实是对音频设计的更新，从简单的播放、暂停，到加入快进、倍速、定时等功能，不难看出一个缺乏互联网基因的团队在 APP 经营上的进步。但这是远远不够的，在移动音频平台竞争激烈的时代，音频质量够不够精美成为很多用户选择产品的标准，离线播放模式的设计和智能硬件的接入对更多场景适用提供了便利，这些方面，看理想 APP 显然是不够的。好的内容必须有一个好的表现形式，一个强大的技术服务商是知识付费平台不可或缺的。

2. 图文结合：内容简介与思维引导

看理想 APP 的播放界面可以查看图文，这是其他类似软件没有的。文稿不一定是跟播放内容完全重复，更多的是内容重点、关键词句、收听提示等。文稿的展示一方面可以使用户快速了解音频内容，决定是否收听。另一方面，移动音频收听的随意性使得听众很难全神贯注地倾听播放内容，文稿能够帮助用

户厘清内容结构，起到思维引导的作用，也能使用户在走神后直接跟上进度，不必倒回重听。而图片可以给用户带来更好的画面感，通过听觉、视觉，达到让用户沉浸在主题故事内。一些图片可以作为朋友圈的素材，通过社交媒体上的人际传播实现产品推广。

3. 传播交互化：分享、反馈、互动机制

看理想 APP 的分享机制通过两个端口实现，一个是生产端，即知识提供者在自媒体平台上的分享和相互推广。例如，陈丹青在腾讯视频的采访中推荐了王瑞芸的《10 件作品里的西方艺术史》，使得对王瑞芸比较陌生的观众对她产生兴趣。另一个是用户端，从用户的留言以及互动过程中，发掘用户特点，了解用户的需求，不断提高产品势能，完善和修正平台的缺陷。传播交互化涉及社群经营，社群成员的分享、反馈、互动是平台发展的活力源泉。看理想 APP 的社群生态尚未成熟，主要体现为优质用户的沉默，亟待更多的激励措施以培养用户群体中的意见领袖。

四、看理想 APP 运作情况

（一）产品功能结构

通过内容分析法，笔者对看理想 APP 产品页面的功能结构进行客观性的描述，梳理出产品的功能组成，特定功能在指向用户特定需求的同时，也隐含了平台方的利益诉求。底部导航栏在不同版本中经历过多次改动，但其功能集中在两个方向，一是产品，二是服务。"首页"和"剧场"的作用是产品的呈现，例如首页将"主讲人"版块作为产品入口，就是平台方基于头部流量进行的导流，便于 KOL 的原有粉丝直接找到其感兴趣的节目；而"订阅"和"我的"的作用是用户的运营。如"日签"功能，将书中的段落或电影台词与绘画作品、影视镜头结合起来，设计成独具一格的日历，引导用户将每天的日历在社交平台上分享打卡，既满足了用户的印象管理需求，又实现了看理想 APP 的推广目的。

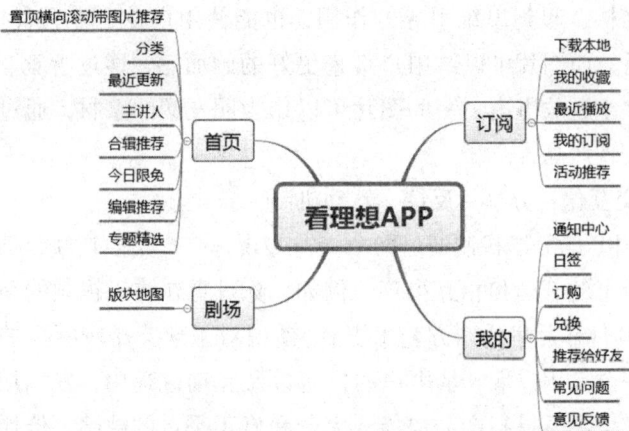

图1　看理想 APP 产品结构图

（二）核心业务流程分析

看理想 APP 的业务流程逻辑很简单，就是内容生产者推出付费和限免两类产品，用户使用产品后，一方面通过 APP 的分享机制进行交流和自发推广，一方面通过节目评论区和社交媒体上的评论间接地回馈给内容生产者，内容生产者会采纳其中合理的部分完善产品。看理想 APP 的一些功能设计在这样的业务流程中起到了润滑作用。例如，分享机制中引入了分享小节付费产品给好友试听的功能，通过人际传播对付费产品进行推广使得购买转化率更高。

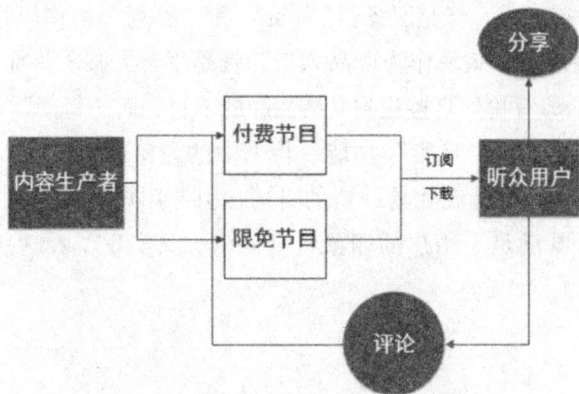

图2　看理想 APP 核心业务流程图

（三）产品增长趋势：下载趋势，迭代记录

根据看理想 APP 在安卓端上一个月内的下载趋势，可以看出下载量依然在稳步提升。由于产品内容在原来各种第三方平台拥有不少的粉丝，从第三方的粉丝转换成 APP 的用户会得到不少的下载量。对比优酷看理想视频节目的粉丝数量 107 万，安卓端看理想 APP 的总下载量为 920 万，iOS 端不详。很显然看理想 APP 的用户来源早已不局限于原有粉丝，更多为平台新生用户。

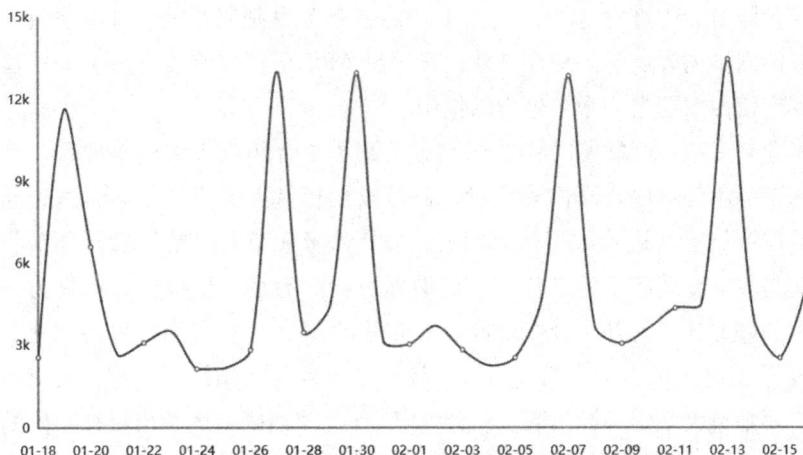

图 3　看理想 APP 安卓端下载趋势图

（数据来源：酷传网，https：//www.kuchuan.com）

对比 2010 年 2 月 27 日看理想 APP 在不同应用市场的排名，可以看出它在听书、有声读物、电台这类榜单中排名靠前，而在阅读的榜单中排名靠后。移动音频应成为看理想 APP 的主要特色和重要阵地，如何在知识付费的音频平台中做到最好，是看理想 APP 未来应该思考的方向。

表 1　看理想 APP 应用市场排名

小米		Vivo	
榜单位置	排名	榜单位置	排名
分类>应用分类>图书阅读>全部	82	应用>分类>新闻阅读>全部	179
分类>应用分类>图书阅读>听书	8	推荐>专题聚焦>小众但好用的应用	11
华为		360	
榜单位置	排名	榜单位置	排名
应用>新闻阅读>有声读物	1	分类>软件>阅读>全部>最新	951
应用>新闻阅读>热门	760	分类>软件>音乐>电台>最新	42

（四）推广策略

1. 借势：视频节目音频化、有声书版权合作、合作开发知识内容、合作发行图书

看理想 APP 的第一批用户和第一批内容主要是源于《看理想》系列视频节目，在视频节目中推广 APP，在 APP 中将视频节目制成音频，既能引流原有粉丝，又能保证内容质量。除此之外，看理想 APP 正在探索的有声书和广播剧也能够起到借原书能量为平台聚力的作用。

术业有专攻在互联网时代的现实意义赋予了合作以极大的重要性。合作生产知识产品不但可以提高内容质量，还可以互相借力推广产品。看理想与箭厂视频共同制作了《边境故事》，看理想 APP 做音频节目，箭厂做视频节目。而箭厂又是界面新闻旗下的工作室，借助界面新闻为平台做推广，不失为一个互惠互利的好方法。另外，合作发行图书更是将 APP 现有资源开发最大化。杨照在看理想 APP 上的音频节目《古今：杨照史记百讲》赚足了口碑，文稿精编后又在广西师范大学出版社出版。"理想国"作为广西师范大学出版社集团的品牌之一，沟通了生产端的上游和下游，宣传图书的同时，也是宣传 APP 以及主讲人杨照的好时机。

2. 造势：KOL 引流、搭建平台矩阵、培养社群、线上线下联动

看理想 APP 内集结了多位名人大咖作为主讲人，这些领域内 KOL 借助自己的名人效应自主为 APP 和自己的专栏打广告。策划人梁文道更是以"老教授进迪厅"的姿态做客《奇葩说》，举着二维码亲自推广自己的 APP。

看理想品牌下的多个平台形成矩阵，共同打造看理想大 IP。视频节目、音频节目、原创文章、文创产品在不同平台上推出，又互相引流，充分利用品牌资源占领不同产品市场，形成了各个平台的同好所组成的社群。通过丰富多样的线上互动和线下活动实现产品联动营销。例如看理想 APP 一周年系列沙龙，就是采用线下沙龙的形式与粉丝面对面交流，此后这个沙龙的系列视频也在 APP 内上线，分为免费观看和付费观看两部分，实现了生产产品、推广产品、社群运营的一举多得。

（五）发展困境

1. 用户付费意愿的养成

目前互联网用户的付费心理还未完全成熟。企鹅智酷发布的《知识付费经济报告》显示，消费者更偏好"能提高工作效率或收入的知识和经验"，有 63.3% 的人愿意为此付费，其次是对于"职业与学业的发展建议"，将近 4 成的人会产生付费意愿。这一数据意味着用户在知识的投资上带有较强功利性，要

求短期看得见回报。而对于看理想 APP 这类专攻文艺和思想方面的知识付费产品，"功利性"往往是最弱的，用户短期之内缺乏获得感，就不再愿意为知识付费，大大降低了产品复购率。知识付费在上半场还属于新鲜事物，不少用户是怀着强烈的目的性入场的，很容易诞生出畸形的产物。只有迈过这道坎，才能引领用户进入知识付费的下半场——以兴趣为导向。对看理想 APP 来说，不断弱化"解读者"的角色，强化"领读者"的意识，鼓励用户以更广阔的视角去学习，引导用户自己钻研、思考、讨论，或许是培养高黏度、高转化率用户社群的好思路。

2. 法律法规与监管

对用户来说，知识付费产品属于一种虚拟服务内容，由于交易前无法查验，购买成功后不能退换，用户权益往往得不到保障，对这方面的担忧直接影响了用户的消费意愿。对于平台来说，盗版问题极大阻碍了平台的发展，特别是在互联网环境中"不求所有，只求所用"的心态更加剧了盗版行为的泛滥，而知识付费产品的碎片化加剧了知识产权保护的困难。为此需要进一步完善适应知识付费特点的、更加具体的知识产权法律法规和监管体系。

3. 生产端的"二八效应"

"二八效应"是指在任何特定群体中，重要的因子通常只占少数，而不重要的因子则占多数，产出的 80% 取决于 20% 的投入，因此控制具有重要性的少数因子对控制全局起到决定性作用。这个理论同样体现在知识生产领域。就目前的知识付费市场来看，最能吸引用户的往往是那些高知名度的内容创作者或者内容生产平台，一部分长尾的知识生产者会被忽视。因而，只有头部内容创作者和头部平台才能获得更多流量、曝光和财富。艾媒报告显示，中国用户在购买知识付费产品时最主要的考虑因素是内容生产者的专业度，其次是生产者的口碑与知名度。因此，知识付费平台要想获得长足发展，必须破除自身的 IP 流量泡沫，将用户对 KOL 主讲人的迷恋，转移到对知识本身的追求上。随着知识付费行业不断发展成熟，知识付费平台不能再靠创作者的名气吸引流量，而要靠其内容价值和专业度来赢得用户。

五、基于移动音频传播的知识付费平台发展建议

（一）完善定价机制

目前市场上的各类知识付费产品定价没有统一的标准，主观较强。例如，看理想 APP 中部分定价较高的专栏评论区反响平平，定价较低的专栏却备受好

评；一些知名度高的主讲人定价几十元，知名度较低的主讲人可能定价一百多。用户一头雾水，平台也难以实施更好的经营战略。定价较高，不利于加强用户黏性；而定价较低，则容易打击生产者积极性。因此需要制定出相关的行业标准，完善定价机制，以便于采用更灵活的售卖方式。

（二）加入第三方评价体系

目前大多数平台尚未建立完善的第三方评价机制，尤其是知识付费平台，在粉丝经济的影响下，付费产品的购买已经自动过滤了大量"异见分子"，愿意花钱购买产品的大多数都是自带"粉丝滤镜"的追随者，这类评价难免有失偏颇。所以，构建独立于知识内容社区的第三方评价机制至关重要，可以是专业的数据分析平台，也可以是不同知识付费平台的用户团体。客观的第三方评价一方面可以打破供需双方信息不对等的状态，保障用户权益；一方面有利于知识付费领域的优胜劣汰，加快行业发展成熟。尤其是对于垂直类知识付费平台，建立跨平台的用户团体进行第三方评价的可行性很高，可以通过多个知识付费 APP 互送优惠券的方式，激发其他平台上对本平台知识感兴趣的用户低价购买本平台的特定产品，吸收他们的评价中合理的意见和建议，这对形成高质量的社群互动也有好处。

（三）智能硬件接入

移动音频平台作为车联网、智能家居等场景的终端产品内容服务商，智能硬件接入将成为移动音频平台未来争夺的重点。音频平台可以与智能硬件厂商建立更为深入的合作，通过技术手段打通用户和平台内容的识别壁垒，实现跨设备联动，提升用户的移动音频跨设备收听体验，避免因场景或设备的更换而造成收听内容断裂。不同场景下用户收听内容有所差异，因此内容细分要更多结合不同使用场景，通过大数据分析用户的收听习惯，精准地推送内容。

六、结语

伴随着智能技术的发展和互联网经济的崛起，移动音频迎来了内容变现的春天。音频内容以其伴随性、解放双手和双眼的特点以及在碎片化场景中的优势成为知识付费产品使用的首选对象。音频类知识付费平台竞相出现，用户付费行为更加成熟，知识付费行业将迎来下半场，即平台多样、产品垂直、市场细分，以及内容为王。如何在同类平台中胜出，极大地取决于运营模式的优化。

本文通过对看理想 APP 运营模式的分析，对看理想 APP 的内容生产模式、内容表现形式、平台运作情况、推广策略进行深入研究，在此基础上发现移动音频类知识付费产品的行业困境，并提出发展建议。未来将会有更多的专业知识生产者进入知识付费领域，平台方在经营这些优质 IP 的同时不可过度依赖名人效应带来的短暂繁荣，而要以用户为中心，提供更优质的内容和服务，着眼于平台的长足发展。

参考文献：

［1］刘心如．用户知识付费行为的影响因素研究［D］．哈尔滨工业大学，2019.

［2］邹伯涵，罗浩．知识付费——以开放、共享、付费为核心的知识传播模式［J］．新媒体研究，2017，3（11）：110-112+132.

［3］方爱华，金美贞，张解放．全场景时代移动音频行业的生态变革［J］．出版广角，2018（24）：18-22.

［4］王亮．基于语音互动的知识付费问答社区的传播模式研究［D］．上海师范大学，2018.

［5］艾媒报告．2017 年中国知识付费市场研究报告［R］．艾媒网，2018.

［6］理想国 Imaginist．今天起，给你的理想多一种可能［N］．搜狐网，2018.

［7］零元学产品．看理想 APP 产品体验报告［R］．简书，2018.

［8］企鹅智酷．知识付费经济报告［R］．企鹅智酷，2017.

［9］人人都是产品经理．知识付费中的心理学：从欲望到兴趣［N］.ZAKER 新闻，2018.

［10］［美］克里斯·安德森．长尾理论［M］．乔江涛，石晓燕，译．北京：中信出版社，2012.

［11］艾媒报告．2020 年中国知识付费行业运行发展及用户行为调研分析报告［R］．艾媒网，2020.

智能传播时代老年人媒介近用权的实现困境

李紫繁　华东政法大学

摘要：媒介近用权自 1967 年由美国学者 J. A. 巴隆提出发展至今，具体而言主要是指公众对于媒介拥有接触和使用的权利。随着智能传播时代的到来，越来越多的传播渠道为公众开放，但是老年人群体在智能传播环境中被排斥现象屡见不鲜，这也使得媒介近用权的落实再次拥有了被讨论的需要。国际社会老龄化进程的加速，老年人权益保护一直都是国际社会关注的热点问题。智能传播环境中，媒介是否足够公正且丰富地对老年人群体提供，老年人群体是否有真正地利用好智能媒介进行意见表达，这些问题都急需我们予以关注。本文从理论基础出发，总结当前老年人媒介近用权实现的具体困境，分析具体原因并力图提出可行性路径实现老年人媒介近用权、让智能传播中所有主体的权益都得到兼顾。

关键词：老年人；媒介近用权；智能传播

一、老年人媒介近用权保护的理论基础

（一）智能传播时代的媒介近用权

媒介近用权这个概念的提出者是美国学者 J. A. 巴隆，他在 1967 年撰写的 *Access to the Press：A New First Amendment Right* 一文中首次使用"媒介近用权"这一定义，之后在 1973 年 *Freedom of the Press for Whom? the Right of Access to Mass Media* 一书中对这一概念进行了系统的论述。国内对于媒介近用权的表述都并未统一，与之相关的表述有"媒介近用权""媒介接近权"和"受众近用权"等。巴隆在 20 世纪 60 年代提出"媒介近用权"这一概念，是基于当时美国的大众传媒出现了高度垄断的状况。早期美国传媒业的发展呈现百家争鸣的局面，大众传媒市场的供应量能够使得受众的媒介使用和接近行为得到充分的保障。但是随着美国资本主义的高速发展，传媒被资本控制成为少数人的权利，

原本充斥着大量传媒的市场出现了竞争，为了在高压环境中生存下去，大众传媒公司不得不转而走向兼并、收购的道路，大众传媒的供应量越来越少，受众的媒介近用权在这样的环境下受到了严重的侵害。

代入巴隆提出"媒介近用权"的历史环境中，因为资本力量的操控，公民使用和接近媒介变得越来越困难，所以当时巴隆主张的媒介近用权的概念主要是指受众拥有的使用媒体，并通过媒体进行自由表达的权利。这里面主要包含两层意义，首先是媒体对受众应该是公开且公正的，受众应该有权力按照自己的意愿去选择自己需要的媒介，而这个含义的实现前提也是要求媒介应该是丰富多样且保障需求量的被供应；其次，媒介近用权还是指受众可以按照自己的意愿自由地使用媒介，主要表现在受众无须通过许可即可利用媒介表达自己的观点、陈述自己的意见和建议。

在传统的传播体系中主要的媒介是广播、电视和报纸，随着智能时代的到来，通信技术和互联网的不断发展，使得手机和电脑等工具变得越来越智能化，进而渐渐取代传统的媒介的地位成为人们日常生活中使用率最高的传播工具。在智能传播时代，受众的媒介近用权实现渠道自然也变得丰富起来。《2019 年全国居民媒介使用与媒介观调查》报告统计了 2019 年我国国民使用媒介的数据，并通过对数据的分析总结出了我国居民媒介使用的主要特点，根据报告数据，当前我国国民接触最多的媒介主要是手机，其次是电视和电脑。这也说明了在当下的传播环境中，我们探讨的媒介近用权范围应该较传统更为广泛，含纳的部分需要包括如今风头正旺的各种智能媒体。

但是当前学界对于"媒介近用权"的意见，随着智能媒体的普及率和使用率提高变得越来越单一。不少的学者主张智能媒体的出现改变了传统媒体时代媒介渠道有限的局面，并因其"人人都可以成为传播者"的特征更使得当前受众的媒介近用权得到了充分保障。所以，有学者主张大众媒体时代提出的"媒介接近权"已经丧失了其存在的"条件"和"土壤"，并正在逐渐消失①。但是，在当下的传播环境中讨论"媒介近用权"是否真的如这部分学者所说没有必要，笔者持不同看法。当下互联网和传播技术的不断发展使得媒体越来越智能，越来越多的传播渠道使得大众可以选择自己想要的媒介产品，并且利用媒介表达自己的声音。但是这样的传播体系是否实现了全民媒介近用权还值得商榷。

---

① 张强：《自媒体对媒介接近权的影响》，载《西部学刊（新闻与传播）》2016 年第 6 期，第 17—19 页。

虽然我们拥有了很多的传播渠道和可以使用的智能媒介，但是媒介近用权实现的前提不仅仅单纯地建立在媒介技术的发展上，也建立在大众充分使用媒介技术的成功率上。媒介近用权的实现不但需要传播媒介对受众足够地开放，也需要公众可以实际接触到智能传播媒介、利用好媒介的智能性让其意见表达更加高效。在智能媒体时代，虽然人们的生活越发地便利，但是仍然有部分群体因为其自身的能力限制和客观技术限制并不能及时、充分地享受到智能技术带来的便利，在这部分人群之中老年人作为主要的存在，其媒介近用权的保障需要我们的关注。

（二）权益保护意义

首先，强调对老年人媒介近用权的保护，是使得智能技术发展更加兼顾人文价值的需要。随着互联网接入媒体，传播技术的不断智能化，"网络视听+跨界合作""微剧、互动剧、云制作""拼播、院线电影转网"等开始出现在受众的面前，网络电视、网络音频、手机直播短视频等多种多样的媒体服务，让受众可选择的媒体产品越来越多。《2020网络视听发展研究报告》数据显示，2019年我国网络视听产业规模达4541.3亿元，截至2020年6月，我国网络视听用户规模达9.01亿，越来越多的受众选择网络媒体，网络视听产业的规模也越做越大，双向推动下两边都呈现积极向上的发展态势。但是庞大的数据背后，智能传播实际上是否有实现全社会、所有阶层的共享还需要我们进一步考量。当我们都在主张"智能媒体时代"到来的背景下，我们媒体技术发展并未做到真正的公平公正。根据我国第46次《中国互联网络发展状况统计报告》，当前我国网民规模达9.40亿，互联网普及率达67%，但是根据年龄统计，我国使用互联网的老年人仅占全网民总量的10.3%①，数据背后显示的还是我国老年人对于整个互联网时代的不够融入。互联网技术的发展、网络的接入让我们通过互联网享受高质量的媒体服务、生活服务，我们日常的各方各面都变得便利起来，但是智能媒体环境中明显老年人参与度不高，针对老年人的产品和服务有限、媒体技术不够兼顾到老年人的需求，同时适应新技术的难度使得部分老年人群体出现抵制互联网的心理，这些都让老年人成为智能时代发展的边缘人。手机端、电脑端这些我们年轻人认为便捷高效的工具，早已成为传播最重要的媒介，但是这些我们认为是时代发展的福利的产品，在现实中却成为老年人群体生活中难以跨越的高山。

其次，人口老龄化问题的不可逆转使得我们需要更多地关注老年人群体的

---

① 中国互联网络信息中心：第46次《中国互联网络发展状况统计报告》，2020年4月。

正当发展需求。国际上对于老年人的年龄认定并未统一，各国可通过国内立法来规定老年人的年龄标准，但大致均规定在 60—65 岁的范围内。我国根据《中华人民共和国老年人权益保障法》第一章第 2 条规定，在中华人民共和国年满60 周岁即为老年人。根据《2020—2026 年中国人口老龄化行业市场营销战略及供需形势分析报告》数据显示，2019 年末，全国 60 岁及以上人口为 25388 万人，占 18.1%，其中，65 岁及以上人口为 17603 万人，占 12.6%①。联合国对国家进入老龄化的标准定义为大于等于 60 岁的人口占总人口比重超 10%，或者大于等于 65 岁的人口占总人口比重的 7% 以上。按照这一标准，中国自 2000 年开始进入老龄化社会，2018 年，我国 60 岁及以上老年人口规模为 2.49 亿人，占总人口比重达到 17.9%，2019 年我国 60 周岁及以上人口 25388 万人，占总人口的 18.1%，65 周岁及以上人口 17603 万人，占总人口的 12.6%，未来中国老龄化速度会以较高斜率上升，"十四五"期间中国或进入中度老龄化社会，2030年之后 65 岁及以上人口占总人口的比重或超过 20%，届时中国将进入重度老龄化社会。② 老龄化是我国发展面对的重大问题之一，随着老年人群体的不断壮大，该群体的权益需求必须为社会所看到且兼顾到。国际上对于老年人的权益保护也一直呼声很高，媒介近用权作为一种与社会参与相关的权益对其的保护可以溯源于大部分有关基本人权保护的联合国文件中，1991 年 12 月 16 日联合国通过《联合国老年人原则》（第 46/91 号决议），将老年人权益保护的原则具体化，要求各国都需要尊重和保护老年人的独立、参与、照顾、自我充实和尊严，并对这些要求做了具体的列举，我国作为联合国的会员国，在保护本国老年人权益的实践上严格落实了联合国的原则要求。

在我国，根据老年人权益保障法第一章第 66 条 "国家和社会应当重视、珍惜老年人的知识、技能、经验和优良品德，发挥老年人的专长和作用，保障老年人参与经济、政治、文化和社会生活"，全社会、全国家都应该为老年人的生存发展打造合理的环境，也为媒介近用权的提出和落实提供了法理基础。综合说来，时代的进步、国家的发展不能忽视任何重要主体发展的正当需求的存在，当老年人被排挤在智能传播时代之外时，我们的社会想要实现长久发展的目标注定需要面对更多的阻力。为了时代未来的更好发展，在智能传播成为主流的环境下，如何把老年人群体纳入发展的队伍中，照顾好、保护好老年人的传播需求是当前我们急需解决的难题。

---

① 《2020—2026 年中国人口老龄化行业市场营销战略及供需形势分析报告》。
② 《2020—2026 年中国人口老龄化行业市场营销战略及供需形势分析报告》。

二、老年人媒介近用权的实现困境

短视频、平台直播、移动 FM 这些正在不断包围、渗入大众生活的新媒体应用对于年轻人来说是耳熟能详，但是对于老年人来说却是属于未知的东西。在智能传播时代，老年人的传播活动和使用媒介却并不丰富，反观更为单一。限制当前我国老年人融入智能传播环境的因素，在大轮廓上主要分为主客观两个方面。在客观方面，主要是当前的智能媒介技术本身对老年人群体竖起了难以跨越的高墙，同时经济发展不平衡带来的老年人群体经济能力差异也导致了老年人群体受限制于客观环境难以融入发展的环境之中。在主观方面，一方面是老年人自身能力有限并不能很好地接受新技术进而也会产生一定的抵触心理；另一方面是我国在社会意识层面，整个社会大环境并未给予老年人在社会发展中各个方面足够多的包容度，老年人群体作为整个社会的"边缘体"，需求得不到关注和满足已是常态。

（一）客观困境

1. 技术限制

（1）交互技术

媒介化研究学者赫普（Andreas Hepp）把当前的传播类型分为四种：第一，直接沟通（面对面传播），即与他人的直接对话；第二，互惠的媒介传播，即通过技术手段与他人进行个人交流（如使用电话）；第三，生产性的媒介传播，即大众传播领域（如报纸、广播、电视、电脑、手机）；第四，虚拟化的媒介传播，即与创造的"交互系统"进行交流，电脑游戏是一个例子，另一个是机器人。[①] 交互技术的广泛使用，使得人机结合更加深入。当前智能传播技术的发展最显著的特征就是注重人机交互，交互的前提就是要通过针对特定主体提供特定技术让各方主体参与进来。当前交互技术对老年人媒介近用权的阻碍主要是体现在智能传播媒介硬件和软件设计上。

在智能媒介技术发展前期，并未有专门的媒介产品针对老年人的使用习惯和需求。以手机为例，我们的市场上虽然有很多的老年机可供选择，但是老年机的设计并未在根本上解决老年人使用智能媒介困难的问题，使用智能老年机的老年人还是不会使用手机上的网络音频软件、聊天软件和新闻阅读软件这些

---

① Hepp, A. Hasebrink, U. Human interaction and communicative figurations. The transformation of mediatized cultures and socie- ties. In Knut Lundby（Ed.）. Mediatization of Communication. Berlin /Boston：Mouton de Gruyter, 2014, pp. 265-266.

能够帮助其实现媒介近用权的工具，手机于他们而言依旧只是打电话的工具。当前我们的广播、电视、报纸都力图突破传统的表现形式，传统媒介工具越来越依赖手机这个载体，因此手机硬件设计问题不能被解决，媒介的利用率也很难提高。

智能传播时代，传播媒介高智能化却不能被老年人群体使用，这背后的硬件开发不足问题也需要我们反思。很多老年人之所以学会使用这些支撑他们传播活动需求的媒介工具和软件，是因为有社交、娱乐和参与的需求。但并不是所有的老年人都会以兴趣为动力对智能传播技术进行了解并使用，真正可以让老年人群体主动并且乐意接受智能媒体带来的一切改变的，只能是智能媒介产品研发技术本身的突破。

根据 2018 年中国社科院国情调查与大数据研究中心和腾讯社会研究中心联合发布《中老年互联网生活研究报告》的统计数据，老年人群体最常使用的智能传播工具是智能手机，老年人对于智能手机的需求主要是以存储空间大、性价比高、速度快为主。这也反映出相较于传统时代，有部分老年人对智能手机的要求已经脱离了基本的通信需求，转而和年轻人一样对存储空间和速度有了一定的需求。需求的转变也与智能技术下媒介的变化有关，老年人也具备适应智能传播发展的能力，可以在当下很好地贴合时代发展潮流，但是老年人的需求改变和能力水平并未被交互技术的提供者们看到。当前智能传播媒介产品的市场上，以智能手机为例，针对老年人的产品设计有进行一定的技术考量，比如说"中兴易用""华为简用"等。这一类的老年人模式设计，针对性地提高了手机显示字体和图标大小、媒体声音大小、界面简易程度。虽然市场上已有的老年人使用模式体现了一定的技术人文考量，但是这类技术在交互性上并未做出太多实质性的提升。当前智能手机中的老年人模式都主要是在一级菜单上进行了一定的简化，并未在深层次上进行改良，针对老年人的交互技术设计除了体现在手机端的硬件设计上，也应该反映在第三方应用软件设计里。现在的智能传播媒介很大程度上依赖第三方应用程序，单纯的手机只是一个信息收发工具，如何让更多的信息为使用者所知，让使用者能够借助智能手机这个媒介更好地与外界交流，关键还是要看手机应用程序是否能够满足这些要求。但是，我国目前的老年用户却因为自身社会参与度不高和被程序设计主体选择性忽视，极少参与第三方应用程序内容创建。虽然 Web2.0 很容易实现线上的内容分享功能，但由于设计者忽略软件分享特性或操作过于复杂而不能被老年用户有效利用，进而影响老年人网上发表评论等话语权的使用。①

除此之外，审视当前我国老年人所面对的智能传播环境，专门为老年人开发和设计的应用程序和软件数量十分有限，很多智能媒介产品的设计并未考虑到老年人群体的使用需求。审视当前常用智能媒体的老年人，使用智能媒介应用开展的活动，可以发现主要集中在微信聊天、朋友圈互动、短视频和新闻软件浏览等方面。而这些应用程序都有一个共性，就是在使用上有足够简单且便捷的方式，老年人可以很快地上手进行操作。从整个市场的大环境来看，老年人可以选择的媒介产品十分有限，自然也导致了他们不能很好地适应整个新兴的传媒环境。根据当前学界对于老年人上网行为的分析，当下大部分老年人使用智能手机并不会使用任何智能化、信息化的功能，而主要是使用基本的电话功能，这也导致很多智能产品不能拓展老年人用户群、为老年人服务。

老年人不是不能很好地融入智能时代中，而是缺少足够智能化的媒介技术让他们能够跟时代接轨。因此，在智能技术的浪潮下，如何改变老年人群体被推动着走的局面，让老年人能够更好地体验技术带来的便捷，是我们智能传播技术发展需要考虑的重要议题。

（2）输入技术

输入技术作为保障老年人群体参与到智能传播媒体环境中的重要桥梁是实现老年人群体接近媒介的前提条件，也是保证老年人群体能够借助更加多元便捷的媒介渠道发表自身意见、表达自身看法的重要保证。信息输入是主体使用智能技术服务的重要前提，因此老年人使用智能媒体的前提也离不开输入技术的发展。同时，随着智能终端的越来越普及，智能手机、IPTV、电脑等工具变得越来越人工智能化，如何更好地实现人机交流也成为产品服务提供者们和技术开发者们面对的难题。

但是要解决老年人信息输入难的问题并不那么简单。一方面老年人自身文化水平限制了其使用输入技术，在老年人文化水平不高的状况下能够保证其输入的信息准确性是输入技术发展需要解决的问题之一。为了解决这一难题，当前市场上已投入使用的输入工具表现形式丰富多样，包括文字输入、语音输入、图片转文字输入、语音转文字输入等，多样的产品能够在很大程度上满足不同情况下用户的输入需要。而其中文字输入和语音输入技术是老年人群体使用最为广泛的两种技术，文字和语音的输入便捷性是使之得以成为老年人使用频率

---

① Jakob N. Web 2. 0 can be dangerous ［EB／OL］. http：／／www. useit. com／alertbox／web-2. html.

最高的重要前提。

但是，另一方面老年人自身的生理限制，也使得现有的输入技术并不能充分地保证输入的准确性。根据老年医学的研究，老年人随着年龄的增大也会面临很多自身身体机能弱化的问题，视觉的灵敏度和手指关节的反应力弱化都是人体老龄化的表现。老年人群体随着年纪越来越高，自身身体机能弱化的表现越来越明显，对其而言想要通过灵活的指关节打出自己想要的文字，或者通过敏锐的视觉能力检查自己输入信息的准确程度都变得越来越难。

除了文化水平和生理机能，还有一项重要的因素也限制着当前输入技术在老年人群体中的普遍运用，那就是口音问题。老年人作为时代发展长河的见证者，身上留下了深深的时代烙印，不同地域的老年人群体或多或少会受到所在地域文化的影响，而口音也是地域文化影响中的重要部分。当前被老年人群体大量使用的语音输入技术基本能够保证老年人与他人进行一般的口头交流，前提是在那样的沟通环境里并不要求保证输入的信息能够让所有人都能明白，只要特定人能听懂即可。但是转换到严格要求信息准确输入的环境下时，文化水平不高或者打字输入不便的老年人更多的是依赖语音转文字输入方式，而这种输入方式很容易受到口音限制，不会讲普通话的老年人群体使用语音转文字输入时，被识别出的文字明显与老年人想要输入的信息不一致，这也就再次导致输入困境的出现。

不可否认的是输入技术的投入，让越来越多的老年人群体开始主动接近智能传播媒介，也让媒介的使用率增加，很大程度地保障了智能技术渗入老年人群体的日常生活之中。但目前输入技术还并未满足老年人使用的需要也是事实，突破技术的瓶颈才能使得数字世界变得越发公开公正，让老年人也能自如地生活在数字社会，享受到智能技术发展带来的数字红利，对切实提高老年人生活质量提供保障。

2. 经济状况

受地域发展、个人能力等限制，我国存在着很明显的个人在使用智能媒介上的数量、掌握程度等的差异。而其中，老年人使用智能媒体的情况受到各种客观因素造就的经济差异的影响更加严重。不可否认的是，在中国地域上的经济发展差异也反映到了所在地域的人群上，经济发达地区的老年人的经济能力高于非发达地区的老年人，这样也使得他们对于智能传播产品的接受度更高。经济能力的不足，严重导致了老年人拥有智能传播媒介工具的比例出现地域、阶层上的失衡。现在市场上充斥的热销的智能传播媒体应用工具，都普遍价格偏高，一些智能产品为了更好地打开市场，也会推出性能较弱，价格定位更低廉的产品，但是这些产品的价格对于生活质量偏低的老年人来说依旧很高。在我国大部分老年人的老年生活依靠的主要还是退休金，还有很大一部分老年人没有缴纳社保的能力，老年生活还需要依靠子女或者自己。对于这一类老年人来说，花费很大部分的开销去购买智能传播产品或者享受智能服务是很难实现的目标，因此经济能力在很大程度上会阻碍许多的老年人去使用智能传播工具。相较于缴纳巨额入网费用和购买智能产品，他们可能会选择价格更为低廉的其他传播渠道，这也使得老年人依旧是传统传播环境中最大的受众群体。但是智能传播发展的趋势不可逆转，互联网下的智能传播终将会架构起人们的日常生活，老年人不能被排挤在未来之外，降低经济因素对智能传播产品普遍化的阻碍不可忽视。

（二）主观困境

1. 自身能力困境

（1）受教育水平限制使用能力

在新中国成立之初，文盲问题是国家发展面对的重大难题之一，也是因此自 1952 年 5 月 24 日开始，整个 20 世纪 50 年代中国都进行着扫盲运动，希望借此活动提升中国人民的文化水平。我国目前进入 60 岁以上的老年人群体，文化水平存在着很大的差异，其中大部分老年人群体受教育水平并不高。而我国的计算机教育的起步时间更加缓慢，我国第一次开展计算机教育实验还是在 1982 年，直到 1990 年以前，将计算机教育纳入中小学课堂也都还是处在实验阶段。这也就说明了很多现在的老年人可以在自己年轻阶段接触到教育、接触到互联网的概率都微乎其微。但是，教育往往被认为是老年人数字鸿沟的预测因素，传统读写能力的普及率随着年龄的增长而降低，阅读或写作的障碍也可能会导致老年人数字鸿沟，而受过高等教育的老年互联网用户更多地参与信息和新闻等增强认知的活动。[①] 接受教育程度上的不同，使得我国的老年人群体不论是在接触还是在使用智能传播媒介上都存在着严重的差异，如何在现阶段解决部分老年人群体前期受教育水平低的问题，也是我们推行智能传播技术的关键。

（2）生理机能弱化导致使用困难

有些情况下老年人不使用高科技，并不是因为技术本身设计不过关或者老年人自身受教育水平低，而是自身生理机能的弱化使得智能产品使用体验对其而言变差。老年医学研究得出老龄化过程中的机能衰退现象主要包括：在感觉和

---

① Alexander J, Van D. A nuanced understanding of internet use and non-use among the elderly [J]. European journal of communication, 2015, 30 (2): 171-187.

感知层面，老年人视觉敏感度下降、视域变窄、对强光不适应等，因此对屏幕字体及颜色反差都有特殊的需求，听力减弱，感觉敏感度下降，手指和关节灵活性下降，不利于操作键盘和鼠标；在认知层面，工作记忆要比语义记忆、前瞻记忆和程序记忆衰退更明显，相较于年轻人，老年人在学习新程序时更慢，更不容易成功。① 我们不能否认使用者的年龄会影响到其对智能传播媒介技术的使用，老年人群体的身体机能弱化会造成其对智能传播媒介的接受和使用困难。

（3）兴趣弱化影响接受度

很多时候，兴趣爱好是支撑老年人群体接触新事物的动力。但是，我国老年人群体中的大多数对智能传播媒介呈现出一种负面的态度。对于老年人来说，智能传播媒介需要接入互联网，而复杂的互联网世界充满着各种未知的风险，这很大程度上也是和当前社会中很多老年人群体在使用智能科技时出现各种风险的社会新闻有着很大的关系。

瓦格纳认为对互联网的态度是老年人是否使用互联网的重要决定因素，特别是当他们对信息通信技术表现为不熟悉或恐惧时，已有的老年网民也极少参与网络互动，往往处于被动接收信息的状态。② 但是，根据相关的国内外调查数据，老年人群体普遍比青年群体对于算法技术的理解能力更低，对于算法推送、信息茧房这些概念基本都不能理解，于是老年人群体并不能像青年群体一样能够及时辨别眼前信息的真伪，理解为什么一些信息会被推送到自己的接收端来。这样的问题被放大到智能传播中，老年人群体并不能准确地对新闻报道和一些网络评论的真实性做出基本的判断，这也导致了老年人群体相较于其他年龄层更容易接受、相信虚假的新闻。

错误的行为导致了不可逆转的伤害，这样的循环一直重复上演，老年人群体害怕接受新鲜的事物的心理越来越明显，对于智能传播媒介彻底丧失了接触的兴趣，进而导致了接触智能传播的老年人越来越少，使智能传播产品逐渐丧失老年人市场，久而久之失去了老年人群体的信任和支持，进而导致智能传播媒介在使用率上的不足，老年人更难找到适合自己的媒体渠道。

2. 社会意识困境

目前老年人在我国整个社会环境中呈现出一种"边缘人"的状态，社会大众对于老年人参与社会管理活动的行为本身并不包容。投射到传播环境中，我

---

① 何铨、张湘笛：《老年人数字鸿沟的影响因素及社会融合策略》，载《浙江工业大学学报（社会科学版）》2017 年第 16 卷第 4 期，第 437—441 页。

② Wagner N, Hassaneinm K, Head M. Computer-use by older adults: a multidisciplinary review [J]. Computers in human behavior, 2010, 26 (5): 870-882.

国目前的智能传播媒体存在市场定位忽视老年人群体、产品打造忽视老年人需求的问题，严重阻碍了我国老年人接触并享受到智能传播媒体服务。

在智能传播的环境中，以传统媒介电视为例，很多的电视在接入互联网后，为了打造更加智能化的产品也对自身进行了改版，但改版也主要是为了迎合年轻的受众群体，因此很多电视改版后将与老年人群体相对应的节目进行了删减，造成了对老年人群体媒介近用权的严重伤害。除此之外，网络媒体也存在对老年媒体认识的误区，没有长远考虑到老年媒体的发展潜力，现实生活中，老年人论坛、网站等专业老年人网络媒体匮乏，而为数不多的专业老年人网络媒体存在着信息密度大、网站浏览率低、广告较多等问题。①

当前我们的智能传播媒介在设计时就忽视了老年人的需求，因而老年人群体想要得到真正适合自己的产品很困难，这也导致了老年人对智能技术丧失了基本的兴趣、失去主动接近智能媒介的动力。网络媒介对老年人群体参与媒介文化行为的忧虑和歧视，折射了不同群体媒介选择的分化和矛盾，更反映了不同群体媒介文化之间的价值冲突，即青年媒介文化对于老年媒介文化的一种代际"文化霸权"。②

在当前的智能传播环境中，老年人群体还受到一定程度的负面打压，很多的网络传播内容中会将老年人群体渲染成负面的形象，也造成老年人媒体形象的受损——老年人不会用智能传播媒介。当我们的传播环境和整个社会的总体环境都对老年人群体不够友好时，我们更需要注意加强对老年人的关注，不让无辜的老年人成为技术发展的受害者。

三、困境的突破

（一）在技术发展和产品打造中兼顾人本发展观

技术是发展智能传播的关键，也是解决智能传播过程中各种各样问题的关键。目前智能传播的发展对老年人来说有着较高的门槛，为了让老年人更好地融入智能传播，变消极被动为积极主动，技术在其中需要发挥出积极的作用。"老年科技学"是一个快速发展的将老年人与技术相结合的跨学科领域，即通过科技来改善老年人日常生活能力和质量的研究。其宗旨是在信息技术基础上，

---

① 许肇然、胡安安、黄丽华：《中国为老服务网站发展现状与对策研究》，载《电子政务》2015年第2期，第91—100页。

② 何铨、张湘笛：《老年人数字鸿沟的影响因素及社会融合策略》，载《浙江工业大学学报（社会科学版）》2017年第16卷第4期，第437—441页。

形成基本的概念框架来整合技术与老龄化特征，在理解衰老引起的各种功能衰退基础上，探究通过新技术阻止、弥补和延缓老年人数字鸿沟，克服老年人在使用信息技术时的困难，强调让老年人进入设计过程。老年科技学强调信息产品具备图形界面简洁、大按钮、便携性和容易操纵等特点，以适应老年人的视力。① 我们目前的智能传播技术需要坚守老年科技学的基本理念，同时就目前的发展现状而言，软件的设计比硬件更重要，智能传播中的应用软件也需要顾及老年人的需求。只有当技术兼顾老年人需求后，媒介产品的设计才会更加贴合老年人的使用习惯和需求，极大地增强老年人的体验感和幸福感，能很好地推动智能传播媒介的普及和使用，落实老年人媒介近用权的保护。

我们的产品设计者和开发者应该挖掘、生产适合老年人群体的媒介产品，同时还应该结合老年人的特点打造特定的服务如咨询服务、引导服务等方便老年人获取智能媒体产品并使用。现在越来越多的地方机构和部门注意到了老年人群体媒体接近和使用渠道打造的需要，开始建设起老年人专用的服务网站、娱乐网站等，上海市为老年人群体打造了专属的网站"Oldkids"，就很好地推动了老年人群体在网络上的参与积极性，体现了人本观念。在人本发展观的要求下，老年人群体对于智能传播媒介产品的需求应该得到重视，社会应该充分做好智能媒介"适老化"的准备和实施工作。

（二）多方主体协同实现老年人媒介近用权

在智能传播的势头不可阻挡的情况下，要维护好发展过程中的公民权益离不开公权利主体和社会主体的共同努力。

首先，国家应该在宏观层面推进"适老化"工作，应该通过颁布相关的法律法规，引导社会各方主体对老年人群体的重视，为老年人群体媒介近用权的实现保驾护航。目前，我国对于老年人传播权益保护在法律层面主要在《中华人民共和国老年人权益保障法》中有被简单提及，除此之外为了更好地面对我国的老龄化问题，国家在规划层面制定了《"十三五"国家老龄事业发展和养老体系建设规划》，在文件中要求对老年人媒体活动进行保护，要求发挥各类新兴社交媒体作用，整合数字资源为智慧养老提供保障。除了制定相关制度，国家还可以在基础设施上为老年人媒介近用权的实现提供支持。国家可以整合社会力量实现智能媒介技术老年人群体全覆盖，同时为老年人接触媒介技术提供资

---

① ［德］费洛里亚·科尔巴赫，［德］科尼利厄斯·赫斯塔特. 银发市场现象——老龄化社会营销与创新思维［M］. 胡中艳，卢金婷，译. 大连：东北财经大学出版社，2016：47-73.

金支持，提高智能传播媒介产品的使用率。另外，为老年人提供新媒介技术知识教育、倡导全社会增加对老年人社会参与的宽容度也离不开国家在宏观层面予以引导。

其次，有能力的社会机构应该充分发挥自身的影响力，呼吁对老年人权利的重视，参与到有关老年人权利保护的立法活动当中，提出有效的意见和建议。另外，社会团体应该开展有关的媒介素养和权利能力培育的宣传活动，帮助老年人树立媒介近用意识。

最后，老年人自身应该保持一定学习积极性，转消极抗拒心理为积极学习心态能够更好地融入社会之中。同时，老年人自身也需要积极提出自身意见和需求，让技术的研发者和产品的生产者在工作过程中时刻注意老年人权益保护。

四、结语

近年来，随着国际社会老龄化进程的加速，老年人权益保护一直都是国际社会关注的热点问题。在智能媒体发展层面，随着智能手机、平板电脑等智能终端的普及，智能传媒深度介入人们的生活，使得更多老年人获得了接近智能媒介的机会，并体验到智能媒介在多方面产生的积极和消极影响。审视当前智能传播媒介环境，我们虽然拥有了更加便捷丰富的媒介产品和传播渠道，但是却不是人人都能享受到发展的红利，老年人群体受到各种客观和主观因素影响被定义成了智能传播环境中的边缘人，他们的媒介近用权并未得到真正的保障。在智能传播中兼顾所有主体的权益，实现老年人媒介近用权，我们还有很长的路要走。

参考文献：

[1] 中国互联网络信息中心. 第 46 次《中国互联网络发展状况统计报告》。

[2]《2020—2026 年中国人口老龄化行业市场营销战略及供需形势分析报告》。

[3] 许肇然，胡安安，黄丽华. 中国为老服务网站发展现状与对策研究 [J]. 电子政务，2015（2）：91-100.

[4] 何铨，张湘笛. 老年人数字鸿沟的影响因素及社会融合策略 [J]. 浙江工业大学学报（社会科学版），2017，16（04）：437-441.

[5][德]费洛里亚·科尔巴赫，[德]科尼利厄斯·赫斯塔特. 银发市场现象——老龄化社会营销与创新思维 [M]. 胡中艳，卢金婷，译. 大连：东北

财经大学出版社，2016：47-73.

[6] Hepp, A. Hasebrink, U. Human interaction and communicative figurations. The transformation of mediatized cultures and socie ties. In Knut Lundby（Ed.）. Mediatization of Communication. Berlin ∕ Boston：Mouton de Gruyter, 2014, pp. 265 -266.

[7] Jakob N. Web 2. 0 can be dangerous［EB ∕OL］. 2016, 12-17. http：∕∕ www. useit. com∕alertbox ∕web-2. html.

[8] Alexander J, Van D. A nuanced understanding of internet use and non-use among the elderly［J］. European journal of communication, 2015, 30（2）：171-187.

[9] Wagner N, Hassaneinm K, Head M. Computer-use by older adults：a multidisciplinary review［J］. Computers in human behavior, 2010, 26（5）：870-882.

价值与剥削：数字劳动的呈现形式与要素异化

王凯杰 西北政法大学

摘要：数字时代，社会化媒体平台在新兴智能技术的加持下，为社会发展注入新能量和新要素，同时改变了互联网传播生态。"草根阶级"在互联网平台的作用下由"受众"转变为"用户"，"用户"又在互联网资本的开发运用下，转变为平台的"数字劳工"。移动互联网视域下，数字劳工的劳动对象、劳动资料与传统劳动要素存在着本质不同，其劳动形式和劳动状态更加隐蔽。用户作为数字劳动的主体、抖音平台的内容生产者和消费者，该群体享受平台红利，自觉自发进行内容生产与传播，成为提供"免费劳动"和价值生产的新型数字"打工人"-数字劳工。抖音借助数字技术将用户"社交手势"和娱乐行为转化为具有商业价值的数字劳动行为。用户自身的"使用价值"被数字化呈现，产出具有价值的"数字化商品"被平台无形占有，隐形剥削数字劳工的剩余价值。

关键词：关键词：数字劳工；劳动异化；劳动价值；抖音

一、引言

（一）数字劳动的表现形式

"数字劳动"理论来源于达拉斯·斯麦兹发表的《传播：西方马克思主义的盲点》一文中提出的"受众商品理论"。尔后，意大利学者提兹安娜·特拉诺瓦于 2000 年首次在《免费劳动：数字经济的文化生产》中用"免费劳动"定义了"数字劳动"：免费劳动作为一种文化的知识性消费转化成生产性行为，其生产的互联网用户信息被作为商品售卖和剥削，免费劳动是自愿给予与合理报酬并存、享受与剥削并存。信息化社会的数字技术对整个社会政治、经济、文化都产生了深远影响，构成了以媒介产业为场域的新型"劳动"与"资本关系"，也就是"数字劳动"。搭载互联网技术的移动终端在短短几年的时间内，重新定义和利用了用户在互联网空间内的行为价值，劳动力、劳动力资料及劳动对象等劳动生产要素在技术加持下发生本质异化。

传播政治经济学的"数字劳动"专指在使用互联网时受平台开发者剥削的劳动者的一种无偿劳动。黄再胜认为数字劳动是通过网络化数字化技术加以协调的一种非物质劳动形态，呈现出个体化、娱乐化和体验化等特征，包括社交媒体平台的无酬劳动、网络平台的微劳动以及网约平台的线上劳动。数字劳动作为移动互联网时代的"异化劳动"，表现出"无偿、自愿、产消合一、隐形"的劳动形式与生产特征。在社会化媒体迅速发展的今天，用户的自主行为遮蔽了"劳动"。比如抖音用户发布的创意短视频成为平台免费的"形象大使"在其他平台进行广告式的宣传、B 站"野生字幕组"的弹幕无偿翻译等都是"数字劳动"的鲜活案例。

（二）数字劳工的价值赋予

周银珍指出异化劳动的本质与异化生产关系是密切相关的。以娱乐消遣为主的短视频平台——抖音从 2016 年上线至今，逐渐成为一个"全民下载"的手机APP。抖音等平台为大众直接发布、传播自己的文化产品提供了便捷渠道——由此引发的革命性转折意义，绝不亚于电子资本主义取代印刷资本主义那种转折意义。根据抖音微信公众号发布的《2020 抖音数据报告》显示，截止 2020 年 8 月，抖音日活跃用户数据突破 6 亿。抖音庞大的用户规模给抖音平台带来隐形"资产"和"收益"。用户耗费在抖音平台中的时间逐渐成为一种隐性的"劳动时间"，用户也逐渐成为"数字劳工"：用户通过带有主观能动性的抽象劳动生产具有价值的文化和知识类产品，本该对其进行支付的劳动被平台开发者无偿使用，形成新一轮的"商品"进行出售。用户发布的视频甚至观众的点赞、评论及转发等一系列含有剩余价值的"情感等非物质劳动"被平台开发者无偿利用并且加以剥削。数字劳工作为数字劳动输出的主体要素，在生产关系、价值形成等层面都产生不同程度的异化，印证了马克思提出的"劳动异化"理论中劳动产品与劳动者相异化、劳动行为与劳动者相异化、人的类本质与人相异化、人与人相异化等四个异化方面。

二、沉浸式用户：异化的劳动力

劳动力是指从事特定活动的自由劳动者，也指人用来生产物质资料的体力和脑力的总和。移动互联网时代下，抖音短视频平台的异军突起使得"草根群体"进入大众视野，参与信息内容制作与生产，形成"UGC"（User Generate Content）信息内容生产模式，单向接受信息的"受众"身份转向拥有独立自主性的"用户"身份。而"用户"身份异化是因为其以劳动的形式参与剩余价值生产过程：用户提供个人数据及使用行为给短视频平台，平台将其作为数据商品售卖给广告商，广告商利用数据商品进行用户画像从而推送广告，促使用户产生购买行为，帮助广告商赚取利润。用户身份异化的主要表现在娱乐和劳动边界模糊、生产与消费行为合一、情感与非物质劳动主流化及虚拟与现实的认知失衡等四个方面。

（一）娱乐和劳动边界模糊

抖音平台以"记录美好生活"的 Slogan 进行广告式宣传，拓宽了用户圈层和内容领域，瞄准更大的内容市场。从最初的"卡点"视频到现在集美食、搞笑短剧、唱歌跳舞等多元化为一体的内容创作，不论是视频传作者还是观众都在娱乐消遣中消解自身压力。平台运作者发掘更多可以使普通用户广泛参与且易引起广泛传播的功能或主题去激发用户的创作欲和使用欲，以此来加强用户与抖音平台的黏性。随着时间的推移、技术进步及客户端新功能的开发，平台吸引越来越多的用户并且使他们沉浸其中难以自拔，部分用户不再只是利用闲暇时光去拍摄视频，而是逐渐成为一种习惯或者职业，用户也不再是单纯意义上的享乐者。注意力经济被开发之后的所有使用者，都成为了劳动的输出方，观众在每次的点赞、评论和转发的过程中都无疑是在给视频主"投票"和"拉票"，从而给视频主更多推荐和曝光的机会。用户和观众的娱乐行为和劳动行为边界在平台资本的幕后操纵下变得模糊，象征独立自主的"用户"身份在平台平台开发者的隐性利用下逐渐消解和异化，娱乐和劳动边界的模糊亦成为了用户身份异化的一个推手。

（二）生产与消费行为合一

未来学家托夫勒在《财富的革命》一书中提出"产消合一"的概念，意指在我们现实生活中广泛存在但被严重忽视的非正式生产部门中存在的生产消费同期行为。技术"赋权"使得更多普通民众参与社会生活治理，在智能终端技术的赋权之下，受众不再只是信息内容的接受者，更多地可以通过自身劳动进行信息生产、制作乃至进入信息传播环节。用户通过拍摄抖音视频表现自己的优点，设立属于自己的"人设"，建立自己的社交关系网，吸引更多的粉丝用户，从而来实现价值变现。并且受众作为平台方的内容消费者，表现出自产自消的循环模式。崔波指出，短视频平台的出现既调和了生产者与消费者的矛盾，让二者共生于一个媒介生态环境中，模糊了生产者与消费者的界限，生产者同时也是消费者，消费者同时也是生产者，又使媒介内容的生产进一步下沉至底层社会。此外，随着抖音消费场景以及方式的不断升级，用户在使用期间便可以完成平台期待的消费行为，比如刷视频时嵌入的"广告视频"。

（三）情感劳动式的价值形成

抖音平台"PGC+UGC"的内容生产模式下，用户通过"非物质劳动"形式生产和制作视频信息与内容，将其呈现在公众视野之中。意大利学者默里奇奥·拉扎拉托在其著作《非物质劳动》中提出"非物质劳动"的概念。他认为："非物质劳动是指生产商品的信息内容与文化内容所付出的劳动"，其形式是集体性的，也可以认为它仅存在于网络和交流的形式中。姚建华在《传播政治经济学经典文献选读》一书中将非物质劳动概括为在形式上表现为工人日益成为工作的主体，其劳动的自主性将劳动变成一种社会沟通的方式，在某种程度上，工人成为管理者；在内容上表现为非物质劳动在艺术和审美等方面为生产提供了新的素材，并在生产者和消费者之间构建了更有效的沟通方式。美国情感社会学家阿莉·霍克希尔于1979年提出的"情感劳动"概念中将其界定为"为了报酬，劳动者根据情感表达规则调整自身情绪和外显表达姿态，为他人创造某种特定'情感状态'的劳动过程"。抖音用户作为平台的"打工人"，为了获取一定的曝光度和点赞效果进行获利，主动付出自己的"情感劳动"，积攒和获取更大的流量。短视频制作时，用户的情感浇铸赋予视频内容以新的价值和意义，其他用户针对感兴趣的视频进行点赞和评论同样是其个人情感的表达，当视频成为抖音"热搜"被推荐时，都暗含着每位用户点赞支持时的"情感共鸣"，在此过程中情感与非物质劳动的表现形式虽然不同，但是都成为平台可抓取和利用的价值信息，从某种意义上讲都是把用户视为帮助其产值的"数字劳工"。

（四）虚拟与现实认知失衡

虚拟与现实认知失衡是"用户"身份异化的表现之一，是因为当越来越多的用户和观众被抖音平台所制造的"假象"所蒙蔽时，用户便有可能真正沦为平台的"数字劳工"。随着移动智能手机的普及和技术的迭代升级，抖音平台逐步更新上线众多新的美颜特效功能，比如拍摄视频时的变美特效、美颜、滤镜、长腿、瘦身等功能。这些功能的出现使得普通人可以通过此来遮蔽"瑕疵"、掩盖"外在缺点"，进而使得类似抖音的短视频平台出现众多"日常生活中不容易见到的高富帅和白富美"。普通用户在此类功能的帮助下，达到了自我满足的美颜效果，让其他用户感受到"满屏都是小姐姐、放眼皆是大长腿、大妈阿姨不显老、动物萌态都很好"的视觉盛宴，短视频的虚虚实实、真真假假使人眼花缭乱，目不暇接，以至使得不少人把虚拟网络当成真实生活，产生对平台的媒介依赖和惯性沉溺。

"用户"身份在平台等众要素的影响下异化为平台的"数字劳工"身份，

价值的产生过程也随着身份变化而发生一定程度上的变化。用户使用平台不再是单纯的娱乐和消遣，价值赋予过程中由于劳动资料和劳动对象等因素的异化而变得隐性。

三、非物质数据：异化的劳动资料

劳动资料也就是劳动工具、生产资料，是人在劳动中创造的，从客观物质世界获取生存资料的手段。在劳动过程中，劳动资料（即劳动手段）的运用是劳动产生价值的重要因素。劳动生产资料的拥有者设计劳动过程、指挥劳动者劳动、获得乃至消费主要的劳动成果。以抖音为例，劳动资料占有者仍然是平台运营者和开发人员，劳动资料的使用者是抖音用户。随着移动互联网技术的迭代升级，"非物质劳动"形式产生的价值逐渐被互联网企业和平台开发者所重视和利用，而由于"非物质劳动"主要以互联网和交流的形式出现，因此用户生产和消费信息内容的手段等要素可能会发生异化，劳动资料（即劳动手段）的异化主要表现为"智能手机+平台"的内容生产手段出现、算法生成内容和算法推荐的内容分发技术、用户在抖音上的"社交手势"数据成为平台可抓取利用的"商品"三个方面。

（一）社会化媒体平台的生产方式

智能技术的发展，使手机摆脱了仅为通信设备的功能限制，成为集合了通信、娱乐、摄影摄像、支付等诸多功能的微型计算平台。智能手机（兼具摄影录音等功能）也成为大众可以掌控的文化产品物质性文本的生产工具，从而使大众也成为这方面的生产主体，抖音等平台又为大众直接发布、传播自己的文化产品提供了便捷渠道。智能手机庞大的用户规模在外部给短视频平台发展提供了基本的物质基础。此外，从最初的微视、美拍、秒拍到抖音，一些互联网企业和媒体大举进军短视频领域，移动短视频应用和用户出现井喷式增长。"智能手机+平台"的内容生产手段一改以往的信息内容生产模式，使得用户在不同动机下生产特定内容。比如"问答社区–知乎"中用户以"一问多答"的形式帮助其平台免费增流。开发者提供平台、用户借助智能手机生产文化产品，形成一个完整的劳动过程。

（二）算法生成和推荐技术

算法生成和算法推荐技术是从平台技术内部角度去分析"产消"要素的异化。漆亚林指出，技术释放了人们对于视觉性文化产品追求的潜能，激活了人们生产和传播视觉文化产品的欲望。技术驱动下，短视频呈现出巨大的传播优势与产能优势。抖音的低门槛、高反馈激发用户的创作欲之外，抖音运营者借助算法技术进行内容层面的分配与消化，使得用户彼此进行"点对面"式的信息内容接受与消费。其中，白新杰指出抖音视频的推荐机制包含基于"个人偏好"的个性化内容的精准推荐、基于浏览、点赞和转发频次的叠加推荐、基于位置信息的地域化内容推荐、基于虚拟弱关系链的裂变式传播、基于现实社交关系的内容推荐及多元混合的多级传播六种模式。通过算法推荐，为用户提供定制化内容，基于用户的浏览记录和习惯等进行内容的智能推荐。用户使用的时长越长，观看的内容越多，推送的内容也会更加精准，更符合用户的"胃口"。孙友晋认为，相较于传统物质性生产要素，数据和算法作为一种虚拟形式存在的生产资料，具有使用上的正反馈性。正是在技术与平台的搭建之下，用户在抖音平台中的内容生产与消费方式和行为发生转变。

（三）用户行为与数据商品化

移动互联网与智能技术的快速发展使得用户"数字化"生存逐渐变为现实和可能。李武认为"数字化生存"就是依托数字技术，在赛博空间进行工作、学习、购物等日常社会生活行为。而用户"数字化生存"的基础便是个在指定平台上传、提交和绑定个人基本信息和"权限获取"（如摄像头、麦克风、定位等）。此外，注意力经济时代的到来，使得用户的注意力成为各大平台所要抓取和使用的重要资源。用户在指定平台的使用时间越长，平台可抓取的用户数据和个人信息就越多，由于用户信息数据具有可持续利用的商业价值，因此平台方会把握互联网发展风口，借助技术手段去抓取用户数据。当个人信息以数据形式出现后，传播和利用价值急剧增强，任何有助于推广和营销的信息数据都可以充分利用。独特的个人信息数据不仅可以用户消费者的行为和偏好，而且有助于实施精准营销和商业服务。抖音平台借助庞大的用户规模拉广告商，并售卖用户行为数据使得广告商能精准投放广告。

从"智能手机+平台"的基础设备支持到平台算法技术的软件支持再到用户信息数据成为商品可以看出，数字劳动形式下的劳动资料多是以非物质形式出现，数字劳工凭借其再输出"非物质劳动"，形成内容的特定价值。

四、虚拟场域：异化的劳动对象

网络空间被互联网企业家和平台开发者打造成为"娱乐至死"的大时代背景之下的"狂欢"假象，而假象的背后又体现和充斥着用户以"商业逐利"为动机和目的的内容生产行为，从而使得互联网场域的性质发生异化。随着互联网平台开发者将互联网场域逐渐分割为不同形式的内容生产场地，互联网空间内出现了围绕互联网屏幕中不同软件和客户端而努力，并在无主体意识之下成为资本运作逻辑中的数字劳工。

（一）"娱乐至死"的时代场景

尼尔·波兹曼在其著作《娱乐至死》中指出现实社会的一切公众话语日渐以娱乐的方式出现，并成为一种文化精神。我们的政治、宗教、新闻、体育、教育和商业都心甘情愿的成为娱乐的附庸，毫无怨言，甚至无声无息，其结果是我们成了一个娱乐至死的物种。从早期大众媒体新闻生产者通过"实地考察、采访"等方式采集信息、生产新闻，新媒体时代通过技术便可完成新闻的生产和采集，媒体通过掌握"用户精准画像"进行信息内容的收集和精准分发，但在注意力经济时代，新媒体为了获取流量、实现价值变现去迎合受众，以"娱乐至上"作为信息生产宗旨，满足公众的娱乐需求。新媒体由于受到商业逐利易使得内容流于娱乐化、浅层化和庸俗化。用户在"泛娱乐化"的互联网环境中易迷失自我，陷入"娱乐至死"的时代当中。此外，移动互联网时代，手机、电脑等可移动设备在技术的加持之下不仅继承了电视时代人们对视听观感的依赖，更使得人们的信息获取、学习阅读、感官娱乐不再受限于任何空间与时间。技术进步促进媒介使用工具的革新，工具革新就易使得受众的生活惯习发生改变，惯习改变导致媒介使用方式等的差异，进而导致大众进入"娱乐至死"时代。

（二）"全民狂欢"的生产场域

互联网范围内，平台开发者为了赚取利益，营造出"平等、狂欢"的生活环境，给用户进入"舒适生活圈"提供"假象"和机会，由于平台黏性特质及用户的媒介依赖，使得用户难以逃脱和规避。在全民参与的狂欢中，人们得到了暂时的平等，而且无数人目睹狂欢的热烈与盛大后会投身于这场盛会。在"全民狂欢"的舞台之上，用户生产的视频内容只要遵守抖音平台的内容发布等一系列规则，便有机会进入进入大众视野。因此，在抖音平台中，用户通过平台搭建好的"舞台"进行内容生产，给用户一种"全民皆可红"的看似平等画面，其他用户必将会随着气氛的调动与诱人的利益融入这个舞台。用户在平台营造的"全民狂欢"的生产场域之中尽情发挥，奉献出自己的劳动和价值，并对互联网空间反向影响，制造出狂欢假象。狂欢终究是假象，乌托邦式的理想过度终究会被打破。当用户长期投入时间和精力去创作和生产视频却始终无法成为"网红"时，自己便会"血本无归"。

（三）"商业逐利"的网络生态

上述"娱乐至死"的时代场景及"全民狂欢"的生产场域中都有提到用户有在商业逐利的动机影响之下进行视频内容生产与创作。移动互联网时代，注意力经济的开发使得用户的行为价值被平台进行再加工，将用户的"数字劳动"变现，用户也往往会在平台获取利益后分得一杯羹。此外，用户在互联网空间的"爆红"会给自身带来现实商业利益，并且"网红用户"可以通过开直播的方式吸纳粉丝与观众的小礼物，从而直接变现。随着大批"草根用户"通过在抖音平台拍摄短视频赚取金钱，当越来越多的普通个体和组织看到这种"咸鱼翻身"的机会后，便会涌入平台之中进行内容生产与创作，甘愿为平台付出自己的劳动，成为平台的"数字劳工"。在平台资本诱惑和草根群体的真实体会背景下，用户便会更多的以赚钱为动机和目的进行视频内容生产。网络环境充斥着平台靠用户"无偿劳动"和注意力、用户靠粉丝和流量赚取金钱的"逐利"气氛。

从宏观到微观，从互联网构建的"娱乐至死"大背景到平台搭建的"全民狂欢"的生产"舞台"再到用户自身追逐利益的动机，传统意义上劳动对象的性质自上而下发生了异化。互联网生产场域的异化，助推着抖音数字劳工在生产内容时形成价值的异化。

五、劳动价值的数字化呈现

数字化技术在社会多领域应用提供了大量就业和获取劳动报酬的机会，而由于互联网的发展和嬗变催动着劳动要素发生本质异化，创造出新的劳动形式，从事社会生产的劳动者的劳动价值以及创造价值的方式在互联网工作环境下呈现全新态势。传统意义上的劳动价值是劳动者通过消费生活资料的使用价值来形成劳动潜能，并通过劳动过程将劳动潜能转化为劳动价值。数字化时代，互联网平台重视用户主体资源、围绕用户开发各类资源和功能，大力挖掘其目标用户和潜在用户的劳动价值。以抖音视频博主的劳动价值角度看，用户通过使用智能设备拍摄短视频，并通过后期剪辑处理上传至平台供其他用户观看，满足自身使用快感的同时吸引粉丝，获取关注度并赚取流量，平台亦会择优选取视频质量较高或者易引流的短视频进行全网范围内的"广告宣传"。从受众主体的劳动价值角度看，视频引流不是平台的终极目的，借助引流掌握用户精准信息，扩大其后台数据库用以维系和支撑平台更大的运行机制和获利机制才是平台的最终意愿。平台对信息资料进行圈占并将其转换为特有数据，用户既创造了满足自身和他人社交需要的使用价值，也创造出可供平台资本家向广告商出售以满足其资本增值需要的具有使用价值的数据商品。劳动价值作为一种特殊的使用价值，是劳动者或劳动力所具有、所释放的使用价值，传统劳动环境下劳动价值是劳动者被迫强加于物质生产资料所展现出的劳动者自身的使用价值，而在数字劳动环境下，用户身份嬗变为数字劳工身份，其数字劳动所展现出的使用价值是其"社交手势"产出并被平台发掘并加以使用的信息数据。用户的娱乐时间和被平台间接利用，用户的"社交手势"带来的巨量信息数据被开发为可帮助其产值和获得利益的用户劳动价值。

（一）融合流量数据转化用户价值

近年来随着抖音功能的日趋完善和视频质量的严控把关加上算法推荐技术的内容推送机制给用户带来了较好的使用体验。无论是情感需求、认知需求、社交需求还是利益需求，怀揣不同使用动机的用户在抖音平台快速寻找到自身定位，在需求得到满足和获得使用快感后，触发用户为其接续付出"无偿劳动"的想法和行动，从而在无形之中进入平台的资本运行逻辑。与传统工作环境下劳动者的劳动价值不同的是，抖音平台对注意力经济及大数据技术的开发应用将用户的"使用行为"变成"劳动行为"，其"劳动行为"的使用价值体现在用户"社交手势"产出的个人隐私或非隐私信息变为平台的可控数据，巨量用户产生的巨量信息数据才是平台盈利的资本；用户劳动价值的表现实体由工资等变为粉丝、点赞量等体现用户价值的流量。无论是作为视频博主的用户，还是作为观看视频的受众，用户的劳动价值都是其作为劳动者给平台带来的流量和信息数据。

（二）情感满足遮蔽隐形剥削

抖音平台给用户增强网络社会身份认同、寻求圈子共鸣、收获商业利益等提供良好契机。契机之中的用户频繁使用以满足自身需求，在需求得到满足和获得使用快感后，在抖音"上瘾机制"和需求动机的催促下便会沉溺创作性"劳动"或传播性、观赏性"劳动"，进而投入大量时间和精力。比如平台不定时推出视频标签挑战或者互动游戏形式，激活用户的参与感与认同感，吸引着用户持续"无偿劳动"，而用户生产的信息内容及传播行为只是被平台资本当作具有盈利价值的"数字化"商品吸引潜在"观众"的注意力。而当体会到使用快感的用户为了进一步获得流量等"数字化"呈现出的"劳动价值"实体时，他们会从自由无限制创作转变为遵循平台制定的规章制度去创作视频内容，沉溺于平台使用快感的用户进一步输出劳动所产出的"使用价值"被平台"售卖"给广告商等，新老用户的劳动付出与被剥削加剧了劳动价值形态的变异。

（三） 资本逐利推动价值增值

劳动资料异化改变了"劳动者"的"工作环境"，降低"劳动"的定性标准；劳动对象异化革新了短视频生产与传播生态和理念，重塑平台对"劳动者"的"劳动价值"的利用。抖音平台通过"即时"拍摄与"即时"传播技术，极大简化了传统视频生产与传播的程序，网民轻轻一点即可成为"大众记者"，男女老少都成了平台内容的生产者与消费者，快速提升了平台的商业资本。随着短视频平台意识形态日趋商业化，越来越多的用户开始在扮演"数字劳工"的舞台上呈现自我。在数字化生存和盈利的景观社会中，用户本身是一种"商品"，用户所生产出来的信息也作为"商品"进行出售和"二次贩卖"。抖音平台不定期发起各类挑战赛活动，吸引目标用户参与挑战，并积极拉拢并满足潜在用户多方面需求，使其升级为平台的"目标用户"，平台对用户使用快感的满足逐渐从目标用户延伸至潜在用户和新用户，去寻求更大的流量和用户群体帮助其进行"数字劳动"，进一步固化用户劳动价值的变异。

六、结论与反思

数字劳动形式再造了新型的劳动关系和规则，实现了底层与社会资本的互动勾连，一定程度上改善了底层群体在传统劳动场域中较为被动的境遇。看似是零成本零代价零付出的利益获取，却都是为平台"无偿劳动"，帮助抖音平台生产价值，正是劳动力、劳动资料、劳动对象等要素的异化使得平台对用户的压榨和剥削逐渐由"显性"变为"隐形"的"数字劳动"。张雯指出数字劳动依然是资本逻辑主导下的劳动，依然是由数字资本的魔力驱动并被资本所控制的劳动，因而必然隐藏着新的异化形式和剥削方式。随着用户媒介素养的提高，隐形剥削势必会引起社会反响。对此，平台应承担一定的社会责任，做到兼顾商业化与公共性双重效应，比如通过视频提醒或者限制使用时间约束用户，在维护平台自身合法权益的同时坚持"按劳分配"，保障劳工的基本权益；平台大V应分清虚实，提高辨识能力，切实维护自身劳动权益；用户应提高自身媒介素养，提高自制力，合理控制短视频使用时间，避免沦为"劳工"。

参考文献：

[1] 周延云，闫秀荣. 数字劳动和卡尔·马克思——数字化时代国外马克思劳动价值论研究. 中国社会科学出版社，1999.

[2] 汪金刚. 信息化社会生产与数字劳动异化——对马克思"异化劳动理

论"的当代阐释 [J]．新闻大学，2020（02）：80-93+122.

[3] 刘海霞．数字劳动异化——对异化劳动理论的当代阐释 [J]．理论月刊，2020（12）：14-22.

[4] 黄再胜．数字劳动与马克思劳动价值论的当代拓展 [N]．中国社会科学报，2017-04-27（004）.

[5] 周银珍．经济哲学的异化批判及当代启示——基于《1844 年经济学哲学手稿》的研究 [J]．广东社会科学，2018（03）：78-85.

[6] 刘方喜．文化生态去区隔化：短视频平台之生产工艺学批判 [J]．文艺争鸣，2020（08）：72-78.

[7] 徐婷婷．用户数字劳动的价值生产过程——以短视频平台内容生产为例 [J]．青年记者，2020（29）：12-13.

[8] 许燕，刘海贵．产消合一经济背景下移动新闻生产要素的变化 [J]．兰州大学学报（社会科学版），2019，47（04）：1-7.

[9] 崔波，李武，潘祥辉，漆亚林．如影相随的短视频生产与传播 [J]．编辑之友，2020（11）：12-22.

[10] 刘芳儒．情感劳动（Affective Labor）的理论来源及国外研究进展[J]．新闻界，2019（12）：72-84.

[11] 姚建华．传播政治经济学经典文献选读 [M]．北京：商务印书馆，2019.

[12] [美] 阿莉·霍克希尔著．心灵的整饰：人类情感的商业化 [M] 成伯清，淡卫军，王佳鹏，译．上海：上海三联书店出版社，2020.

[13] 黄云明，窦星辰．马克思劳动内在结构理论的伦理分析 [J]．上海师范大学学报（哲学社会科学版），2020，49（04）：31-41.

[14] 黄云明，窦星辰．马克思劳动内在结构理论的伦理分析 [J]．上海师范大学学报（哲学社会科学版），2020，49（04）：31-41.

[15] 朱杰，崔永鹏．短视频：移动视觉场景下的新媒介形态——技术、社交、内容与反思 [J]．新闻界，2018（07）：69-75.

[16] 刘方喜．文化生态去区隔化：短视频平台之生产工艺学批判 [J]．文艺争鸣，2020（08）：72-78.

[17] 朱杰，崔永鹏．短视频：移动视觉场景下的新媒介形态——技术、社交、内容与反思 [J]．新闻界，2018（07）：69-75.

[18] 崔波，李武，潘祥辉，漆亚林．如影相随的短视频生产与传播 [J]．编辑之友，2020（11）：12-22.

[19] 白新杰. 微传播视域下抖音的传播模式与传播效应探究 [J]. 当代电视, 2020 (08)：81-87.

[20] 朱杰, 崔永鹏. 短视频：移动视觉场景下的新媒介形态——技术、社交、内容与反思 [J]. 新闻界, 2018 (07)：69-75.

[21] 孙友晋. 智能经济背景下劳动工具的发展及其对劳动的影响 [J]. 贵州社会科学, 2020 (10)：135-141.

[22] 崔波, 李武, 潘祥辉, 漆亚林. 如影相随的短视频生产与传播 [J]. 编辑之友, 2020 (11)：12-22.

[23] 洪玮铭, 姜战军. 数据信息、商品化与个人信息财产权保护 [J]. 改革, 2019 (03)：149-158.

[24] [美] 尼尔·波兹曼. 娱乐至死 [M]. 章艳, 译. 北京：中信出版社, 2015.

[25] 李丹丹, 张怡佳. 狂欢理论视域下视频平台的 UGC 与传播——以哔哩哔哩为例 [J]. 青年记者, 2020 (26)：98-99.

[26] 韩剑锋, 王晨晨. 马克思劳动价值论视域下的数字劳动批判 [J]. 信阳师范学院学报 (哲学社会科学版), 2021, 41 (02)：21-25.

[27] 吴鼎铭, 胡骞. 数字劳动的时间规训：论互联网平台的资本运作逻辑 [J]. 福建师范大学学报 (哲学社会科学版), 2021 (01) 115-122+171.

[28] 张文娟. "底层" 数字化生存的可能及其意义——基于 "60 后" 下岗工人个体生命历程的考察 [J]. 新闻记者, 2020 (11)：3-12.

[29] 张雯. 数字资本主义的数据劳动及其正义重构 [J]. 学术论坛, 2019, 42 (03)：106-111.

智能时代县级融媒体中心
如何应对建设与发展中的难题
——基于四川省七个区县融媒体中心实地调研分析

唐红禄　西南交通大学

摘要： 2020 年是县级融媒体中心建设工作的收官之年。两年多的时间里，县级融媒体中心的建设与发展一直备受关注。建设"县级融媒体中心"的提出正是在人工智能等新技术快速发展和应用的时代，县级融媒体中心在智能时代，除了面对智能技术的巨大挑战外，还会遭遇哪些难题？又应当如何去化解这些难题？本文以四川省七个区县级融媒体中心为例，通过文献分析、实地调研和访谈法，发现智能时代县级融媒体中心在建设和发展中存在创新性内容持续输出难、体制机制改革难、融媒体中心定位困难、融合理念转变难等难点问题。部分县级融媒体中心创造性地解决了县级融媒体中心在建设与发展中所面临的一个或几个难题。这些创新做法可以为其他地区的县级融媒体中心在处理类似问题上提供参照，也可以激励县级融媒体中心的发展。

关键词： 智能时代；县级融媒体中心；媒体融合；创新

"要扎实抓好县级融媒体中心建设，更好引导群众、服务群众"，2018 年 8 月 21 日，习近平总书记在全国宣传思想工作会议上为县级融媒体中心的建设指明了发展方向。自此各地区将建设"县级融媒体中心"作为龙头工作重点推进。据有关调研，仅 2018 年全国就建成了 600 个县级融媒体中心①。2018 年 9 月，中宣部在浙江省长兴县召开县级融媒体中心建设现场推进会，要求在 2020 年年底基本实现县级融媒体中心全覆盖。2018 年 11 月以及 2019 年 1 月，分别通过和出台了《关于加强县级融媒体中心建设的意见》《县级融媒体中心建设规

---

① 董毅敏、刘建华、卢剑锋：《全国县级融媒体中心基层舆论引导能力建设典型案例研究》，载《传媒》2019 年第 12 期。

范》，可以见出，国家推动县级融媒体中心建设的决心，以及县级融媒体建设与发展的重要战略意义。

智能机器人、智能家居、新闻智能采编发……智能技术在越来越多的场景被应用和普及，我们正逐步迈入智能时代。县级融媒体中心在建设和发展过程中，是否准备好了拥抱这些新的智能技术？人工智能技术的应用又会给县级融媒体中心的发展带来哪些挑战？

一、县级融媒体中心研究综述

本文以中国知网数据库为样本库，当设置"主题词＝智能时代县级融媒体中心/智能时代县级媒体融合"时，仅检索到两篇与主题相关的文献，分别是《探析智媒时代县级融媒体建设的机遇与转型》[1] 和《5G 与人工智能时代县级融媒体中心建设的关键点——以江苏邳州为例》[2]。囿于文章中重点是，在人工智能这一时代背景下探究县级融媒体中心的困境与出路，遂获取主题词为"县级媒体融合"和"县级融媒体中心"的论文为研究样本，所有文献均来源国内已发表的期刊。经检索，截至 2020 年 10 月 17 日共获取论文计 1592 篇，其中2018 年 206 篇，2019 年 811 篇，2020 年 575 篇。这些数据表明，理论研究与县级融媒体中心建设与发展的实践步调（即起步阶段—中高速发展—平稳推进）基本趋于一致。

（一）县级融媒体中心研究现状

通过研读和分析这些文献，本文发现对县级融媒体中心建设和发展的研究主体主要是新闻传播学界和业界的研究者们。研究主要集中在四个方面：

一是县级融媒体中心建设的重要性问题。县级融媒体中心建设是党中央做出的重大舆论战略部署，是媒体融合向纵深发展的关键布局，是党的声音传入基层的传播手段创新，是新时代完善县域治理、推动基层政府公共服务体系建设的重大举措。[3] 谢新洲在《用发展的理论解决发展中的问题》[4] 一文中也做出了以上类似的表述。黄楚新等两人认为，县级融媒体中心的本土性和与县域内群众的贴近性决定了其在推进本地基层治理上有着天然优势，是互联网时代地

---

① 齐国强：《探析智媒时代县级融媒体建设的机遇与转型》，载《传媒论坛》2020 年第 5 期。

② 胡正荣、张英培：《5G 与人工智能时代县级融媒体中信建设的关键点——以江苏邳州为例》，载《电视研究》2019 年第 5 期。

③ 陈国权：《扎实建设县级融媒体中心 构建基层宣传工作新格局》，载《中国记者》2019年第 9 期。

④ 谢新洲：《用发展的理论解决发展中的问题》，载《青年记者》2018 年第 10 期。

方政府加强基层治理的重要抓手。①

二是县级融媒体中心发展现状与存在的问题。谢新洲和黄杨在《我国县级融媒体建设的现状与问题》② 一文中基于对全国县级媒体机构的问卷调查与实地调研，分别从体制、人员、资金等方面总结出了目前我国县级融媒体建设的基本情况和发展困境。③ 叶阳和侯凤芝在《群众路线践行中 县级融媒体协同发展路径研究》一文中指出，"目前，我国县级传统媒体⋯⋯在体制、机制、资金、人事等内部以及外部环境方面存在较多问题"。④

三是县级融媒体中心建设中涌现的典型案例。经国家政策的大力推动，县级融媒体中心建设已从政策部署到实践落地，其中涌现出了一批典型。这部分县级媒体融合起步时间上大都较早，紧密围绕地方特性，因地制宜地开展县级融媒体中心建设工作，取得的成果显著，如浙江长兴、河南项城、江西分宜、江苏邳州等。这些地方的县级媒体在顶层设计的指导下，因地制宜开展创新，实现了县级媒体的深度融合，成为全国其余地市学习的范本。县级融媒体中心建设典型案例的研究主要是展现当下国内县级融媒体建设的具体做法、实践路径，以期为实践者提供有益参考，为研究者提供有益思考。如谢念对贵州省县级融媒体中心建设的探索⑤；何芳明等人对浏阳市融媒体中心从渠道整合到平台升级的分析⑥；王晓伟对长兴模式的探索⑦等。目前，县级融媒体中心建设与发展典型案例的研究，多是业界基于本地具体的融媒体中心实践情况翔实的论述，这能够为其他地区县级融媒体中心的建设提供可资借鉴的宝贵经验，为解决县级融媒体中心建设过程中出现的问题提供方向。

四是县级融媒体中心发展的未来路径。已有研究从提升内容质量、强化用户思维、多渠道筹集资金、整合各新媒体平台、引进最新技术、变革体制机制、

---

① 黄楚新、曹曦予：《县级融媒体中心建设助力基层治理水平提升》，载《传媒》2019 年第 12 期。

② 谢新洲、黄杨：《我国县级融媒体建设的现状与问题》，载《中国记者》2018 年第 10 期。

③ 谢新洲、柏小林：《全国县级新媒体发展调查分析》，载《出版发行研究》2018 年第 12 期。

④ 叶阳、侯凤芝：《群众路线践行中 县级融媒体协同发展路径研究》，载《中国出版》2019 年第 9 期。

⑤ 谢念：《贵州县级融媒体中心建设探索与实践》，载《中国出版》2019 年第 22 期。

⑥ 何芳明、朱标：《县级融媒体中心建设：从渠道整合到平台升级——以浏阳市融媒体中心为例》，载《中国出版》，2019 年第 22 期。

⑦ 王晓伟：《长兴模式：县级融媒体中心的建设探索》，载《新闻与写作》2018 年第 12 期。

提升融媒体中心的服务功能等方面论述县级融媒体中心在未来建设过程的路径。比如黄楚新等人提出强化配套支撑、做好东西部对口支援、创新拓展服务领域以应对县级融媒体中心建设所面临的各种问题。① 邓若伊等人认为县级融媒体中心的建设需遵循以下三条思路：省级统筹、三媒（纸媒、广电和网络新媒体）合一、体制创新。② 张巨才强调以用户为落脚点，以媒体逻辑为核心路径，以服务和当地化为着眼点，统筹设计……打造"新闻+政务+民生+党务"整合化的综合服务体系；充分利用新技术……以整合营销传播为基础，打通基层信息传播"最后一公里"。③ 对于县级融媒体中心建设路径的思考，是目前所有的县级融媒体中心文献研究中最重要的一部分。各地在县级融媒体中心建设的过程中，对于共性的问题可以采用共同的解决策略，但对于个性的问题，则需要因时因地的具体问题具体分析。正如董毅敏等人所言，"融媒体中心的成立只是第一步，融媒体中心的建设可以照搬，但如何提升传播力、影响力、公信力等需要结合自身条件及当地特色，探索出适合自己的生存和发展之道"。④

已有文献除了对县级融媒体中心建设的经典案例、路径、意义的研究，也关注到了县级融媒体中心在实现某种具体功能上的策略问题，对县级融媒体中心功能的落地进行了思考。比如，董毅敏等人对县级融媒体中心基层舆论引导能力建设的探讨；李晓君对县级融媒体中心媒体服务功能的思考；⑤ 刑燕洁对融媒体中心融合报道成功案例的分析等。这块的研究较之前文几个研究方向还比较薄弱。

（二）县级融媒体中心研究反思

已有的研究可以为本文提供经验和借鉴。梳理发现，现有的研究对县级融媒体中心建设和发展中的问题的研究基本上达成一致；在对策上多从宏观上考量，少以微观的视角具体去阐述县级融媒体中心建设和发展中的创新做法；已有的研究多是将智能时代和县级融媒体中心视为两个独立单元进行研究，罕见

① 黄楚新、郭海威：《县级融媒体中心建设的动力供给和优化对策》，载《中国记者》2019 年第 8 期。

② 邓若伊、向凡洋：《县级融媒体中心建设的核心与思路》，载《新闻与写作》2019 年第5 期。

③ 张巨才、黄先超：《县级融媒体中心建设的实践探索与核心路径》，载《中国广播电视学刊》2019 年第 5 期。

④ 董毅敏、刘建华、卢剑锋：《全国县级融媒体中心基层舆论引导能力建设典型案例研究》，载《传媒》2019 年第 12 期。

⑤ 李晓君：《省级平台对县级融媒体中心服务功能的实现与拓展——以省级平台"新甘肃云"为例，载《传媒》2020 年第 3 期。

将县级融媒体中心的研究置于智能时代背景中去，将二者结合起来研究。县级融媒体中心以一种"新媒体"的姿态出现，在面对冲击力强、同样新的智能技术时会遭遇什么？本文将采用文献分析法、实地调研法和访谈法研究智能时代县级融媒体中心建设与发展遇到哪些问题？又应当如何去解决这些难点问题？是否有县级融媒体中心创新解决了这些难题？

二、智能时代县级融媒体中心建设与持续发展的难点探析

在县级融媒体中心的建设和发展过程中出现了一些问题，厘清这些问题有助于"对症下药"。笔者于 2020 年 7、8 月分别走访了四川省自贡市富顺融媒体中心、泸州市江阳区融媒体中心、泸州市合江县融媒体中心、泸州市古蔺县融媒体中心、广元市苍溪县融媒体中心、阆中市融媒体中心和南充市顺庆区融媒体中心总计 7 个区县融媒体中心。这些区县县级融媒体中心在四川省内有的起步相对较早，有的起步虽晚但也做出了创新进展。基于前文对文献的分析，结合对四川省 7 个区县的县级融媒体中心实地走访调研，及与各中心主要负责人的访谈情况，下文拟对人工智能时代县级融媒体中心在建设和可持续发展中遇到的普适性难点问题进行简要分析。

（一）融合理念转变难

县级媒体融合应当如何融？怎样融？这些问题从提出"扎实抓好县级融媒体中心建设"之初就一直困惑着大家。对于媒体机构来说，目前较为普遍的做法就是开发一款或多款 APP，然后把所有的东西都嵌入 APP 中，同时启用"抖音"等短视频平台、"微博"、"微信"等多个新媒体平台，广泛布网，但这只是将各种传统媒体的功能进行简单的"相加"，还未真正做到"相融"。对于大部分新闻工作者来说，依然保持着之前的惯性思维定式，还未跳出传统媒体的业务范围和运作模式，仅停留在新闻资讯层面，缺少服务意识。

（二）融媒体中心内容持续输出难

在走访的过程中，各县级融媒体中心负责人普遍反映，融媒体中心存在内容持续输出困难的问题。持续地输出具有创新性的内容更难。尤其是在自媒体遍地开花和智能技术被广泛应用的当下，内容持续输出难的问题表现得越来越突出。一方面，对于一些本省市重大的舆论事件或者热点事件，囿于融媒体中心没有采访权，没有采访车或者省市级媒体对区县一级媒体的管控，县级融媒体中心不能在事件发生的第一时间刊发相关新闻报道，削弱了县级融媒体中心在相关新闻模块中的自主权，减少了内容来源。这在区级融媒体中心体现得更

明显。"我们上边有市级媒体，下边是县域媒体，只能在夹缝中求生存。"江阳区融媒体中心主任在访谈中说道。另一方面，部分县级融媒体中心自主策划选题开办节目，但囿于人员数量问题，也很难保证内容的持续输出。古蔺县融媒体中心虽然在前期采取了"全民通讯员"的形式，充分发动群众的力量，但因激励措施不足或者不均，导致后续参与热情降低，内容供给减少。

（三）体制机制破除难

体制机制问题主要体现在用人制度和薪酬制度两个方面。区县级媒体相较于省市级媒体，不论是资源总量上还是人员编制数量上都要少。当下几乎所有的县级融媒体中心都属于公益一类事业单位性质。按照规定，公益一类性质的单位不能从事经营活动，其业务范围和服务规范由国家明确。没有自主创收的权利，因此很难保证编制外人员的基本薪酬，结果就是"多干少干都一样"。薪酬制度的不合理导致难以激活员工的积极性，以及部分专业人才的留任，更别说引进优秀的人才。以顺庆区为例，2017年以后，通过四川顺意文化公司招聘的30多位新闻采编人员，目前已经流失了30%。

（四）技术难题

面对人工智能、区块链、5G等这些层出不穷的新技术，富顺县融媒体中心的主任直接坦言"我们还没有做好接受这些新技术的准备！"究其原因，体现在如下两方面：其一，一直以来，新闻传播学科作为一门综合性很强的文科，强调较多的是人文素养而忽视了其自身的信息技术属性，在技术不断革新的当下，既有的人员难以实现技术思维的转换。其二，囿于搭建融媒体中心需要强大的技术后台支撑，一般的非专业技术公司难以有足够的资金支撑独立后台，造成各区县县级融媒体中心只能委托第三方搭建，而技术设计人员一般也不了解新闻传媒的运维模式，导致很多融媒体中心的想法不能实施或者不能及时地实施。顺庆区融媒体主任介绍，顺庆区融媒体平台"今日顺庆"，在2017年刚开始上线的时候，因为技术上受制于人，很多想要的功能不能实现。更严重的问题是，有的融媒体APP下载后，存在闪退或者不能正常加载内容等情况，使得用户的体验感极差，自然也不可能将其发展成为平台的核心用户。

（五）县级融媒体中心定位不明确

县级融媒体中心以"引导群众、服务群众"作为目标导向。但反映到实际的实践过程中却存在"重新闻还是重服务""对上还是对下"的问题。一方面县级融媒体中心首先应当是媒体，是媒体就应当担负起新闻报道、舆论监督等本职工作；另一方面县级融媒体中心的要义中也不只是媒体，作为连接群众的"最后一公里"，服务好群众是县级融媒体中心建设的应有之义。因此县级融媒体中心应当如何定位？如何平衡好新闻和服务？如何处理好让群众满意和让领导高兴之间的关系？这些都是积留已久的难题。

总之，县级融媒体中心在建设的过程中面临着一些亟须解决的"传统"问题：融合的理念不够，一些区县存在各种媒介简单"相加"的问题；体制机制僵化问题，体制机制涵括了媒体的管理机制、人事制度、分配制度等内部机制；内容缺乏创新的问题；平台过于分散，运营困难；资金来源单一，缺乏自主创收能力；省市县三级的联动问题等。在具体的走访过程中，不同的区县级媒体受其地缘因素等原因的影响也存在一些差异性的问题。不解决好这些问题，县级融媒体中心建设就只是纸上谈兵。以上这些县级融媒体中心建设过程中普遍面临的问题，使得原本"起步早""跑得快"的县级融媒体中心止步于此，而原本起步较晚的、将早先的融媒体中心视为样本的其他融媒体中心更是望而却步，因此急需在县级融媒体中心建设和发展的共性问题上给出"模板"答案。

三、智媒时代县级融媒体中心建设与发展的创新做法

从前文的分析可以看出，县级融媒体中心的建成具有相当重要的意义。它已经从媒体属性转为兼具媒体属性和政治属性，它既是基层宣传的"出口"，又是基层治理的一个重要战略布局。在 2020 年年底前要完成县级融媒体中心的布局，因此，县级融媒体中心建设与发展在时间上也非常紧迫。任务紧、责任重，但也需要处理好发展过程中出现的各种问题。在此次的走访调研过程中，各县级融媒体中心固然都存在着许多亟待解决的问题，但笔者也发现部分县级融媒体中心在某一两个问题上大胆创新，并取得了不错的效果。

（一）用户意识：富顺县融媒体在内容上的创新做法

"把自己当作百姓，百姓需要就是媒体的需要。"富顺县融媒体主任在介绍他们融媒体中心的时候如是说。在走访富顺县融媒体时，笔者发现在"富顺融媒"APP 板块内容的设计上很明显地突出了用户思维，结合当地的实际需要，想民之所想，解决基本的民生问题，从最基本的水电气缴费服务到便民医疗再到快递服务。比如对实时路况的监控，富顺县地形由北往南倾斜，以丘陵为主，占总面积 90% 以上，丘陵多呈馒头状，坡道多陡急，容易造成交通拥堵和引发交通事故。因此富顺县融媒体中心在与当地的交通管理部门协商以及与电信服务部门的合作后，进行 24 小时全程全路段监控，实时地为当地的居民通过广播、抖音、微信公众号、融媒体平台"富顺眼"等多个平台播出具体时段的路况信息，以减少不必要的拥堵等情况发生，甚至因其全方位的监控布局，必要

的时候还能协助交警队的查证取证，政治属性在这点得到了充分体现。还比如"回音壁"模块的设置，据了解，"回音壁"不同于传统意义上的上访（或回访），此模块设置的初衷即是"处处有回音"，老百姓遇到问题就在上面留言，然后融媒体中心派专人与有关单位对接，让相关的责任人在规定时间内给出问题的答复或者有关的处理意见，平台上会即时展示问题的处理进度。这些板块的设置，不但解决了民之所需，也为融媒体中心提供了富集的消息源，实可谓创新之举。

（二）灵活机动：古蔺县融媒体中心在体制机制上的创新做法

四川省泸州市古蔺县境内的太平渡、九溪口、二郎滩、草莲溪在历史上是红军四渡赤水第二、三、四渡的重要渡口，中国工农红军二万五千里长征曾在古蔺境内转战 54 天，毛泽东等老一辈革命家在此指挥了著名的四渡赤水战役，取得了长征战略转移中具有决定意义的胜利。古蔺县融媒体中心充分继承和弘扬了长征精神，将长征精神凝练为"灵活机动"四字并用在实际工作中。具体来说，"灵活机动"就是反应要快、动作要快、不错失任何机会。2018 年 11 月 28 日，古蔺县融媒体中心正式挂牌成立，它是较早的一批挂牌成立的县级融媒体中心。在怎样革新体制机制的问题上也很好地体现了"灵活机动"。据了解，目前古蔺县融媒体中心在单位性质上虽然也是属于公益一类，但在具体的实践过程中，古蔺县融媒体中心灵活地化解了公益一类事业单位不能自主营收的难题。一方面，原先在任的人员实行公益一类办法，而后续招进的人员按照公益二类①办法来解决，这样充分地保证了编制数量，从而保证了财政补贴，然后在内部减少编制人员名额，可以节约部分资金用于非编制人员。另一方面，古蔺县融媒体中心成立了专门的市场部，对外承揽活动然后再转包，也可以从中创造营收，从而保障了员工的基本薪酬。总之，在涉及体制机制问题上，古蔺县融媒体中心坚持，只要不违反法律法规，就不用事事向上级领导汇报，大胆探索，灵活化解难题。

此外，苍溪县融媒体中心为实现"身份管理"向"岗位管理"的转化，也积极地探索了一些正向的激励机制。比如，一方面探索在搁置事业编制、临时聘用人员身份的基础上，全面统筹、全员薪酬考核；另一方面在编人员年终绩

---

① 公益二类事业单位。指面向全社会提供涉及人民群众普遍需求和经济社会发展需要的公益服务，政府予以支持，可部分实现由市场配置资源的事业单位，以及主要为政府履行职能提供支持保障的事业单位。这类单位按照国家确定的公益目标和相关标准开展活动，在确保实现公益目标的前提下，可依法开展相关的经营活动，依法取得的经营性收入主要用于公益事业发展。

效，保证在编人员与临时聘用人员基础工资不变，对工作增量、超量部分实行薪酬考核，所有中心的人员按岗位进行量化。

（三）聚焦本地：顺庆区融媒体中心在技术上的创新做法

早先时期，顺庆区融媒体中心也像四川省内其他区县的融媒体中心一样，多选择像四川广播电视台一样的技术公司。但是，这样的公司运维费用昂贵，且囿于大平台本身富集的客户使得问题不能及时沟通解决等困境。顺庆区融媒体平台"今日顺庆"2019年开始与四川德尔博睿科技公司合作。四川德尔博睿科技公司是四川南充本土的一家科技公司，具有地缘优势，在"今日顺庆"初建期，该科技公司曾直接派专人入驻顺庆区融媒体，很好地及时了解委托方的需求。同时也表示，虽然破解了一些技术上的难题，但是由于两家公司之间的壁垒，依然还存在许多关键环节需要解决。苍溪县融媒体中心则通过人才引进的方式，在先前引进了一位软件设计的研究生，从内部去解决一些技术上的问题。

以上这些县级融媒体中心建设和发展过程中遇到的共性问题的创新解决，能够为其他在建的县级融媒体中心提供理论指导。值得注意的是，各地区在县级融媒体中心发展的过程中要注意地区的差别，各地区的情况变化万千，有着不同的地域特色和用户需求，县级融媒体中心的建设本来就不存在，也不可能存在一个固定的模板，最终建成的县级融媒体中心应当是多姿多彩、精彩纷呈的。在县级融媒体中心后续的发展过程中，面对新技术的挑战，必然还会出现各种各样的问题。每一个时代也有不同的需求，因此不存在一劳永逸的解决办法，在未来，各地的县级融媒体中心依然需要不断调整以适应新的时代需求、应对新技术的变化。此外，县级融媒体中心的建设与发展离不开中央和地方的政策支撑，离不开地方领导人的高度重视。因此在县级融媒体中心的后续发展过程中，中央和地方还需要在政策上给予大力支持，从全局的高度给予方向性的引领；省市一级的媒体要给予县域融媒体足够的自主权力，开展一些培训课程以给予理论上的指导；各县级融媒体中心之间加强联系，相互学习，真正做到打通"最后一公里"。

四、结语

县级融媒体中心作为媒体融合的纵深化、乡村治理的重要战略布局，时间紧、任务重，但整体来看，在政策的号召下，各地方县级媒体主动作为，迎难而上，积极推进县级融媒体中心建设工作，打造县级新型主流媒体。各县域扛起了建设县级融媒体中心的大旗。从 2018 年"县级融媒体中心"概念的第一次提出，至今已两年有余，目前大部分地区县级融媒体中心主体平台已经搭建完成，其中还涌现出了一些如"分宜模式""长兴模式"为全国其他县域融媒体中心学习的经典模式。经历了第一个阶段的中高速发展，县级融媒体中心的发展受人才、资金、传统思维、新技术等因素的制约，迎来了缓慢发展的低速阶段，进入调整和功能完善期。2020 年年底是县级融媒体中心建设工作的收官之年，但是县级融媒体中心的责任与使命任重道远，远未结束。正如李建艳所说，媒体融合发展只有进行时，没有完成时。① 如何去更好地"引导群众，服务群众"是我们作为媒体人需要不断去思索和探索的话题，是各县级融媒体中心需要长期遵从的准则。

参考文献：

［1］陈国权．县级融媒体中心建设的历史渊源考察［J］．新闻论坛，2019，2：21-23.

［2］董毅敏，刘建华，卢剑锋．全国县级融媒体中心基层舆论引导能力建设典型案例研究［J］．传媒，2019，12：12-18.

［3］高山冰．区域媒体融合转型中的瓶颈及创新路径［J］．当代传播，2018，05：55-58.

［4］谭天．移动社交：构建县级媒体融合新平台［J］．中国记者，2018，10：64-67.

［5］谢新洲，黄杨．我国县级融媒体建设的现状与问题［J］．中国记者，2018，10：53-56.

［6］黄楚新，王丹丹．县级媒体融合的典型案例［J］．中国记者，2018，10：57-60.

［7］沈阳，闫佳琦．县级融媒体中心建设的思考［J］．中国出版，2018，22：20-24.

［8］潘一，李伟忠．县级融媒体中心建设如何实现从 0 到 2 的跨越式发展［J］．传媒评论，2018，10：16-17.

［9］李建艳．江西分宜：重构县级媒体建设与运行机制［J］．中国广播电视学刊，2018，11：14-16.

---

① 李建艳：《江西分宜：重构县级媒体建设与运行机制》，载《中国广播电视学刊》2018年第 11 期。

［10］徐希之．县级媒体融合的邳州探索［J］．中国广播电视学刊，2018，11：17-19.

［11］臧东升，郑勇．四川合江的媒体融合发展之路［J］．中国广播电视学刊，2018，11：22-24.

［12］李建艳．求实求深求效 探索县级媒体融合新路——江西分宜县融媒体中心的实践［J］．中国记者，2018，10：61-64.

［13］张世海，郑坤．论县级融媒体中心的动力机制、结构性困境与自我超越［J］．中国出版，2020，01：5-10.

［14］陈国权，付莎莎．传播力建设的最后一公里——县级融媒体中心建设路径［J］．新闻与写作，2018，11：24-27.

［15］张诚，朱天，齐向楠．作为县域治理枢纽的县级融媒体中心建设刍议——基于对A市的实地研究［J］．新闻界，2018，12：27-32.

［16］邓若伊，向凡洋．县级融媒体中心建设的核心与思路［J］．新闻与写作，2019，05：96-99.

［17］朱春阳．县级融媒体中心建设：经验坐标、发展机遇与路径创新［J］．新闻界，2018，09：21-27.

［18］胡正荣．打造2.0版的县级融媒体中心［J］．新闻界，2020，01：25-29.

［19］王晓伟．长兴模式：县级融媒体中心的建设探索［J］．新闻与写作，2018，12：92-94.

［20］黄楚新．当前我国媒体融合发展特点、问题及趋势［J］．学术前沿，2019，12：84-93.

［21］张雪霖．县级融媒体中心的体制机制改革研究——以H省3个试点县市为 例［J］．新闻界，2020，03：26-33.

［22］方提，尹韵公．论县级融媒体中心建设的重大意义与实现路径［J］．现代传播，2019，4：11-14.

［23］黄雪娇．中部地区县级融媒体发展的创新路径研究——以2018年中部六省经济十强县为样本［J］．出版发行研究，2018，12：39-42.

［24］县级融媒体中心省级技术平台规范要求［EB/OL］．http：//media.people.com.cn/NMediaFile/2019/01.

［25］县级融媒体中心建设规范［EB/OL］．http：//media.people.com.cn/n1/2019/0115/c14677-30541139.html.